目次

日本漢字能力検定　対象漢　能力検定　出題内容

内容／級別	漢字の読み	筆順・画数	部首・部首名	熟語の構成	送り仮名	対義語・類義語	三・四字熟語	同音・同訓異字	誤字訂正	漢字の書取
7級	○	○	○		○	対義語	三字熟語	同音異字		○
6級	○	○	○	○	○	○	三字熟語	○		○
5級	○	○	○	○	○	○	四字熟語	○	○	○
4級	○		○	○	○	○	四字熟語	○	○	○
3級	○		○	○	○	○	四字熟語	○	○	○
準2級	○		○	○	○	○	四字熟語	○	○	○
2級	○		○	○	○	○	四字熟語	○	○	○

●漢字表中、誤りやすいと思われる事項は色文字で示しています。
●＊のついた音訓は、原則として都道府県名にのみ用います。

7～5級 1

7級 6級 5級

漢字	読み	部首	画数	筆順	用例
茨	いばら	艹	9	一 十 艹 艹 艹 茓 茨 茨	＊茨城《いばらき》県　茨《いばら》の道《みち》
媛	エン	女	12	女 女 女 女 娐 媛 媛	才媛《サイエン》　＊愛《え》媛《ひめ》県
岡	おか	山	8	丨 冂 冂 冂 冈 岡 岡	岡山《おかやま》県　静岡《しずおか》県　福岡《ふくおか》県
潟	かた	氵	15	氵 氵 氵 氵 潟 潟 潟	干潟《ひがた》　新潟《にいがた》県
岐	キ	山	7	丨 山 山 山 岐 岐	岐路《キロ》　多岐《タキ》　＊岐阜《ぎふ》県
熊	くま	灬	14	能 能 能 熊	熊手《くまで》　熊本《くまもと》県
香	コウ キョウ か かおり かおる	香	9	二 千 禾 禾 香 香 香	香水《コウスイ》　線香《センコウ》　芳香《ホウコウ》　香車《キョウシャ》　梅の香《か》　香川《かがわ》県
佐	サ	亻	7	ノ 亻 仁 什 佐 佐 佐	補佐《ホサ》　大佐《タイサ》　佐賀《さが》県
埼	さい	土	11	一 ± 土 圵 埼 埼 埼 埼	埼玉《さいたま》県

漢字	読み	部首	画数	筆順	用例
崎	さき	山	11	山 山 山 岐 崎 崎 崎	長崎《ながさき》県　宮崎《みやざき》県
滋	ジ	氵	12	氵 氵 氵 氵 滋 滋 滋	滋養《ジヨウ》　滋味《ジミ》　＊滋賀《しが》県
鹿	しか か	鹿	11	亠 广 户 声 声 鹿 鹿	鹿《しか》　＊鹿児島《かごしま》県　鹿《か》の子《こ》
縄	ジョウ なわ	糸	15	糸 糸 糸 紀 縄 縄 縄 縄	縄文《ジョウモン》　縄張《なわばり》　沖縄《おきなわ》県
井	セイ ショウ い	二	4	一 二 ナ 井	市井《シセイ》　天井《テンジョウ》　井戸《いど》　福井《ふくい》県
沖	チュウ おき	氵	7	丶 冫 氵 氵 沪 沪 沖	沖積《チュウセキ》　沖天《チュウテン》　沖合《おきあ》い　沖縄《おきなわ》県
栃	とち	木	9	十 才 木 木 析 析 栃 栃	栃木《とちぎ》県　栃《とち》の実《み》
奈	ナ	大	8	一 ナ 大 太 夳 夲 奈 奈	奈落《ナラク》　＊奈良《なら》県　＊神奈川《かながわ》県
梨	なし	木	11	二 千 禾 利 利 梨 梨 梨	洋梨《ヨウなし》　山梨《やまなし》県
阪	ハン	阝	7	7 3 阝 阝 阝 阪 阪	阪神《ハンシン》　京阪《ケイハン》　＊大阪《おおさか》府
阜	フ	阜	8	ノ 丿 户 户 自 自 自 阜	＊岐阜《ぎふ》県　丘阜《キュウフ》

漢字	読み	部首	画数	筆順	用例
木	ボク モク き こ	木	4	一 十 才 木	大木《タイボク》　木目《モクめ》　並木《なみき》　木立《こだち》
名	メイ ミョウ な	口	6	ノ ク タ 夕 名 名	名作《メイサク》　名字《ミョウジ》　大名《ダイミョウ》　名前《なまえ》
目	モク ボク め ま	目	5	丨 冂 月 月 目	目的《モクテキ》　面目《メンボク(モク)》　目《ま》の当たり
立	リツ リュウ たつ たてる	立	5	丶 亠 亣 亣 立	中立《チュウリツ》　設立《セツリツ》　建立《コンリュウ》　立場《たちば》
羽	ウ は はね	羽	6	丁 刁 习 羽 羽 羽	羽毛《ウモウ》　白羽《しらは》　羽飾《はねかざ》り
遠	エン オン とおい	辶	13	土 吉 声 章 袁 袁 遠 遠	遠足《エンソク》　遠方《エンポウ》　久遠《クオン》　遠出《とおで》
何	カ なに なん	亻	7	ノ 亻 仁 仃 佝 佝 何	幾何学《キカガク》　何者《なにもの》　何本《なんボン》
夏	カ ゲ なつ	夂	10	一 丆 丙 百 百 頁 夏 夏	初夏《ショカ》　夏至《ゲシ》　真夏《まなつ》　夏服《なつふく》
回	カイ エ まわる まわす	口	6	丨 冂 冂 冋 回 回	回数《カイスウ》　回向《エコウ》　回《まわ》り道
会	カイ エ あう	人	6	ノ 人 亼 亼 会 会	会議《カイギ》　会釈《エシャク》　人に会《あ》う
外	ガイ ゲ そと ほか はずす はずれる	夕	5	ノ ク タ 外 外	海外《カイガイ》　外科《ゲカ》　外《そと》回り　その外《ほか》　的外《まとはず》れ
角	カク かど つの	角	7	ノ ク 户 角 角 角 角	三角《サンカク》　街角《まちかど》　牛の角《つの》

漢字	読み	部首	画数	筆順	用例
間	カン ケン あいだ ま	門	12	丨 卩 尸 门 門 門 門 間	中間《チュウカン》　世間《セケン》　間《ま》の取り方
記	キ しるす	言	10	丶 亠 言 言 言 訂 記 記	記入《キニュウ》　暗記《アンキ》　書き記《しる》す
強	キョウ ゴウ つよい つよまる つよめる しいる	弓	11	コ 弓 弘 弘 弦 弦 強 強	勉強《ベンキョウ》　強化《キョウカ》　強引《ゴウイン》　強情《ゴウジョウ》　強《つよ》い力　酒を強《し》いる
戸	コ と	戸	4	一 コ 彐 戸	戸外《コガイ》　門戸《モンコ》　戸板《といた》　雨戸《あまど》
後	ゴ コウ のち うしろ あと おくれる	彳	9	ノ 彳 彳 彳 彸 後 後 後	午後《ゴゴ》　後続《コウゾク》　くもり後《のち》雨　後《うし》ろを見る　後回《あとまわ》し
公	コウ おおやけ	八	4	ノ 八 公 公	公立《コウリツ》　公開《コウカイ》　公《おおやけ》の場
交	コウ まじわる まじえる まじる まざる まぜる かう かわす	亠	6	丶 亠 六 六 交 交	交流《コウリュウ》　外交《ガイコウ》　人と交《まじ》わる　中に交《ま》じる　交《か》わす言葉
行	コウ ギョウ アン いく ゆく おこなう	行	6	ノ 彳 彳 行 行 行	行進《コウシン》　実行《ジッコウ》　行政《ギョウセイ》　行脚《アンギャ》　行《ゆ》く末　行方《ゆくえ》　行《おこな》い
黄	コウ オウ き こ	黄	11	一 廾 井 共 昔 黄 黄 黄	黄河《コウガ》　卵黄《ランオウ》　黄色《きいろ》　黄金《こがね》

(1) **茨城**県に生まれる。
(2) **才媛**の誉れが高い。
(3) **愛媛**県の特産物。
(4) 出張で**静岡**に行く。
(5) 水がひいて**干潟**ができる。
(6) 質問が**多岐**にわたる。
(7) **熊**が冬眠からさめる。
(8) 仏前に**線香**をそなえる。
(9) 自分の上司を**補佐**する。
(10) **埼玉**県に住む。
(11) 志賀直哉作「城の**崎**にて」
(12) **滋養**の多い食物。
(13) 野生の**鹿**を保護する。
(14) **縄文**式土器。
(15) **天井**知らずの高値。
(16) ロケットが**沖天**する。 高く天に上ること
(17) **栃木**県で育った。
(18) **奈落**の底に落ちる。 地獄
(19) **梨**の生産農家。

(20) **阪神**工業地帯。
(21) **岐阜**県に生まれる。
(22) 冬の**木立**。
(23) **大名**行列。
(24) **面目**が立つ。
(25) 事件を**目の当たり**にする。
(26) 寺社を**建立**する。
(27) 彼に**白羽**の矢が立つ。
(28) **久遠**の理想。 遠い昔、または遠い未来。永遠
(29) **幾何学**模様の床《ゆか》。 四角形や三角形・円を組み合わせたもの
(30) 今日は**夏至**だ。 一年で最も昼が長く夜が短い日
(31) 死者の**回向**をする。 仏事を営んで死者の成仏を祈る
(32) 軽く**会釈**をする。
(33) **外科**で診察してもらう。
(34) たまが的を**外**れる。
(35) **街角**を曲る。
(36) 牛の**角**。
(37) **世間**とは広いようで狭い。
(38) 読むときの**間**の取り方。

(39) 足跡を**記**す。
(40) かなり**強引**なやりかた。
(41) 寄付を**強**いる。
(42) **門戸**を開放するべきだ。
(43) **後続**の車に先をゆずる。
(44) 難しい問題は**後回**しにする。
(45) **公**の立場からの発言。
(46) 二本の線が直角に**交**わる。
(47) 見知らぬ人と言葉を**交**わす。
(48) 諸国**行脚**の旅。 僧が修行して巡る
(49) 海に落ちて**行方**が不明だ。
(50) **黄河**文明。

まめ知識

仮借とは

「豆」は「うつわ」の意味でしたが、「トウ」という発音を借りて「まめ」の意味につかわれるようになりました。その漢字の意味には関係なく、発音だけを借りてつくったのが仮借《かしゃ》です。

漢字	読み	部首	画数	用例
合	ゴウ、ガッ、カッ、あう、あわす、あわせる	口	6	集合《シュウゴウ》 合流《ゴウリュウ》 合宿《ガッシュク》 合戦《カッセン》 落ち合《あ》う 問い合《あ》わせ
細	サイ、ほそい、ほそる、こまか、こまかい	糸	11	細心《サイシン》 子細《シサイ》 細腕《ほそうで》 極細《ゴクぼそ》 こと細《こま》か 細《こま》かい雨
矢	シ、や	矢	5	一矢《イッシ》 弓矢《ゆみや》 矢印《やじるし》 矢面《やおもて》
自	ジ、シ、みずから	自	6	自信《ジシン》 自然《シゼン》 自《みずか》らの手
食	ショク、ジキ、くう、くらう、たべる	食	9	食事《ショクジ》 会食《カイショク》 食品《ショクヒン》 断食《ダンジキ》 面食《く》らう 食《た》べ物
図	ズ、ト、はかる	口	7	図形《ズケイ》 意図《イト》 解決を図《はか》る
声	セイ、ショウ、こえ、こわ	士	7	発声《ハッセイ》 声量《セイリョウ》 歌声《うたごえ》 声色《こわいろ》
星	セイ、ショウ、ほし	日	9	流星《リュウセイ》 星座《セイザ》 明星《ミョウジョウ》 星空《ほしぞら》

漢字	読み	部首	画数	用例
切	セツ、サイ、きる、きれる	刀	4	切実《セツジツ》 一切《イッサイ》 売り切《き》れる
体	タイ、テイ、からだ	イ	7	一心同体《イッシンドウタイ》 体力《タイリョク》 風体《フウテイ》
茶	チャ、サ	艹	9	紅茶《コウチャ》 新茶《シンチャ》 茶道《サ(チャ)ドウ》 茶菓《サカ》
直	チョク、ジキ、ただちに、なおす、なおる	目	8	単刀直入《タントウチョクニュウ》 直訴《ジキソ》 正直《ショウジキ》 直《ただ》ちに行う 手直《てなお》しする
通	ツウ・ツ、とおる、とおす、かよう	辶	10	開通《カイツウ》 通夜《ツヤ》 夜通《よどお》し
弟	テイ、ダイ、デ、おとうと	弓	7	子弟《シテイ》 兄弟《キョウダイ》 弟子《デシ》 弟分《おとうとブン》
頭	トウ、ズ・ト、あたま、かしら	頁	16	先頭《セントウ》 頭上《ズジョウ》 頭文字《かしらもジ》
内	ナイ、ダイ、うち	入	4	内部《ナイブ》 内面《ナイメン》 境内《ケイダイ》 身内《みうち》
馬	バ、うま、ま	馬	10	馬耳東風《バジトウフウ》 乗馬《ジョウバ》 馬子《まご》
風	フウ、フ、かぜ、かざ	風	9	風雪《フウセツ》 風流《フウリュウ》 風情《フゼイ》 風下《かざしも》

漢字	読み	部首	画数	用例
分	ブン、フン、ブ、わける、わかれる、わかる、わかつ	刀	4	気分《キブン》 身分《みブン》 分別《フンベツ》 五分《ゴブ》 分《わ》け前 ＊大分《おおいた》県
聞	ブン、モン、きく、きこえる	耳	14	新聞《シンブン》 見聞《ケンブン》 前代未聞《ゼンダイミモン》
歩	ホ、ブ・フ、あるく、あゆむ	止	8	徒歩《トホ》 歩道《ホドウ》 歩合《ブあい》 歩《あゆ》み
悪	アク、オ、わるい	心	11	悪事《アクジ》 悪質《アクシツ》 悪寒《オカン》 悪者《わるもの》
化	カ、ケ、ばける、ばかす	匕	4	化石《カセキ》 化身《ケシン》 お化《ば》け
荷	カ、に	艹	10	出荷《シュッカ》 入荷《ニュウカ》 荷物《にモツ》 初荷《はつに》
期	キ、ゴ	月《つき》	12	長期《チョウキ》 期末《キマツ》 予期《ヨキ》 最期《サイゴ》
客	キャク、カク	宀	9	乗客《ジョウキャク》 来客《ライキャク》 旅客《リョカク》 主客《シュカク》
業	ギョウ、ゴウ、わざ	木	13	家業《カギョウ》 早業《はやわざ》 自業自得《ジゴウジトク》
苦	ク、くるしい、くるしむ、くるしめる、にがい、にがる	艹	8	苦労《クロウ》 苦心《クシン》 四苦八苦《シクハック》 見苦《ぐる》しい 苦笑《にがわら》い
研	ケン、とぐ	石	9	研究《ケンキュウ》 研磨《ケンマ》 研《と》ぎすます

漢字	読み	部首	画数	用例
庫	コ、ク	广	10	倉庫《ソウコ》 文庫《ブンコ》 車庫《シャコ》 庫裏《クリ》
幸	コウ、さいわい、さち、しあわせ	干	8	幸運《コウウン》 幸《さいわ》い 海の幸《さち》
仕	シ、ジ、つかえる	イ	5	仕事《しごと》 給仕《キュウジ》 宮仕《みやづか》え
次	ジ、シ、つぐ、つぎ	欠	6	次回《ジカイ》 次第《シダイ》 次《つぎ》の間
拾	シュウ、ジュウ、ひろう	扌	9	収拾《シュウシュウ》 拾万《ジュウマン》 拾《ひろ》い物
集	シュウ、あつまる、あつめる、つどう	隹	12	集会《シュウカイ》 集《つど》い 人集《あつ》め
重	ジュウ、チョウ、え、おもい、かさねる、かさなる	里	9	重大《ジュウダイ》 重要《ジュウヨウ》 慎重《シンチョウ》 二重《ふたえ》 口が重《おも》い 重《かさ》ね着
商	ショウ、あきなう	口	11	商売《ショウバイ》 商業《ショウギョウ》 商《あきな》いを営む
勝	ショウ、かつ、まさる	力	12	勝負《ショウブ》 勝手《かって》 男勝《まさ》り
神	シン・ジン、かみ、かん、こう	ネ	9	神話《シンワ》 神主《かんぬし》 神神《こうごう》しい
昔	セキ、シャク、むかし	日	8	昔日《セキジツ》 昔年《セキネン》 今昔《コンジャク》 一昔《ひとむかし》
想	ソウ、ソ	心	13	想像《ソウゾウ》 理想《リソウ》 予想《ヨソウ》 愛想《アイソ(ウ)》

(1) 川中島の**合戦**場。
(2) 紙を**細**かくちぎる。
(3) 敵に**一矢**をむくいる。（やりかえす。しかえし）
(4) **自**らの手で解決する。
(5) あまりの早さに**面食**らう。（予想と違っていてまごつく）
(6) **断食**をする。
(7) 早期実現を**意図**する。
(8) 変な**声色**を使う。
(9) あけの**明星**。
(10) **一切**の関係を断つ。
(11) あやしい**風体**の者。
(12) **茶菓**のもてなし。
(13) 社長に**直訴**する。
(14) **直**ちに出発の準備をする。
(15) 今晩はお**通夜**だ。
(16) **弟子**をとる。
(17) **頭上**に注意。
(18) **頭**文字はMだ。
(19) お寺の**境内**で遊ぶ。
(20) **馬子**にも衣装。
(21) 庭は秋の**風情**だ。（風流な趣や味わい。様子、気配）
(22) 敵と**五分**にわたり合う。（二つの勢力などがほぼ等しい）
(23) これは君の**分け前**だ。
(24) 旅行して**見聞**を広める。
(25) **前代未聞**の出来事。（これまで聞いたことのない珍しいこと）
(26) **歩合制**の仕事。
(27) さっきから**悪寒**がする。
(28) 神の**化身**。
(29) リンゴの**出荷**。
(30) **期末**テストが近づく。
(31) りっぱな**最期**をとげる。
(32) **旅客機**に乗る。
(33) 目にもとまらぬ**早業**。
(34) 負けて**苦笑**い。
(35) 刃を**研磨**する。
(36) お寺の**庫裏**。（寺の台所、または住職らの住むところ）
(37) **幸**い無事だった。
(38) **給仕**をする係の人。
(39) **宮仕**えの身だ。（宮中に仕える。人に仕える）
(40) **次第**に寒くなってゆく。
(41) 事態の**収拾**をはかる。（混乱した状態をもとのように収める）
(42) 若者の**集**い。
(43) **慎重**に行動する。
(44) 箱を**重**ねる。
(45) **商**いに精を出す。
(46) **勝負**の世界。
(47) **男勝**りの才能を発揮する。
(48) **神神**しさを感じる。
(49) **昔日**のおもかげが残る。
(50) **愛想**のいい人。

まめ知識

漢字のでき方は

漢字のでき方は「象形《しょうけい》、指事《しじ》、会意《かいい》、形声《けいせい》、転《てん》注《ちゅう》、仮借《かしゃ》」の六つに分類され、これを「六書《りくしょ》」といいます。

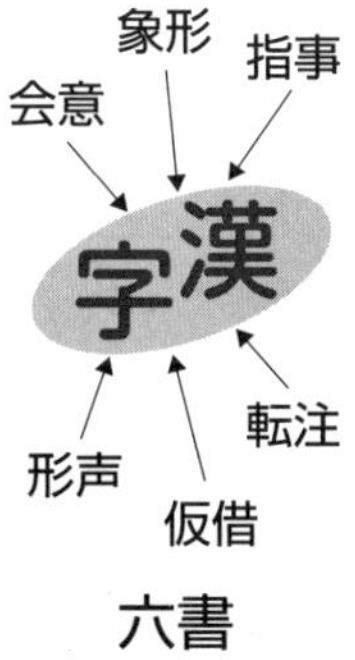

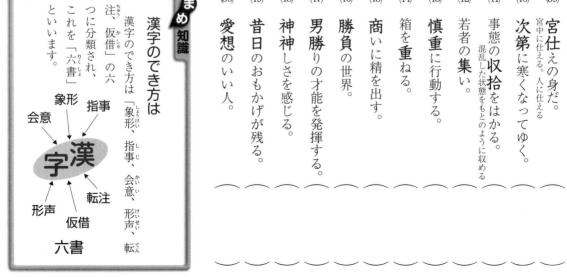

7～5級 ❸

漢字	読み	部首	画数	筆順	用例
速	ソク はやい はやめる すみやか	辶	10	一 𠃍 戸 𠦝 声 束 凍 速	速度《ソクド》 速達《ソクタツ》 速《すみ》やかだ
対	タイ ツイ	寸	7	丶 亠 ナ 文 文 対 対	対立《タイリツ》 反対《ハンタイ》 対句《ツイク》 一対《イッツイ》
調	チョウ しらべる ととのう ととのえる	言	15	亠 言 言 訂 訶 調 調 調	調子《チョウシ》 調《しら》べ 材料が調《ととの》う
定	テイ ジョウ さだめる さだまる さだか	宀	8	丶 丷 宀 宀 宁 宇 宇 定	安定《アンテイ》 未定《ミテイ》 定石《ジョウセキ》 定規《ジョウギ》 品定《さだ》め 定《さだ》かでない
都	ト ツ みやこ	阝	11	一 十 土 耂 耂 者 都 都	都会《トカイ》 都合《ツゴウ》 都《みやこ》入り
度	ド ト タク たび	广	9	亠 广 广 广 庐 庐 度 度	温度《オンド》 法度《ハット》 支度《シタク》 度々《たびたび》
反	ハン ホン タン そる そらす	又	4	一 厂 万 反	反対《ハンタイ》 謀反《ムホン》 反物《タンもの》 反《そ》り
氷	ヒョウ こおり ひ	水	5	亅 刁 刃 氷 氷	氷山《ヒョウザン》 氷点《ヒョウテン》 氷水《こおりみず》 氷雨《ひさめ》
病	ビョウ ヘイ やむ やまい	疒	10	亠 广 广 疒 疔 疔 病 病	病院《ビョウイン》 疾病《シッペイ》 病《やまい》は気から
負	フ まける まかす おう	貝	9	ノ ク 𠂊 各 角 角 負 負	自負《ジフ》 負《ま》け 背負《せお》い投げ

漢字	読み	部首	画数	筆順	用例
放	ホウ はなす はなつ はなれる	攵	8	丶 亠 方 方 方 方 放 放	放送《ホウソウ》 追放《ツイホウ》 矢を放《はな》つ
命	メイ ミョウ いのち	口	8	ノ 人 亼 亼 合 合 合 命	命中《メイチュウ》 寿命《ジュミョウ》 命拾《いのちびろ》い
面	メン おも おもて つら	面	9	一 丆 𠂆 丙 而 而 面 面	面会《メンカイ》 面長《おもなが》 矢面《やおもて》 鼻面《はなづら》
役	ヤク エキ	彳	7	ノ 彡 彳 彳 彸 役 役	配役《ハイヤク》 役所《ヤクショ》 労役《ロウエキ》 使役《シエキ》
由	ユ ユウ ユイ よし	田	5	丨 冂 巾 由 由	由来《ユライ》 自由《ジユウ》 理由《リユウ》 由緒《ユイショ》
有	ユウ ウ ある	月（つき）	6	ノ ナ 十 冇 有 有	有名《ユウメイ》 有無《ウム》 有《あ》り金
遊	ユウ ユ あそぶ	辶	12	亠 方 方 方 方 斿 游 遊	遊牧《ユウボク》 遊山《ユサン》 水遊《あそ》び
葉	ヨウ は	艹	12	艹 艹 苹 苹 苹 苹 葉 葉	枝葉末節《シヨウマッセツ》 落葉《ラクヨウ》 若葉《わかば》
流	リュウ ル ながれる ながす	氵	10	氵 氵 氵 汁 汼 汼 浐 流	流行《リュウコウ》 流布《ルフ》 流転《ルテン》 流浪《ルロウ》
緑	リョク ロク みどり	糸	14	糸 紀 紀 紀 紀 紀 緑 緑	緑化《リョクカ》 緑茶《リョクチャ》 緑青《ロクショウ》 黄緑《きみどり》
礼	レイ ライ	礻	5	丶 ラ ネ ネ 礼	失礼《シツレイ》 朝礼《チョウレイ》 礼拝《レ(ラ)イハイ》 礼賛《ライサン》

漢字	読み	部首	画数	筆順	用例
和	ワ オ やわらぐ やわらげる なごむ なごやか	口	8	ノ 二 千 禾 禾 和 和 和	平和《ヘイワ》 和解《ワカイ》 和服《ワフク》 和尚《オショウ》 風が和《やわ》らぐ 和《なご》やかさ
栄	エイ さかえる はえ はえる	木	9	丶 丷 ⺍ ⺍ 𫩏 𫩏 学 栄	栄養《エイヨウ》 光栄《コウエイ》 見栄《ば》え
各	カク おのおの	口	6	ノ ク 夂 夂 各 各	各地《カクチ》 各自《カクジ》 各《おのおの》の家
覚	カク おぼえる さます さめる	見	12	丶 丷 ⺍ ⺍ 𫩏 党 覚 覚	自覚《ジカク》 覚《おぼ》え 目覚《ざ》め
器	キ うつわ	口	15	口 吅 吅 品 罒 哭 器 器	楽器《ガッキ》 器用《キヨウ》 木製の器《うつわ》
機	キ はた	木	16	木 朩 松 松 桦 機 機 機	機械《キカイ》 機会《キカイ》 機織《はたお》り
漁	ギョ リョウ	氵	14	氵 氵 氵 氵 沪 洵 渔 漁	漁業《ギョギョウ》 漁港《ギョコウ》 漁師《リョウシ》 大漁《タイリョウ》
競	キョウ ケイ きそう せる	立	20	立 音 音 竞 竟 竸 竸 競	競争《キョウそう》 競馬《ケイバ》 競《せ》り合う
極	キョク ゴク きわめる きわまる きわみ	木	12	木 朩 朽 柯 柯 極 極 極	南極《ナンキョク》 極力《キョクリョク》 極秘《ゴクヒ》 極楽《ゴクラク》 感極《カンきわ》まる 疲労の極《きわ》み
結	ケツ むすぶ ゆう ゆわえる	糸	12	幺 幺 糸 糸 紅 紅 結 結	結論《ケツロン》 結《むす》び 髪を結《ゆ》う
健	ケン すこやか	亻	11	亻 亻 亻 亻 佳 律 健 健	健全《ケンゼン》 保健《ホケン》 健《すこ》やかだ

漢字	読み	部首	画数	筆順	用例
験	ケン ゲン	馬	18	丨 厂 𠂆 𠂆 馬 馬 騐 験	実験《ジッケン》 試験《シケン》 経験《ケイケン》 霊験《レイゲン(ケン)》
功	コウ ク	力	5	一 丅 工 功 功	成功《セイコウ》 功名《コウミョウ》 功労《コウロウ》 功徳《クドク》
候	コウ そうろう	亻	10	ノ 亻 亻 亻 伊 佀 候 候	気候《キコウ》 天候《テンコウ》 候文《そうろうブン》 居候《いそうろう》
刷	サツ する	刂	8	㇇ コ 尸 尸 吊 吊 刷 刷	印刷《インサツ》 刷新《サッシン》 版画を刷《す》る
殺	サツ サイ セツ ころす	殳	10	ノ メ 㐅 杀 杀 杀 殺 殺	殺虫《サッチュウ》 相殺《ソウサイ》 殺生《セッショウ》 殺《ころ》し
産	サン うむ うまれる うぶ	生	11	丶 亠 立 产 产 产 産 産	産業《サンギョウ》 産湯《うぶゆ》 産声《うぶごえ》
氏	シ うじ	氏	4	ノ 𠄌 𠂎 氏	氏名《シメイ》 氏族《シゾク》 氏神《うじがみ》
試	シ こころみる ためす	言	13	言 言 言 訁 計 訂 試 試	試合《シあい》 試験《シケン》 試《こころ》み 試《ため》し
児	ジ ニ	儿	7	丨 丨丨 丨口 旧 旧 児 児	児童《ジドウ》 育児《イクジ》 小児科《ショウニカ》
祝	シュク シュウ いわう	礻	9	丶 ラ ネ ネ 祀 祀 祝 祝	祝日《シュクジツ》 祝儀《シュウギ》 お祝《いわ》い
初	ショ はじめ はじめて はつ うい そめる	刀	7	丶 ラ ネ ネ ネ 初 初	初心《ショシン》 初日《ショニチ》 年の初《はじ》め 初雪《はつゆき》 初陣《ういジン》 書き初《ぞ》め
象	ショウ ゾウ	豕	12	ク 𠂊 缶 缶 争 多 象 象	現象《げんショウ》 対象《タイショウ》 象牙《ゾウゲ》 巨象《キョゾウ》

(1) **速**やかに解決する。
(2) **一対**のコーヒーカップ。
(3) 材料を**調**えて待つ。
(4) 経営の**定石**。　決まったやりかた
(5) ご**都合**はどうですか。
(6) 早く**支度**しなさい。
(7) **度重**なる事故。
(8) **謀反**をくわだてる。
(9) **反物**を買う。
(10) **氷雨**が降る。
(11) 重い**疾病**。　病気のこと
(12) 重傷を**負**う。
(13) 既に矢は**放**たれた。
(14) **寿命**が尽きた。
(15) 非難の**矢面**に立つ。
(16) **使役**に駆り出す。
(17) **由緒**ある家柄。
(18) **有無**をはっきりさせる。
(19) 物見**遊山**の旅。　気晴らしの見物や遊び

(20) **枝葉末節**にこだわるな。　つまらないささいな事柄
(21) 広く**流布**している学説。
(22) **流浪**の民。
(23) 銅板についた**緑青**。
(24) 仏法を**礼賛**する。
(25) 寺の**和尚**さん。
(26) 寒さが**和**らいだ。
(27) **和**やかに話をする。
(28) **見栄**えがする。
(29) 目を**覚**ます。
(30) 首相の**器**ではない。　人物・才能の大きさ
(31) **機織**りをする。
(32) 今日は**大漁**だ。
(33) 優勝を**競**り合う。
(34) **極秘**の情報。
(35) **感極**まって涙が出る。
(36) 髪を**結**い上げる。
(37) **健**やかに育った子。
(38) **霊験**あらたか。　人の祈願に対する不思議なごりやく

(39) 仏の**功徳**。　神や仏の恵み
(40) **天候**に左右される。
(41) 版画を**刷**る。
(42) 貸し借りを**相殺**する。　差し引きゼロにすること
(43) 無駄な**殺生**はするな。
(44) **産湯**をわかす。
(45) 村の**氏神**様。
(46) 初めての**試**み。
(47) 病院の**小児科**。
(48) ご**祝儀**の品物。
(49) 新年の**書き初**め。
(50) 不思議な**現象**。

まめ知識

指事文字とは

「本」は木の下に一を加えて、木の下部、ねもとを意味しています。形で表せないものを点や線を使って表した文字を指事《しじ》文字といいます。

木＋一＝本

7～5級 4

漢字	読み	部首	画数	用例
成	セイ・ジョウ・なる・なす	戈	6	成長《セイチョウ》　成就《ジョウジュ》　成《な》り立ち
省	セイ・ショウ・かえりみる・はぶく	目	9	反省《ハンセイ》　省略《ショウリャク》　むだを省《はぶ》く
静	セイ・ジョウ・しず・しずか・しずまる・しずめる	青	14	安静《アンセイ》　静止《セイシ》　静脈《ジョウミャク》　もの静《しず》か　気を静《しず》める
節	セツ・セチ・ふし	⺮	13	節約《セツヤク》　節度《セツド》　お節《セチ》　節目《ふしめ》
説	セツ・ゼイ・とく	言	14	説明《セツメイ》　遊説《ユウゼイ》　道を説《と》く
戦	セン・いくさ・たたかう	戈	13	戦力《センリョク》　苦戦《クセン》　負け戦《いくさ》
巣	ソウ・す	⺍	11	病巣《ビョウソウ》　営巣《エイソウ》　巣箱《すばこ》　古巣《ふるす》
束	ソク・たば	木	7	約束《ヤクソク》　結束《ケッソク》　花束《はなたば》　一束《ひとたば》
兆	チョウ・きざす・きざし	儿	6	前兆《ゼンチョウ》　兆候《チョウコウ》　春の兆《きざ》し
得	トク・える・うる	彳	11	得意《トクイ》　納得《ナットク》　得《う(え)》るところ

漢字	読み	部首	画数	用例
博	ハク・バク	十	12	博士《ハクシ(ハカセ)》　賭博《トバク》　博識《ハクシキ》
費	ヒ・ついやす・ついえる	貝	12	消費《ショウヒ》　費用《ヒヨウ》　金を費《つい》やす
不	フ・ブ	一	4	不足《フソク》　不当《フトウ》　不作法《ブサホウ》
夫	フ・フウ・おっと	大	4	夫妻《フサイ》　農夫《ノウフ》　夫婦《フウフ》　工夫《クフウ》
粉	フン・こ・こな	米	10	粉末《フンマツ》　花粉《カフン》　粉雪《こなゆき》
兵	ヘイ・ヒョウ	八	7	兵士《ヘイシ》　水兵《スイヘイ》　兵庫《ひょうご》県
辺	ヘン・あたり・べ	⻌	5	底辺《テイヘン》　身辺《シンペン》　海辺《うみべ》　岸辺《きしべ》
法	ホウ・ハッ・ホッ	氵	8	方法《ホウホウ》　法度《ハット》　法華宗《ホッケシュウ》
望	ボウ・モウ・のぞむ	月（つき）	11	人望《ジンボウ》　本望《ホンモウ》　高望《たかのぞ》み
末	マツ・バツ・すえ	木	5	末端《マッタン》　週末《シュウマツ》　末《すえ》っ子
無	ム・ブ・ない	灬	12	無理《ムリ》　無名《ムメイ》　無礼《ブレイ》　無事《ブジ》

漢字	読み	部首	画数	用例
利	リ・きく	刂	7	勝利《ショウリ》　有利《ユウリ》　気が利《き》く
冷	レイ・つめたい・ひえる・ひや・ひやす・ひやかす・さめる・さます	冫	7	寒冷《カンレイ》　冷害《レイガイ》　冷《つめ》たい麦茶　冷《ひ》や汗　湯冷《ゆざ》まし
連	レン・つらなる・つらねる・つれる	⻌	10	連続《レンゾク》　連夜《レンヤ》　山が連《つら》なる
老	ロウ・おいる・ふける	耂	6	老化《ロウカ》　老《お》い　老《ふ》け役
因	イン・よる	囗	6	原因《ゲンイン》　要因《ヨウイン》　規則に因《よ》る
営	エイ・いとなむ	⺍	12	経営《ケイエイ》　営業《エイギョウ》　店を営《いとな》む
易	エキ・イ・やさしい	日	8	貿易《ボウエキ》　容易《ヨウイ》　易《やさ》しい問題
益	エキ・ヤク	皿	10	利益《リエキ》　収益《シュウエキ》　御利益《ゴリヤク》
仮	カ・ケ・かり	亻	6	仮説《カセツ》　仮定《カテイ》　仮病《ケビョウ》　仮《かり》に
過	カ・すぎる・すごす・あやまつ・あやまち	⻌	12	通過《ツウカ》　過去《カコ》　台風一過《タイフウイッカ》　時が過《す》ぎる　昔の過《あやま》ち
解	カイ・ゲ・とく・とかす・とける	角	13	理解《リカイ》　解熱《ゲネツ》　問題を解《と》く

漢字	読み	部首	画数	用例
格	カク・コウ	木	10	合格《ゴウカク》　性格《セイカク》　格子戸《コウシド》
額	ガク・ひたい	頁	18	額縁《ガクブチ》　金額《キンガク》　猫《ねこ》の額《ひたい》
眼	ガン・ゲン・まなこ	目	11	肉眼《ニクガン》　開眼《カイゲン》　どんぐり眼《まなこ》
基	キ・もと・もとい	土	11	基本《キホン》　基準《キジュン》　法に基《もと》づく
逆	ギャク・さか・さからう	⻌	9	反逆《ハンギャク》　逆転《ギャクテン》　逆立《さかだ》ち
境	キョウ・ケイ・さかい	土	14	国境《コッキョウ》　境界《キョウカイ》　境内《ケイダイ》　境目《さかいめ》
経	ケイ・キョウ・へる	糸	11	経営《ケイエイ》　経典《キョウテン》　年月を経《へ》る
潔	ケツ・いさぎよい	氵	15	簡潔《カンケツ》　潔白《ケッパク》　潔《いさぎよ》い性格
険	ケン・けわしい	阝	11	危険《キケン》　保険《ホケン》　険《けわ》しい山
効	コウ・きく	力	8	効果《コウカ》　有効《ユウコウ》　よく効《き》く薬
構	コウ・かまえる・かまう	木	14	構想《コウソウ》　構成《コウセイ》　家の構《かま》え
興	コウ・キョウ・おこる・おこす	臼	16	復興《フッコウ》　興味《キョウミ》　産業を興《おこ》す
再	サイ・サ・ふたたび	冂	6	再開《サイカイ》　再発《サイハツ》　再来年《サライネン》

(1) 願いが**成就**（思ったとおりになしとげる）する。

(2) できる限りむだを**省**く。

(3) 絶対**安静**を命じられる。

(4) 動脈と**静脈**。

(5) **節度**を保つ。

(6) **遊説**（各地へ出かけて政策等を説いてまわる）先での記者会見。

(7) **戦**の勝ち負け。

(8) **病巣**をえぐりとる。

(9) **結束**して敵と戦う。

(10) 危険な**兆候**が現れる。

(11) それはあり**得**ないことだ。

(12) **博識**（知識が広い）な人。

(13) 五年の年月を**費**やす。

(14) **不作法**なふるまい。

(15) **工夫**のあとが見られる。

(16) **粉末**の薬を飲む。

(17) 神戸市は**兵庫県**にある。

(18) あの**辺**りから日が昇る。

(19) それはご**法度**（禁じられている）だ。

(20) 優勝できて**本望**（もとからの望み）だ。

(21) **末端**まで届くようにする。

(22) **無事**に終わる。

(23) 若いのによく気が**利**く。

(24) **冷**めないうちに食べる。

(25) **連続**して出場する。

(26) 遠くに**連**なる山山。

(27) 父は最近少し**老**けてきた。

(28) 事故に**因**る死亡。

(29) 彼は店を**営**んでいる。

(30) **容易**に解決できる。

(31) **易**しい問題から解く。

(32) **御利益**（恵み、恩恵）のある神様。

(33) **仮病**を使う。

(34) バスが**通過**する。

(35) **過**ちをおかす。

(36) **解熱**剤を飲む。

(37) **格子戸**を開ける。

(38) 絵画を**額**に入れて飾る。

(39) 大仏**開眼**（新しい仏像に目を入れる儀式）。

(40) 法に**基**づいた処置。

(41) 彼は**逆立**ちが得意だ。

(42) **境界線**を引く。

(43) **経典**を読む。

(44) **簡潔**に説明する。

(45) **潔**くあきらめる。

(46) 父は時時**険**しい表情をする。

(47) この薬はかぜに**効**く。

(48) あの家の**構**え（全体的な構造の印象）は立派だ。

(49) 震災後の**復興**は順調だ。

(50) **再来年**の今ごろは……。

まとめ知識

形声文字とは

意味の部分と音の部分を組み合わせてつくったのが形声《けいせい》文字です。「河」は水を表すさんずいと「カ」という音を表す部分でできています。

氵（水）＋可（カ）→ 河（カ・かわ）

災	サイ わざわい	火 7	天災《テンサイ》 災害《サイガイ》 災《わざわ》いの元
際	サイ きわ	阝 14	国際《コクサイ》 実際《ジッサイ》 水際《みずぎわ》 窓際《まどぎわ》
雑	ザツ ゾウ	隹 14	雑音《ザツオン》 混雑《コンザツ》 雑木林《ゾウきばやし》
酸	サン すい	酉 14	酸素《サンソ》 酸味《サンミ》 酸《す》っぱい味
枝	シ えだ	木 8	枝葉末節《シヨウマッセツ》 枝道《えだみち》 小枝《こえだ》
示	ジ シ しめす	示 5	指示《シジ》 表示《ヒョウジ》 手本を示《しめ》す
似	ジ にる	イ 7	近似《キンジ》 類似《ルイジ》 似顔絵《にがおえ》
質	シツ シチ チ	貝 15	品質《ヒンシツ》 質問《シツモン》 質屋《シチや》 言質《ゲンチ》
授	ジュ さずける さずかる	扌 11	授与《ジュヨ》 教授《キョウジュ》 子を授《さず》かる
承	ショウ うけたまわる	手 8	承知《ショウチ》 承認《ショウニン》 用件を承《うけたまわ》る
常	ジョウ つね とこ	巾 11	常識《ジョウシキ》 日常《ニチジョウ》 常《つね》に 常夏《とこなつ》

政	セイ ショウ まつりごと	攵 9	政治《セイジ》 摂政《セッショウ》 政《まつりごと》を行う
精	セイ ショウ	米 14	精神《セイシン》 精力《セイリョク》 精算《セイサン》 精進《ショウジン》
績	セキ	糸 17	成績《セイセキ》 業績《ギョウセキ》 紡績《ボウセキ》 実績《ジッセキ》
接	セツ つぐ	扌 11	接近《セッキン》 直接《チョクセツ》 接《つ》ぎ木
設	セツ もうける	言 11	設立《セツリツ》 設備《セツビ》 席を設《もう》ける
素	ソ ス	糸 10	素材《ソザイ》 質素《シッソ》 素顔《スがお》 素手《スで》
率	ソツ リツ ひきいる	玄 11	率直《ソッチョク》 能率《ノウリツ》 友を率《ひき》いる
損	ソン そこなう そこねる	扌 13	損失《ソンシツ》 損得《ソントク》 やり損《そこ》なう
退	タイ しりぞく しりぞける	辶 9	退屈《タイクツ》 辞退《ジタイ》 一線を退《しりぞ》く
断	ダン たつ ことわる	斤 11	決断《ケツダン》 判断《ハンダン》 酒を断《た》つ
築	チク きずく	⺮ 16	改築《カイチク》 建築《ケンチク》 城を築《きず》く

提	テイ さげる	扌 12	提出《テイシュツ》 提供《テイキョウ》 手提《てさ》げ
統	トウ すべる	糸 12	伝統《デントウ》 統一《トウイツ》 国を統《す》べる
富	フ フウ とむ とみ	宀 12	富力《フリョク》 貧富《ヒンプ》 ＊富山《とやま》県
報	ホウ むくいる	土 12	報道《ホウドウ》 報告《ホウコク》 恩に報《むく》いる
暴	ボウ バク あばく あばれる	日 15	暴言《ボウゲン》 暴露《バクロ》 真相を暴《あば》く
預	ヨ あずける あずかる	頁 13	預金通帳《ヨキンツウチョウ》 命を預《あず》かる
遺	イ ユイ	辶 15	遺産《イサン》 遺失《イシツ》 遺言《ユイゴン(イゴン)》
映	エイ うつる うつす はえる	日 9	映画《エイガ》 反映《ハンエイ》 夕映《ゆうば》え
延	エン のびる のべる のばす	廴 8	延長《エンチョウ》 延期《エンキ》 日延《ひの》べ
沿	エン そう	氵 8	沿岸《エンガン》 沿線《エンセン》 道に沿《そ》う
灰	カイ はい	火 6	石灰《セッカイ》 灰色《はいいろ》 灰皿《はいざら》
割	カツ わる・わり われる さく	刂 12	分割《ブンカツ》 割合《わりあい》 時間を割《さ》く
干	カン ほす ひる	干 3	干渉《カンショウ》 若干《ジャッカン》 干物《ひもの》

危	キ あぶない あやうい あやぶむ	卩 6	危険《キケン》 危害《キガイ》 命が危《あや》うい
貴	キ たっとい とうとい たっとぶ とうとぶ	貝 12	貴重《キチョウ》 高貴《コウキ》 貴金属《キキンゾク》 貴《とうと(たっと)》い体験 生命を貴《とうと(たっと)》ぶ
供	キョウ ク そなえる とも	イ 8	供給《キョウキュウ》 供養《クヨウ》 お供《そな》え物
勤	キン ゴン つとめる つとまる	力 12	勤務《キンム》 勤行《ゴンギョウ》 会社勤《づと》め
権	ケン ゴン	木 15	人権《ジンケン》 権利《ケンリ》 権現《ゴンゲン》 権化《ゴンゲ》
厳	ゲン ゴン おごそか きびしい	⺍ 17	厳守《ゲンシュ》 荘厳《ソウゴン》 厳《おごそ》かな儀式
己	コ キ おのれ	己 3	利己《リコ》 克己《コッキ》 己《おのれ》を知る
誤	ゴ あやまる	言 14	誤解《ゴカイ》 誤差《ゴサ》 道を誤《あやま》る
降	コウ おりる おろす ふる	阝 10	以降《イコウ》 降雨《コウウ》 昇《のぼ》り降《お》り
鋼	コウ はがね	金 16	鉄鋼《テッコウ》 鋼材《コウザイ》 鋼《はがね》を打つ
砂	サ シャ すな	石 9	砂丘《サキュウ》 砂金《サキン》 土砂《ドシャ》 砂場《すなば》
済	サイ すむ すます	氵 11	救済《キュウサイ》 返済《ヘンサイ》 用済《ず》み

(1) 口は**災**いのもと。

(2) **水際**でくい止める。

(3) **雑木林**が広がっている。

(4) **酸**っぱい味がする。

(5) **枝**ぶりのいい松の木。

(6) **示唆**（それとなく示すこと、ヒント）に富んだ意見。

(7) **類似**品に注意する。

(8) 相手から**言質**（のちの証拠となる言葉）を取る。

(9) ノーベル賞を**授与**する。

(10) 確かに**承**りました。

(11) **常夏**の国ハワイ。

(12) **摂政**・関白による政治。

(13) 学業に**精進**（あることに打ちこんで努力すること）する。

(14) **業績**を上げる。

(15) **接**ぎ木をする。

(16) 案内所を**設**ける。

(17) **素手**でつかみとる。

(18) **率直**に申し上げる。

(19) 偏食は健康を**損**なう。

(20) 彼は現役を**退**いた。

(21) 正しい**判断**を下す。

(22) 甘いものを**断**つ。

(23) 一代で巨万の富を**築**く。

(24) 重い荷物を手に**提**げる。

(25) 広い国を**統**べる（支配する、統一する）人物。

(26) **貧富**の差が増大している。

(27) 結果を**報告**する。

(28) 子が親の恩に**報**いる。

(29) 不祥事を**暴露**する。

(30) 手荷物を**預**ける。

(31) **遺失**物を取りにいく。

(32) 湖に紅葉が**映**えて美しい。

(33) **延**べ五万人の入場者だ。

(34) 道に**沿**って咲くコスモス。

(35) **石灰**でラインを引く。

(36) 残念ながら**割愛**（惜しいと思いながら省略すること）する。

(37) 他国の内政に**干渉**する。

(38) 我が国の将来を**危**ぶむ。

(39) 一人一人の名誉を**貴**ぶ（価値を認め、それをよいとすること）。

(40) 先祖の**供養**をする。

(41) 僧侶が一心に**勤行**に励む。

(42) あいつは悪の**権化**（抽象物が具体物の形をとったと思えるもの）だ。

(43) **荘厳**な雰囲気の寺院。

(44) **厳**かに儀式が行われる。

(45) **克己心**（自分にうちかつこと）が大切だ。

(46) 多少の**誤差**はあってよい。

(47) 空から**降**ってきた火山灰。

(48) **鋼**のように強い体。

(49) 夕方から**土砂**降りの雨。

(50) 難民を**救済**する。

まめ知識

会意文字とは

「日」と「月」を合わせて「明」。二つ以上の漢字を組み合わせて、新しい意味を表した文字が会意文字です。

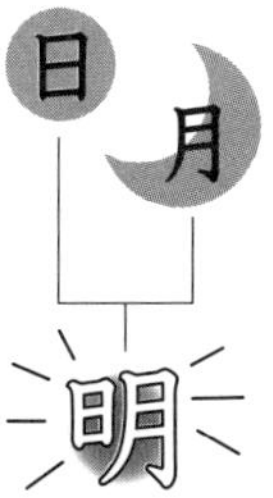

漢字	読み	部首	画数	筆順	用例
裁	サイ たつ さばく	衣	12	土 圭 圭 圭 表 裁 裁 裁	裁判《サイバン》 洋裁《ヨウサイ》 布を裁《た》つ
冊	サツ サク	冂	5	丨 冂 冂 冊 冊	別冊《ベッサツ》 冊子《サッシ》 短冊《タンザク》
至	シ いたる	至	6	一 云 云 云 至 至	至急《シキュウ》 必至《ヒッシ》 今に至《いた》る
捨	シャ すてる	扌	11	扌 扌 扌 扌 拎 拎 捨 捨	取捨選択《シュシャセンタク》 捨《す》て身《み》
若	ジャク ニャク わかい もしくは	艹	8	一 十 艹 艹 芋 芋 若 若	若年《ジャクネン》 若干《ジャッカン》 老若《ロウニャク》 若葉《わかば》
樹	ジュ	木	16	木 木 桔 桔 桔 桔 桔 樹	樹木《ジュモク》 樹立《ジュリツ》 植樹祭《ショクジュサイ》
就	シュウ ジュ つく つける	尢	12	亠 古 亨 京 京 就 就 就	就職《シュウショク》 成就《ジョウジュ》 職に就《つ》く
衆	シュウ シュ	血	12	ノ 血 血 血 衆 衆 衆 衆	観衆《カンシュウ》 群衆《グンシュウ》 衆生《シュジョウ》
従	ジュウ ショウ ジュ したがう したがえる	彳	10	彳 彳 彳 彳 従 従 従 従	従事《ジュウジ》 従順《ジュウジュン》 従容《ショウヨウ》 道順に従《したが》う 敵を従《したが》える
縦	ジュウ たて	糸	16	糸 糸 糸 糸 縦 縦 縦 縦	縦横《ジュウオウ》 縦断《ジュウダン》 縦《たて》書き

漢字	読み	部首	画数	筆順	用例
縮	シュク ちぢむ ちぢまる ちぢめる ちぢれる ちぢらす	糸	17	糸 糸 糸 糸 縮 縮 縮 縮	短縮《タンシュク》 収縮《シュウシュク》 縮図《シュクズ》 縮小《シュクショウ》 伸び縮《ちぢ》み 縮《ちぢ》れ毛
熟	ジュク うれる	灬	15	亠 亠 享 享 孰 孰 孰 熟	未熟《ミジュク》 熟読《ジュクドク》 熟《う》れた果実
傷	ショウ きず いたむ いためる	亻	13	亻 亻 亻 亻 亻 亻 傷 傷	感傷《カンショウ》 傷口《きずぐち》 体を傷《いた》める
障	ショウ さわる	阝	14	阝 阝 阝 阝 阝 阝 障 障	保障《ホショウ》 故障《コショウ》 差《さ》し障《さわ》り
蒸	ジョウ むす むれる むらす	艹	13	艹 艹 艹 艹 艹 芺 芺 蒸	蒸気《ジョウキ》 蒸発《ジョウハツ》 蒸《む》し暑い
垂	スイ たれる たらす	土	8	一 二 三 千 乒 乒 垂 垂	垂直《スイチョク》 垂線《スイセン》 水が垂《た》れる
推	スイ おす	扌	11	扌 扌 扌 扌 推 推 推 推	推理《スイリ》 推進《スイシン》 委員に推《お》す
盛	セイ ジョウ もる さかる さかん	皿	11	厂 成 成 成 成 成 盛 盛	盛大《セイダイ》 全盛《ゼンセイ》 繁盛《ハンジョウ》 盛《も》り上がる 血気盛《さか》ん
専	セン もっぱら	寸	9	一 冂 冂 曰 由 亩 専 専	専念《センネン》 専門《センモン》 専《もっぱ》らの評判

漢字	読み	部首	画数	筆順	用例
染	セン そめる そまる しみる しみ	木	9	丶 冫 氵 氵 氿 氿 染 染	伝染《デンセン》 感染《カンセン》 髪を染《そ》める 赤に染《そ》まる 染《し》み抜き
奏	ソウ かなでる	大	9	一 二 三 夫 夫 去 奏 奏	合奏《ガッソウ》 演奏《エンソウ》 笛を奏《かな》でる
装	ソウ ショウ よそおう	衣	12	丨 丬 壮 壮 奘 奘 装 装	包装《ホウソウ》 衣装《イショウ》 新たな装《よそお》い
操	ソウ みさお あやつる	扌	16	扌 扌 扌 扌 操 操 操 操	体操《タイソウ》 操作《ソウサ》 操《あやつ》り人形
蔵	ゾウ くら	艹	15	艹 艹 芦 芦 芦 蔵 蔵 蔵	所蔵《ショゾウ》 蔵書《ゾウショ》 酒蔵《さかぐら》
尊	ソン たっとい とうとい たっとぶ とうとぶ	寸	12	ソ 䒑 竹 酋 酋 尊 尊	尊敬《ソンケイ》 尊重《ソンチョウ》 尊大《ソンダイ》 尊厳《ソンゲン》 尊《とうと(たっと)》い教え 神を尊《とうと(たっと)》ぶ
担	タン かつぐ になう	扌	8	一 十 扌 扌 扣 扣 担 担	分担《ブンタン》 担当《タントウ》 明日を担《にな》う
探	タン さぐる さがす	扌	11	扌 扌 扌 扌 探 探 探 探	探検《タンケン》 探知《タンチ》 手探《さぐ》り
値	チ ね あたい	亻	10	亻 亻 什 什 伯 値 値 値	価値《カチ》 値段《ねダン》 値千金《あたいセンキン》
著	チョ あらわす いちじるしい	艹	11	一 艹 艹 艹 芏 荖 著 著	著者《チョシャ》 著名《チョメイ》 著《いちじる》しい発展
難	ナン かたい むずかしい	隹	18	艹 苎 莫 菓 菓 菓 難 難	災難《サイナン》 非難《ヒナン》 難《むずか》しい顔

漢字	読み	部首	画数	筆順	用例
納	ノウ ナッ ナ ナン トウ おさめる おさまる	糸	10	幺 糸 糸 糸 紈 紉 納 納	納品《ノウヒン》 納税《ノウゼイ》 納得《ナットク》 納戸《ナンど》 納屋《ナや》 出納《スイトウ》 税を納《おさ》める
背	ハイ せ・せい そむく そむける	肉	9	一 十 士 北 北 背 背 背	背後《ハイゴ》 背中《せなか》 顔を背《そむ》ける
否	ヒ いな	口	7	一 ア 不 不 不 否 否	否定《ヒテイ》 安否《アンピ》 否《いな》めない
奮	フン ふるう	大	16	大 衣 夲 夲 奞 奞 奮 奮	興奮《コウフン》 発奮《ハップン》 奮《ふる》い立つ
暮	ボ くれる くらす	日	14	艹 芇 苩 荁 莫 莫 暮 暮	歳暮《セイボ》 暮色《ボショク》 夕暮《ゆうぐ》れ
亡	ボウ モウ ない	亠	3	丶 亠 亡	亡命《ボウメイ》 亡者《モウジャ》 今は亡《な》き人
訳	ヤク わけ	言	11	言 言 言 言 訂 訂 訳 訳	通訳《ツウヤク》 和訳《ワヤク》 言い訳《わけ》
優	ユウ やさしい すぐれる	亻	17	亻 亻 佰 佰 佰 偓 偓 優	優勝《ユウショウ》 優位《ユウイ》 優《すぐ》れた人
欲	ヨク ほっする ほしい	欠	11	ハ 八 谷 谷 谷 谷 欲 欲	食欲《ショクヨク》 意欲《イヨク》 物欲《ものほ》しげ
裏	リ うら	衣	13	亠 亣 亩 亩 重 重 裏 裏	脳裏《ノウリ》 表裏《ヒョウリ》 裏側《うらがわ》 裏口《うらぐち》
律	リツ リチ	彳	9	彳 彳 彳 彳 彳 彳 律 律	規律《キリツ》 法律《ホウリツ》 調律《チョウリツ》 律儀《リチギ》
朗	ロウ ほがらか	月（つき）	10	丶 ㇇ 良 良 朗 朗 朗 朗	明朗《メイロウ》 朗読《ロウドク》 朗《ほが》らかな人

7～5級 ❻

7級　6級　5級

(1) ハサミで布を**裁**つ。

(2) **短冊**に願いを書く。

(3) 死に**至**る病気。

(4) **取捨選択**をまちがえる。

(5) **若干**名の募集。

(6) 自転車**若**しくは徒歩。

(7) 新記録を**樹立**する。

(8) 悲願が**成就**する。 なしとげる、実現する

(9) **衆生**を迷いから救う仏。 この世に生きるすべての生き物

(10) **従容**たる態度。 ゆったりと落ち着きのある様子

(11) **縦横**無尽の大活躍。 自由自在に、思う存分

(12) 筋肉が**収縮**する。

(13) **熟**れた果実の収穫。

(14) **感傷**的な映画。

(15) 気に**障**るような言葉。 さしつかえる、害する

(16) 高温多湿で**蒸**し暑い。

(17) 釣糸を**垂**らす。

(18) 君を議長に**推**す。

(19) 店が**繁盛**する。

(20) **盛**んに拍手する。

(21) 近所では**専**らの評判だ。

(22) 悪に**染**まる。

(23) 楽器を**奏**でる。

(24) 平静を**装**う。

(25) 機械を**操**る。

(26) **酒蔵**から酒を出す。

(27) 仏の教えを**尊**ぶ。 うやまい、大切なものとして扱う

(28) 未来の**担**い手たち。

(29) 大きな荷物を**担**ぐ。

(30) **探**りを入れてみる。

(31) 比の**値**。

(32) **著**しい上昇率。

(33) 個人を**非難**する。

(34) **納得**ゆくまで説明する。

(35) **納屋**にしまっておく。

(36) **納戸**の整理をする。

(37) **出納**簿に記入する。

(38) 事件の**背後**関係を調べる。

(39) 神の教えに**背**く。 さからう、はむかう、反抗する

(40) **否**めない事実。

(41) 大発見に**興奮**する。

(42) 勇気を**奮**い起こす。

(43) もう日が**暮**れる。

(44) 金の**亡者**。 執念にとりつかれた人

(45) 申し**訳**ありません。

(46) **優**れた素質をいかす。

(47) 高収入を**欲**する。

(48) 不安が**脳裏**をよぎる。

(49) 彼は**律儀**な人だ。

(50) 明るく**朗**らかな性格。

まめ知識

象形文字とは

「羽」は鳥の両翼の形をかたどったもの。ものの形をかたどった文字を象形《しょうけい》文字といいます。ほかに山や川、雨、門などがあります。

5級 模擬試験

60分

/200点

(一) 次の――線の読みをひらがなで書きなさい。〈1×20=20点〉

1 かれの提案に異論はない。
2 自我に目覚める。
3 皮革製品の売り場へ行く。
4 神社仏閣を保存する。
5 詳しい説明は割愛します。
6 台風で屋根が傷んだ。
7 今度の休みに郷里へ帰る。
8 激しい思いにとらわれる。
9 厳重に注意する。
10 財源を確保する。
11 利己的な行動をつつしむ。
12 寒さが骨身にしみる。
13 今日中に仕上げるのは至難のわざだ。
14 寄らば大樹のかげ。
15 世に並びない名人。
16 雪を頂く山に登る。
17 仮装パーティーに招かれる。
18 車のハンドルを操作する。
19 旧友を訪ねる。
20 私利私欲を捨て去る。

(二) 次の漢字の部首と部首名を、後の□から選んで記号で答えなさい。〈1×10=10点〉

〈例〉休 （い）（ク）
部首　部首名

1 肺
2 厳
3 展
4 筋
5 遺

部首　部首名

あ 貝	い 亻	う 尸	え 亠	
お 辶	か 月	き 力	く 厂	
け ⺍	こ ⺮			

ア ちから	イ しんにょう しんにゅう
ウ にくづき	エ なべぶた けいさんかんむり
オ かいへん	カ つかんむり
キ たけかんむり	ク にんべん
ケ がんだれ	コ かばね しかばね

(三) 次の**カタカナ**を**漢字**と**送りがな**（**ひらがな**）で書きなさい。〈2×10＝20点〉

〈例〉質問に**コタエル**。（答える）

1 運動会を明日に**ノバス**。（　）
2 **アヤウイ**ところで間に合う。（　）
3 かれの人がらを**ウタガウ**。（　）
4 **オゴソカ**に式を挙げる。（　）
5 犯罪人を**サバク**。（　）
6 簡単に食事を**スマス**。（　）
7 旅行記を**アラワス**。（　）
8 都会で**クラス**。（　）
9 母校を**オトズレル**。（　）
10 母の**ヤサシイ**笑顔。（　）

(四) 次の**カタカナ**を**漢字**に直して書きなさい。〈2×10＝20点〉

1 開□《マク》試合
2 海底□《タン》査
3 財政改□《カク》
4 一□《コク》千金
5 人権□《セン》言
6 □《ザ》席指定
7 □《ホ》正予算
8 朝令□《ボ》改
9 同時通□《ヤク》
10 賛□《ピ》両論

(五) 次の漢字の**色の画**のところは**筆順の何画目**か。また**総画数**は**何画**か。**算用数字**で書きなさい。〈1×10＝10点〉

	漢字	何画目	総画数
1	域	（　）	（　）
2	勤	（　）	（　）
3	姿	（　）	（　）
4	若	（　）	（　）
5	臓	（　）	（　）

(六) 次の熟語は□の中のどんな組み合わせになっているか。**記号**で答えなさい。〈2×10＝20点〉

ア 音と音	イ 音と訓	ウ 訓と訓	エ 訓と音

1 危害（　）
2 忠実（　）
3 骨身（　）
4 敬愛（　）
5 納戸（　）
6 磁場（　）
7 傷口（　）
8 裏側（　）
9 株式（　）
10 若葉（　）

(七) 後の□の中のひらがなを漢字に直して、対義語と類義語を書きなさい。□の中のひらがなは一度だけ使うこと〈2×10＝20点〉

〈対義語〉

1 拾得―（　）失
2 寛容―（　）格
3 上昇―下（　）
4 支出―（　）入
5 反抗―服（　）

〈類義語〉

6 手紙―書（　）
7 絶賛―（　）賞
8 帰省―帰（　）
9 作者―（　）者
10 進歩―発（　）

い・かん・きょう・げき・げん
こう・しゅう・じゅう・てん・ちょ

(八) 次のカタカナをそれぞれ別の漢字に直しなさい。〈2×10＝20点〉

1 道をアヤマる。（　）
2 親にアヤマる。（　）
3 答案用紙をカイシュウする。（　）
4 道路のカイシュウ工事。（　）
5 大臣の座にツく。（　）
6 荷物が家にツく。（　）
7 天地ソウゾウの物語。（　）
8 ソウゾウを絶する暑さ。（　）
9 計画を具体的にケントウする。（　）
10 ケントウはずれの答え。（　）

(九) 漢字を組み合わせた熟語では、二つの漢字の間に意味の上で次のような関係があります。〈2×10＝20点〉

ア 反対の意味の漢字を組み合わせたもの。（例…大小）
イ 同じような意味の漢字を組み合わせたもの。（例…身体）
ウ 上の字の意味が下の字の意味をくわしく説明しているもの。（例…赤色）
エ 下の字から上へ返って読むと意味がよくわかるもの。（例…決心）
オ 上の字が下の字の意味を打ち消しているもの。（例…不明）

次の熟語は右のア～オのどれにあたるか。記号で答えなさい。

1 敬意（　）
2 無難（　）
3 激戦（　）
4 正誤（　）
5 延期（　）
6 訪問（　）
7 表裏（　）
8 納税（　）
9 価値（　）
10 否定（　）

(十) 後の□の中から漢字を選んで、次の意味にあてはまる**熟語**を作りなさい。答えは**記号**で書くこと。〈2×5=10点〉

1 相手の言ったことの意味をとりちがえること。
2 書物の最初の部分。
3 国の行政を担当する最高機関。
4 とても大切であるようす。
5 病人の手当てや世話をすること。

ア 看	イ 巻	ウ 誤	エ 重	
オ 閣	カ 貴	キ 呼	ク 護	
ケ 解	コ 内	サ 頭	シ 革	

(十一) 次の**カタカナ**の部分を**漢字**に直しなさい。〈2×15=30点〉

1 関東地方**ゼンイキ**で雨が降る。
2 頭にほうたいを**マ**く。
3 道に**ソ**って家が並ぶ。
4 **カクセイ**器を使って号令をかける。
5 森の中で**シンコキュウ**をする。
6 **キョウチュウ**をお察しします。
7 **スジ**書きどおりに事が運ぶ。
8 事故現場に**ケイカン**がかけつける。
9 **ゲキダン**に入る。
10 まぶしい光が目を**イ**る。
11 **タイシュウ**食堂に入る。
12 ご飯を**ム**らす。
13 **ハリ**に糸を通す。
14 事態はかなり**シンテン**している。
15 長距離走の自己最高記録を**チヂ**める。

漢字	読み	部首	画数	用例
握	アク にぎる	扌	12	把握《ハアク》 握手《アクシュ》 握《にぎ》り飯《めし》
扱	あつかう	扌	6	取り扱《あつか》う 客扱《キャクあつか》い
依	イ エ	亻	8	依存《イソン(ゾン)》 依頼《イライ》 依然《イゼン》 帰依《キエ》
威	イ	女	9	威力《イリョク》 権威《ケンイ》 威厳《イゲン》 威圧《イアツ》
為	イ	灬	9	行為《コウイ》 作為《サクイ》 人為《ジンイ》 無為《ムイ》
偉	イ えらい	亻	12	偉大《イダイ》 偉人《イジン》 偉《えら》い人物
違	イ ちがう ちがえる	辶	13	違反《イハン》 相違《ソウイ》 思い違《ちが》い
維	イ	糸	14	維持《イジ》 繊維《センイ》 維新《イシン》
緯	イ	糸	16	緯度《イド》 経緯《ケイイ》 北緯《ホクイ》
壱	イチ	士	7	壱万《イチマン》円
芋	いも	艹	6	山芋《やまいも》 芋虫《いもむし》
陰	イン かげ かげる	阝	11	陰気《インキ》 陰湿《インシツ》 木陰《こかげ》
隠	イン かくす かくれる	阝	14	隠居《インキョ》 隠匿《イントク》 雲隠《くもがく》れ
影	エイ かげ	彡	15	影響《エイキョウ》 撮影《サツエイ》 影絵《かげえ》を見る
鋭	エイ するどい	金	15	精鋭《セイエイ》 鋭利《エイリ》 鋭《するど》い指摘《してき》
越	エツ こす こえる	走	12	超越《チョウエツ》 卓越《タクエツ》 山越《やまご》え
援	エン	扌	12	援助《エンジョ》 援護《エンゴ》 応援《オウエン》 支援《シエン》
煙	エン けむる けむり けむい	火	13	煙突《エントツ》 煙幕《エンマク》 土煙《つちけむり》
鉛	エン なまり	金	13	鉛筆《エンピツ》 鉛色《なまりいろ》
縁	エン ふち	糸	15	縁起《エンギ》 縁故《エンコ》 額縁《ガクぶち》
汚	オ けがす けがれる けがらわしい よごす よごれる きたない	氵	6	汚染《オセン》 汚点《オテン》 汚名《オメイ》 汚職《オショク》 口汚《くちよご》し
押	オウ おす おさえる	扌	8	押収《オウシュウ》 押印《オウイン》 手押《お》し車
奥	オウ おく	大	12	奥義《オウギ》 胸奥《キョウオウ》 奥地《おくチ》
憶	オク	忄	16	記憶《キオク》 憶測《オクソク》 追憶《ツイオク》
菓	カ	艹	11	菓子《カシ》 製菓業《セイカギョウ》
暇	カ ひま	日	13	余暇《ヨカ》 休暇《キュウカ》 暇《ひま》つぶし
箇	カ	⺮	14	箇所《カショ》 箇条《カジョウ》
雅	ガ	隹	13	優雅《ユウガ》 風雅《フウガ》
介	カイ	人	4	紹介《ショウカイ》 介入《カイニュウ》 介抱《カイホウ》 仲介《チュウカイ》
戒	カイ いましめる	戈	7	訓戒《クンカイ》 戒律《カイリツ》 戒《いまし》めを解《と》く
皆	カイ みな	白	9	皆勤《カイキン》 皆無《カイム》 皆様《みなさま》
壊	カイ こわす こわれる	土	16	破壊《ハカイ》 崩壊《ホウカイ》 壊《こわ》れ物
較	カク	車	13	比較《ヒカク》 較差《カクサ》
獲	カク える	犭	16	捕獲《ホカク》 獲得《カクトク》 獲物《えもの》
刈	かる	刂	4	芝刈《しばか》り 草刈《くさか》り
甘	カン あまい あまえる あまやかす	甘	5	甘言《カンゲン》 甘味《カンミ》 甘酒《あまざけ》
汗	カン あせ	氵	6	発汗《ハッカン》 汗顔《カンガン》 冷《ひ》や汗《あせ》
乾	カン かわく かわかす	乙	11	乾燥《カンソウ》 乾杯《カンパイ》 服を乾《かわ》かす
勧	カン すすめる	力	13	勧誘《カンユウ》 勧告《カンコク》 入部の勧《すす》め
歓	カン	欠	15	歓喜《カンキ》 歓待《カンタイ》 歓談《カンダン》 交歓《コウカン》
監	カン	皿	15	監督《カントク》 監査《カンサ》 監禁《カンキン》 総監《ソウカン》
環	カン	王	17	環境《カンキョウ》 循環《ジュンカン》 一環《イッカン》 環状《カンジョウ》
鑑	カン かんがみる	金	23	鑑賞《カンショウ》 鑑定《カンテイ》 年鑑《ネンカン》 鑑識《カンシキ》
含	ガン ふくむ ふくめる	口	7	含蓄《ガンチク》 含有《ガンユウ》 含《ふく》み笑い
奇	キ	大	8	奇妙《キミョウ》 奇跡《キセキ》 奇抜《キバツ》 奇遇《キグウ》
祈	キ いのる	礻	8	祈念《キネン》 祈願《キガン》 神に祈《いの》る

(1) **握手**をして別れる。
(2) 客**扱**いがうまい。
(3) 仕事を**依頼**される。
(4) 彼は心理学の**権威**だ。 その道にすぐれた人
(5) **無作為**に選ぶ。
(6) **偉人**伝を出版する。
(7) 意見の**相違**がある。
(8) **繊維**を多く含む野菜。
(9) **経緯**を説明する。
(10) **壱万**円札で払う。
(11) **芋虫**を観察する。
(12) **陰湿**なやり方だ。
(13) 証拠を**隠匿**する。 かくすこと
(14) 写真**撮影**をする。
(15) **鋭利**な刃物。 刃物などがよく切れること
(16) **卓越**した技術。 他よりはるかにすぐれていること
(17) 味方を**援護**する。
(18) 留学生を**支援**する。
(19) **煙幕**を張りめぐらす。 敵の目をくらますための煙

(20) **鉛**色の海。
(21) 親の**縁故**で世話になる。 かかわりあい・つながり
(22) 経歴に**汚点**をつける。
(23) 自署**押印**する。
(24) **胸奥**に秘めた思い。 心の中
(25) **憶測**がはずれる。 推量・推測
(26) **製菓**業を営む。
(27) **休暇**を海外で過ごす。
(28) 要点を**箇条**書きにする。
(29) **風雅**なたたずまい。 風流で上品なこと
(30) 紛争に軍事**介入**する。
(31) 不動産の**仲介**業。
(32) **戒律**の厳しい宗派。
(33) 思い当たるふしは**皆無**だ。 まったく何もないこと
(34) がけが**崩壊**する。
(35) 気温の年間**較差**。
(36) 賞金を**獲得**する。
(37) 庭の**草刈**りをする。
(38) 人工**甘味**料を使用する。

(39) **汗顔**のいたり。 恥じて顔に汗をかくこと
(40) 勝利を祝して**乾杯**する。
(41) 国の**勧告**に従う。 わけを話してすすめること
(42) 友の**歓待**を受ける。 手厚くもてなすこと
(43) 会計**監査**を行う。 とりしまり調べること
(44) 警視**総監**賞を受ける。
(45) 大気は**循環**している。
(46) **環状**七号線を通る。
(47) 刀を**鑑定**する。
(48) 金の**含有**量を調べる。
(49) **奇跡**的に一命をとりとめる。
(50) 優勝を**祈願**する。

まめ知識

礻と衤

「礻」か「衤」か迷うことがありませんか。それぞれの部首の意味の違いを覚えておきましょう。

礻…示（神の意味）
社神祈礼祝福祖

衤…衣（衣服の意味）
複被補裸褐裕

(1) 質問の意味を**ハアク**する。
よく理解すること
(2) 取り**あつか**いに注意する。
(3) 輸入に**イソン**する。
他にたよって生きること・いぞん
(4) 爆薬の**イリョク**は大きい。
(5) 不正**コウイ**をあばく。
(6) **イダイ**な功績を残す。
(7) 交通**イハン**を取りしまる。
(8) 健康を**イジ**する。
もちこたえること
(9) **イド**と経度を地図で調べる。
(10) **イチ**万円の商品券を贈る。
(11) **やまいも**を料理する。
(12) **こかげ**で休む。
(13) 気楽な**インキョ**生活を送る。
責任をゆずり、静かに暮らすこと
(14) 友人に**エイキョウ**を与える。
(15) 陸軍の**セイエイ**を集める。
勢いが強くてするどい力があること
(16) 人知を**チョウエツ**する。
はるかにこえること
(17) 国の**エンジョ**を受ける。
(18) 銭湯の**エントツ**。
(19) **つちけむり**で何も見えない。
(20) 色**エンピツ**で絵を描く。
(21) **エンギ**の良い話。
(22) 河川が**オセン**される。
(23) 書類を**オウシュウ**する。
裁判所が取り上げること
(24) 学問の**オウギ**を極める。
一番大事なところ
(25) 密林の**おくチ**を探検する。
(26) **キオク**力を養う。
(27) お**カシ**を食べる。
(28) **ヨカ**を有効に使う。
(29) 間違えた**カショ**を直す。
(30) **ユウガ**な生活を送る。
(31) 両親を**ショウカイ**する。
(32) **クンカイ**を垂れる。
教えさとして、いましめること
(33) **カイキン**賞でほめられる。
一日も休まずつとめること
(34) 台風で町が**ハカイ**された。
(35) 今日は**ヒカク**的暖かい。
(36) 逃げた猿を**ホカク**する。
いけどること
(37) **えもの**を取り逃がした。
(38) 芝**かり**機の手入れをする。
(39) **カンゲン**にのせられる。
相手の気に入りそうなあまいことば
(40) 冷や**あせ**をかく。
(41) 空気が**カンソウ**している。
(42) クラブに**カンユウ**する。
すすめさそうこと
(43) **カンキ**に満ちた声。
非常によろこぶこと
(44) 映画**カントク**を取材する。
(45) 自然**カンキョウ**を守る。
(46) 音楽を**カンショウ**する。
(47) **ガンチク**のある言葉。
意味する内容が深く、味わいのあること
(48) **ふく**み笑いする。
(49) それは**キミョウ**な話だ。
(50) 旅の無事を**いの**る。

まめ知識

陰《かげ》と影《かげ》はどう違う?

陰　影

⇩ 太陽のあたらない所、くらい意を表す。

⇩ 日の光によってできる物のかたちを表す。

4級

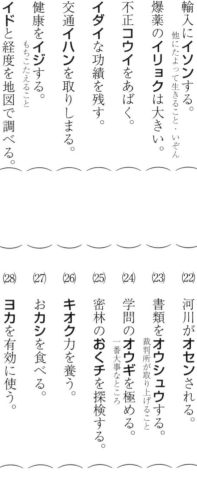

1 次の漢字の部首を後のア〜クから選び、記号で答えなさい。

(1) **依**（　　）
(2) **隠**（　　）
(3) **祈**（　　）
(4) **環**（　　）
(5) **煙**（　　）
(6) **憶**（　　）

ア ⺩	イ 火	ウ 衤	エ 忄
オ 亻	カ 礻	キ 阝	ク 心

2 下の□の中のひらがなを漢字に直して書き、対義語を作りなさい。

(1) 悲哀↔（　　）喜
(2) 合憲↔（　　）憲
(3) 建設↔破（　　）
(4) 陽気↔（　　）気

かい・いん
い・かん

3 次の文の□に入る適切な漢字を、後のア〜エから一つずつ選び、記号で答えなさい。

(1) とらの□を借《か》るきつね。
ア 衣　イ 為　ウ 威　エ 意（　　）

(2) 寸□を惜しんで勉強する。
ア 暇　イ 課　ウ 過　エ 価（　　）

(3) 災害にあった人を支□する。
ア 園　イ 演　ウ 延　エ 援（　　）

4 次の熟語の構成は後のA〜Dのどれにあたるか、記号で答えなさい。

(1) **握手**（　　）
(2) **鉛筆**（　　）
(3) **比較**（　　）
(4) **経緯**（　　）

A　同じような意味の漢字を重ねたもの。(例)…進行
B　反対または対応する意味の漢字を重ねたもの。(例)…大小
C　上の字が下の字の意味を修飾しているもの。(例)…緑色
D　下の字が上の字の目的・対象などを示すもの。(例)…登山

5 次の文中の誤字を正しい漢字で書きなさい。

(1) 美術展で名画を監賞する。（　　）
(2) 私財を投じたかれの行為は緯大だ。（　　）
(3) 追われて木隠に逃げこむ。（　　）

6 次の——線のところにあてはまる送りがなを書きなさい。

(1) 入会を**勧**——。（　　）
(2) 服が**乾**——。（　　）
(3) **鋭**——視線。（　　）
(4) 現金を**扱**——。（　　）

7 次の太字を漢字に直して書きなさい。

(1) 大気**オ**染（　　）
(2) 賞金**カク**得（　　）
(3) **エン**故採用（　　）
(4) 軍事**カイ**入（　　）

4級 2 キ～ゴ

漢字	読み	部首	画数	用例
鬼	キ おに	鬼	10	鬼才《キサイ》 鬼神《キジ(シン)》 鬼《おに》に金棒《かなボウ》
幾	キ いく	幺	12	幾何《キカ》 幾分《いくブン》 幾度《いくド》
輝	キ かがやく	車	15	光輝《コウキ》 輝《かがや》き出す
儀	ギ	亻	15	儀式《ギシキ》 礼儀《レイギ》 地球儀《チキュウギ》
戯	ギ たわむれる	戈	15	遊戯《ユウギ》 戯曲《ギキョク》 犬と戯《たわむ》れる
詰	キツ つめる つまる つむ	言	13	詰問《キツモン》 難詰《ナンキツ》 詰《つ》め寄る
却	キャク	卩	7	退却《タイキャク》 返却《ヘンキャク》 却下《キャッカ》 忘却《ボウキャク》
脚	キャク キャ あし	月(にくづき)	11	脚本《キャクホン》 失脚《シッキャク》 雨脚《あまあし》
及	キュウ およぶ および およぼす	又	3	普及《フキュウ》 追及《ツイキュウ》 及《およ》び腰《ごし》
丘	キュウ おか	一	5	砂丘《サキュウ》 丘陵《キュウリョウ》 丘《おか》の上
朽	キュウ くちる	木	6	不朽《フキュウ》 老朽《ロウキュウ》 朽《く》ち葉《ば》

漢字	読み	部首	画数	用例
巨	キョ	工	5	巨大《キョダイ》 巨人《キョジン》 巨漢《キョカン》 巨星《キョセイ》
拠	キョ コ	扌	8	根拠《コンキョ》 準拠《ジュンキョ》 占拠《センキョ》 証拠《ショウコ》
距	キョ	𧾷	12	距離《キョリ》
御	ギョ ゴ おん	彳	12	制御《セイギョ》 御所《ゴショ》 御中《おんチュウ》
凶	キョウ	凵	4	凶器《キョウキ》 凶作《キョウサク》 吉凶《キッキョウ》
叫	キョウ さけぶ	口	6	絶叫《ゼッキョウ》 叫喚《キョウカン》 叫《さけ》び声《ごえ》
狂	キョウ くるう くるおしい	犭	7	熱狂《ネッキョウ》 狂気《キョウキ》 狂《くる》い咲《ざ》き
況	キョウ	氵	8	状況《ジョウキョウ》 実況《ジッキョウ》 不況《フキョウ》 盛況《セイキョウ》
狭	キョウ せまい せばめる せばまる	犭	9	狭義《キョウギ》 偏狭《ヘンキョウ》 狭苦《せまくる》しい
恐	キョウ おそれる おそろしい	心	10	恐怖《キョウフ》 恐縮《キョウシュク》 恐《おそ》れ多い
響	キョウ ひびく	音	20	影響《エイキョウ》 反響《ハンキョウ》 鳴り響《ひび》く

漢字	読み	部首	画数	用例
驚	キョウ おどろく おどろかす	馬	22	驚異《キョウイ》 驚嘆《キョウタン》 驚《おどろ》き入《い》る
仰	ギョウ コウ あおぐ おおせ	亻	6	信仰《シンコウ》 仰天《ギョウテン》 仰《あお》向《む》け
駆	ク かける かる	馬	14	駆使《クシ》 駆除《クジョ》 駆《か》け足
屈	クツ	尸	8	不屈《フクツ》 屈指《クッシ》 屈服《クップク》 理屈《リクツ》
掘	クツ ほる	扌	11	採掘《サイクツ》 発掘《ハックツ》 井戸《いど》掘《ほ》り
繰	くる	糸	19	繰《く》り返《かえ》す 繰《く》り延《の》べ
恵	ケイ エ めぐむ	心	10	知恵《チエ》 恩恵《オンケイ》 恵《めぐ》みの雨
傾	ケイ かたむく かたむける	亻	13	傾斜《ケイシャ》 傾倒《ケイトウ》 傾《かたむ》き加減《カゲン》
継	ケイ つぐ	糸	13	継続《ケイゾク》 継承《ケイショウ》 跡継《あとつ》ぎ
迎	ゲイ むかえる	辶	7	歓迎《カンゲイ》 送迎《ソウゲイ》 出迎《でむか》え
撃	ゲキ うつ	手	15	攻撃《コウゲキ》 撃退《ゲキタイ》 早撃《はやう》ち
肩	ケン かた	肉	8	双肩《ソウケン》 比肩《ヒケン》 肩書《かたが》き
兼	ケン かねる	八	10	兼用《ケンヨウ》 兼業《ケンギョウ》 見兼《みか》ねる

漢字	読み	部首	画数	用例
剣	ケン つるぎ	刂	10	剣道《ケンドウ》 真剣《シンケン》 剣《つるぎ》の山
軒	ケン のき	車	10	一軒《イッケン》 軒数《ケンスウ》 軒並《のきな》み
圏	ケン	囗	12	圏内《ケンナイ》 首都圏《シュトケン》
堅	ケン かたい	土	12	堅固《ケンゴ》 堅持《ケンジ》 堅物《かたブツ》
遣	ケン つかう つかわす	辶	13	派遣《ハケン》 小遣《こづか》い
玄	ゲン	玄	5	玄関《ゲンカン》 玄米《ゲンマイ》 幽玄《ユウゲン》
枯	コ かれる からす	木	9	枯渇《コカツ》 栄枯《エイコ》 木枯《こが》らし
誇	コ ほこる	言	13	誇張《コチョウ》 誇大《コダイ》 国の誇《ほこ》り
鼓	コ つづみ	鼓	13	太鼓《タイコ》 鼓舞《コブ》 舌鼓《したつづみ》
互	ゴ たがい	二	4	互角《ゴカク》 交互《コウゴ》 互《たが》い違い

(1) **鬼神**のように立ちはだかる。

(2) **幾分**涼しくなった。

(3) 夜空の星が**輝**き出す。

(4) **礼儀**正しくふるまう。

(5) **戯曲**を上演する。 演劇の脚本・台本

(6) 大声で**難詰**される。 欠点をあげてせめること

(7) 借りた本を**返却**する。

(8) **忘却**のかなたへ押しやる。 忘れてしまうこと

(9) 大臣が**失脚**する。 地位や立場を失うこと

(10) 責任を**追及**する。

(11) **丘陵**地帯に住む。

(12) 建物の**老朽**化がすすむ。

(13) 経済界の**巨人**に会う。 すぐれた人物・偉人

(14) 規則に**準拠**する。 よりどころとすること

(15) 論より**証拠**だ。

(16) 長**距離**走に出場する。

(17) 京都**御所**を見学する。

(18) **凶作**にみまわれる。

(19) 阿鼻**叫喚**の光景。 わめきさけぶこと

(20) **狂気**を感じさせる絵。

(21) 野球の**実況**放送を聞く。

(22) バザーは**盛況**だった。

(23) それは**偏狭**な考え方だ。 度量が小さいこと

(24) 手厚いもてなしに**恐縮**する。

(25) トンネルでは声が**反響**する。

(26) 人々を**驚嘆**させる技。 驚き感心すること

(27) びっくり**仰天**する。

(28) 草原に**仰向**けになる。

(29) 害虫を**駆除**する。

(30) 世界でも**屈指**の名選手。 多数の中で特にすぐれていること

(31) **理屈**をこねる。

(32) 遺跡を**発掘**する。

(33) 予定を**繰**り延べにする。

(34) 天の**恩恵**を受ける。

(35) 近世の文学に**傾倒**する。 熱中すること

(36) 王位を**継承**する。

(37) **送迎**バスを待つ。

(38) 敵を**撃退**する。

(39) この小説は名作に**比肩**する。 肩を並べること・同等なこと

(40) **兼業**農家。

(41) **真剣**なまなざし。

(42) 家の**軒数**を調べる。

(43) **首都圏**の交通事情。

(44) 三割を**堅持**する打者。 かたく守ってゆずらないこと

(45) **小遣**いをもらう。

(46) **玄米**は健康食品だ。

(47) 歴史は**栄枯**盛衰だ。 栄えることと衰えること

(48) **誇大**広告に注意する。

(49) 選手の士気を**鼓舞**する。 人の気持ちを奮い立たせること

(50) **交互**に意見を述べる。

まめ知識

「ツイキュウ」のいろいろ

・追求…あるものを得ようと、どこまでも追い求めること。**理想を追求する**

・追究…どこまでもつきつめて明らかにしようとすること。**真理を追究する**

・追及…追いかけること。どこまでも追いせめること。**責任を追及する**

(1) 映画界の**キサイ**。（すぐれたさいのうをもつ人）
(2) **キカ**学を教える。（図形や空間に関する学問）
(3) **コウキ**ある母校の伝統。（ほまれ）
(4) **ギシキ**をとり行う。
(5) お**ユウギ**の時間。
(6) 野原で小犬と**たわむ**れる。
(7) 理由を**キツモン**する。（厳しくといつめること）
(8) **タイキャク**を命じる。
(9) **キャクホン**を書き終える。
(10) **フキュウ**率を上げる。
(11) 鳥取**サキュウ**を歩く。
(12) **フキュウ**の名作を読む。（ほろびないこと）
(13) **キョダイ**な岩石を運ぶ。
(14) **コンキョ**のない話だ。
(15) 学校までの**キョリ**は長い。
(16) 自動**セイギョ**に切りかえる。
(17) **キョウキ**を取り上げる。（人に危害を加えるための道具）
(18) 山の頂上から**さけ**ぶ。
(19) **ネッキョウ**的な野球ファン。
(20) 現場の**ジョウキョウ**を知る。
(21) **キョウギ**に解釈する。（意味する範囲がせまいこと）
(22) **せまくる**しい部屋に住む。
(23) 高所**キョウフ**症。
(24) 父の**エイキョウ**が強い。
(25) **キョウイ**的な記録をつくる。
(26) **シンコウ**心があつい。
(27) 三か国語を**クシ**する。（思いのままにつかいこなすこと）
(28) **フクツ**の精神で戦う。
(29) 石炭の**サイクツ**現場へ行く。
(30) 何度も**くり**返す。
(31) **チエ**をしぼる。
(32) **ケイシャ**の激しい坂。（かたむき・こうばい）
(33) 会議は**ケイゾク**している。
(34) 客を**カンゲイ**する。
(35) 敵に**コウゲキ**をしかける。
(36) 責任を**ソウケン**でになう。（左右両かた）
(37) 母と**ケンヨウ**の洋服。（かねてもちいること）
(38) **ケンドウ**日本一の学校。
(39) **イッケン**先に消防署がある。
(40) **のきなみ**に台風にやられる。（どれもこれもみな）
(41) 合格**ケンナイ**に入った。
(42) **ケンゴ**な城壁を築く。（しっかりしていて攻撃などに負けない様子）
(43) 記者を**ハケン**する。（命じて行かせること）
(44) **ゲンカン**を掃除する。
(45) 井戸の水が**コカツ**する。（物が尽きてなくなること）
(46) **コチョウ**した表現。（おおげさに言うこと）
(47) 自分に**ほこ**りを持つ。
(48) **タイコ**をたたく。
(49) 実力は二人とも**ゴカク**だ。（たがいに優劣がないこと）
(50) 男女が**たが**い違いにならぶ。

まめ知識 はねる、はねない

・はねているへんの縦画《たてかく》
扌 犭 月 孑 予 方 舟 角 弓

・とめているへんの縦画
亻 彳 丬 忄 阝 木 禾 礻 巾 歹
衤 糸 牜 車 耳 米 耒 釆 革 片

4級

1 次の熟語の構成は後のA～Dのどれにあたるか、記号で答えなさい。

(1) **比肩**（　）
(2) **栄枯**（　）
(3) **不朽**（　）
(4) **攻撃**（　）

A 同じような意味の漢字を重ねたもの。 (例)…進行
B 反対または対応する意味の漢字を重ねたもの。 (例)…大小
C 下の字が上の字の目的・対象などを示すもの。 (例)…登山
D 上の字が下の字の意味を打ち消しているもの。 (例)…不信

2 下の□の中のひらがなを漢字に直して書き、類義語を作りなさい。

(1) 不作―（　）作
(2) 知能―知（　）
(3) 対等―（　）角
(4) 苦難―難（　）

え・ぎ
ご・きょう

3 次の太字をそれぞれ別の漢字に直して書きなさい。

(1) **ケン**実な作戦をとる。（　）
(2) 海外へ使節を派**ケン**する。（　）
(3) ロケットが大気**ケン**外へ飛び出す。（　）
(4) 王位を**ケイ**承する資格がある。（　）
(5) 出題の**ケイ**向を研究する。（　）
(6) 近**キョウ**を報告し合う。（　）
(7) 報道番組が大きな反**キョウ**をよんだ。（　）

4 次の漢字の部首を（　）に、部首名を〔　〕に書きなさい。

(1) **迎**（　）〔　〕
(2) **狭**（　）〔　〕
(3) **屈**（　）〔　〕
(4) **脚**（　）〔　〕
(5) **戯**（　）〔　〕
(6) **御**（　）〔　〕

5 次の文中の誤字を正しい漢字で書きなさい。

(1) 激しく攻撃されて退脚する。（　）
(2) 古代人の遺骨を発屈する。（　）
(3) 会長に就任すべきか真検に考える。（　）

6 次の――線のところにあてはまる送りがなを書きなさい。

(1) 朝日が**輝**――。（　）
(2) 水と**戯**――。（　）
(3) 結果に**驚**――。（　）
(4) 病気を**恐**――。（　）

7 次の太字にあてはまる漢字を後から選び、書きなさい。

(1) **コ**大広告（　）
(2) 男女**ケン**用（　）
(3) 相**ゴ**理解（　）
(4) 害虫**ク**除（　）
(5) 至近**キョ**離（　）
(6) 徹底追**キュウ**（　）

及　距　駆　兼　誇　互

4級 コウ～ショウ ❸

漢字	読み	部首	画数	用例
抗	コウ	扌	7	反抗《ハンコウ》 抗議《コウギ》 抵抗《テイコウ》 対抗《タイコウ》
攻	コウ せめる	攵	7	攻撃《コウゲキ》 攻守《コウシュ》 水攻《みずぜ》め
更	コウ さら ふける ふかす	日	7	変更《ヘンコウ》 更新《コウシン》 夜更《よふ》け
恒	コウ	忄	9	恒例《コウレイ》 恒常《コウジョウ》 恒久《コウキュウ》 恒星《コウセイ》
荒	コウ あらい あれる あらす	艹	9	荒廃《コウハイ》 荒涼《コウリョウ》 荒波《あらなみ》
項	コウ	頁	12	項目《コウモク》 事項《ジコウ》 要項《ヨウコウ》 条項《ジョウコウ》
稿	コウ	禾	15	原稿《ゲンコウ》 遺稿《イコウ》 寄稿《キコウ》 起稿《キコウ》
豪	ゴウ	豕	14	豪華《ゴウカ》 豪放《ゴウホウ》 文豪《ブンゴウ》 豪勢《ゴウセイ》
込	こむ こめる	辶	5	人込《ご》み やり込《こ》める
婚	コン	女	11	結婚《ケッコン》 婚約《コンヤク》 婚期《コンキ》 婚礼《コンレイ》
鎖	サ くさり	金	18	閉鎖《ヘイサ》 鎖国《サコク》 鉄の鎖《くさり》
彩	サイ いろどる	彡	11	色彩《シキサイ》 水彩《スイサイ》 美しい彩《いろど》り
歳	サイ セイ	止	13	歳末《サイマツ》 歳入《サイニュウ》 歳暮《セイボ》 万歳《バンザイ》
載	サイ のせる のる	車	13	連載《レンサイ》 記載《キサイ》 雑誌《ザッシ》に載《の》る
剤	ザイ	刂	10	薬剤《ヤクザイ》 下剤《ゲザイ》 調剤《チョウザイ》
咲	さく	口	9	咲《さ》き誇《ほこ》る 遅咲《おそざ》き
惨	サン ザン みじめ	忄	11	悲惨《ヒサン》 惨敗《ザンパイ》 惨《みじ》めな試合
旨	シ むね	日	6	主旨《シュシ》 要旨《ヨウシ》 その旨《むね》
伺	シ うかがう	亻	7	伺候《シコウ》 お伺《うかが》い
刺	シ さす ささる	刂	8	名刺《メイシ》 風刺《フウシ》 刺《さ》し身《み》
脂	シ あぶら	月（にくづき）	10	脂肪《シボウ》 油脂《ユシ》 脂身《あぶらみ》 脂汗《あぶらあせ》
紫	シ むらさき	糸	12	紫煙《シエン》 紫色《むらさきいろ》
雌	シ め めす	隹	14	雌雄《シユウ》 雌伏《シフク》 雌牛《めうし》 雌花《めばな》
執	シツ シュウ とる	土	11	固執《コシツ》 執筆《シッピツ》 筆を執《と》る
芝	しば	艹	6	芝生《しばふ》 芝居《しばい》 芝刈《しばか》り
斜	シャ ななめ	斗	11	傾斜《ケイシャ》 斜面《シャメン》 斜《なな》めに傾《かたむ》く
煮	シャ にる にえる にやす	灬	12	煮沸《シャフツ》 雑煮《ゾウに》 煮物《にもの》
釈	シャク	釆	11	解釈《カイシャク》 釈放《シャクホウ》 釈明《シャクメイ》 会釈《エシャク》
寂	ジャク セキ さび さびしい さびれる	宀	11	静寂《セイジャク》 物寂《ものさび》しい 寂《さび》れた村
朱	シュ	木	6	朱肉《シュにく》 朱色《シュいろ》 朱筆《シュヒツ》
狩	シュ かる かり	犭	9	狩猟《シュリョウ》 潮干狩《しおひが》り
趣	シュ おもむき	走	15	趣味《シュミ》 趣向《シュコウ》 自然の趣《おもむき》
需	ジュ	雨	14	需要《ジュヨウ》 必需《ヒツジュ》 特需《トクジュ》
舟	シュウ ふね ふな	舟	6	呉越同舟《ゴエツドウシュウ》 小舟《こぶね》 舟歌《ふなうた》
秀	シュウ ひいでる	禾	7	優秀《ユウシュウ》 秀才《シュウサイ》 秀《ひい》でた力《ちから》
襲	シュウ おそう	衣	22	襲撃《シュウゲキ》 襲来《シュウライ》 台風《タイフウ》が襲《おそ》う
柔	ジュウ ニュウ やわらか やわらかい	木	9	柔道《ジュウドウ》 柔軟《ジュウナン》 柔和《ニュウワ》 手触《てざわ》りが柔《やわ》らかい
獣	ジュウ けもの	犬	16	猛獣《モウジュウ》 怪獣《カイジュウ》 獣道《けものみち》
瞬	シュン またたく	目	18	瞬間《シュンカン》 一瞬《イッシュン》 瞬《また》く間《ま》
旬	ジュン シュン	日	6	上旬《ジョウジュン》 旬間《ジュンカン》 旬《シュン》の野菜
巡	ジュン めぐる	巛	6	巡視《ジュンシ》 巡査《ジュンサ》 堂堂巡《ドウドウめぐ》り
盾	ジュン たて	目	9	矛盾《ムジュン》 盾《たて》に取る
召	ショウ めす	口	5	召集《ショウシュウ》 召喚《ショウカン》 召《め》し上げ
床	ショウ とこ ゆか	广	7	病床《ビョウショウ》 温床《オンショウ》 床《とこ》の間《ま》

(1) **抗議**のデモに参加する。
(2) クラス**対抗**の試合。
(3) **攻守**のバランスがよい。
(4) 記録を**更新**する。　あらためること
(5) **恒常**的な天体の動き。　変わらないこと
(6) **荒涼**とした砂漠。　あれはててさびしいさま
(7) **荒波**が打ち寄せる。
(8) 重要**事項**を記録する。
(9) 著名作家の**遺稿**が見つかる。　発表されず死後に残された原稿
(10) 祖父は**豪放**な性格だ。　太っ腹で小さな事にこだわらないこと
(11) ライバルをやり**込**める。
(12) 姉が**婚約**をする。
(13) **婚礼**の日どりを決める。
(14) 江戸時代の**鎖国**政策。　外国とのまじわりを絶つこと
(15) **水彩**画をかく。
(16) 国の**歳入**を調べる。　一年間の収入の総計
(17) 報告書に氏名を**記載**する。
(18) 薬局で**下剤**を買う。
(19) **遅咲**きの桜。

(20) 試合で**惨敗**した。
(21) 文章の**要旨**をつかむ。
(22) 上司に**伺**いをたてる。
(23) まんがで世相を**風刺**する。　遠回しに批判すること
(24) 植物性**油脂**の石けん。
(25) **紫**色の花が咲く。
(26) 今は**雌伏**の時だ。　活躍する機会をじっと待つこと
(27) 受粉した**雌花**。
(28) **執筆**活動を休止する。
(29) **芝居**を見物しに行く。
(30) 急な**斜面**を登る。
(31) 正月は**雑煮**を食べる。
(32) 疑いが晴れて**釈放**される。
(33) 先輩に**会釈**する。　軽く礼をすること
(34) 物**寂**しい風景の絵。
(35) 器に**朱色**をぬる。
(36) 遠足で**潮干狩**りに行く。
(37) **趣向**をこらす。　くふう
(38) 生活**必需**品をそろえる。

(39) あじわい深い**舟歌**。
(40) 兄は**秀才**だといわれる。
(41) 敵の**襲来**に備える。　おそってくること
(42) **柔軟**体操をする。
(43) **柔**らかい手触りの布。
(44) **怪獣**映画をみる。
(45) 稲妻が**一瞬**光る。
(46) 交通安全**旬間**。　一〇日間
(47) 交番の**巡査**と話す。
(48) 忙しいのを**盾**に取る。
(49) 職員を急いで**召喚**する。　役所からの呼びだし
(50) **温床**で苗を育てる。　適度の温熱で促成栽培するなどこ

まめ知識

舟と船

昔、中国では、関東（函谷関《かんこくかん》から東）では舟、関西（函谷関から西）では船といいました。

一般には次のように分けられます。

舟…小型のもの。　小舟　丸木舟

船…大型のもの。　汽船　船舶

(1) **ハンコウ**期に入る。
(2) **コウゲキ**をしかける。
(3) 敵の城を**みずぜめ**にする。
(4) 目的地を**ヘンコウ**する。
(5) 毎年**コウレイ**の大運動会。 ならわしとなっている行事
(6) **コウハイ**した土地。 あれすたれること
(7) 船が**あらなみ**にもまれる。
(8) 全体を**コウモク**別に分ける。
(9) **ゲンコウ**用紙に作文を書く。
(10) **ゴウカ**な商品が当たる。
(11) **ゴウセイ**な料理。
(12) **ひとごみ**を避ける。
(13) **ケッコン**式の招待状。
(14) 映画館が**ヘイサ**される。 とじて出入りのできないこと
(15) **シキサイ**感覚にすぐれる。
(16) 美しい**いろどり**の絵。
(17) **サイマツ**大売り出し。 年のくれ
(18) 雑誌に小説を**レンサイ**する。
(19) **ヤクザイ**師になりたい。
(20) 梅の花が**さき**始める。
(21) **ヒサン**な結末を迎える。
(22) 先生に休む**むね**を伝える。
(23) 宮中に**シコウ**する。 貴人のそば近くに仕えること
(24) **メイシ**を交換する。
(25) 身体に**シボウ**がつく。
(26) **あぶらみ**の少ない肉を買う。
(27) **シエン**をくゆらす。 タバコのけむりのこと
(28) **シユウ**を決する戦い。 優劣・勝負
(29) 自分の考えに**コシツ**する。 自分の考え、意見を曲げないこと
(30) 庭の**しばふ**の手入れをする。
(31) **ケイシャ**のきつい山道。
(32) ふきんを**シャフツ**消毒する。 水などを火にかけてにたたせること
(33) 別の**カイシャク**をする。
(34) **セイジャク**を破る音。
(35) **シュニク**を使って印を押す。
(36) **シュリョウ**採集の生活。
(37) **シュミ**は音楽鑑賞だ。
(38) **ジュヨウ**と供給のバランス。 もとめ・いりよう
(39) **こぶね**にのってつりをする。
(40) **ユウシュウ**な成績を収める。
(41) 敵の**シュウゲキ**にあう。 いきなりおそうこと
(42) **ニュウワ**な仏像の顔。 優しくおとなしいこと
(43) 動物園の**モウジュウ**のおり。
(44) **けものみち**を歩く。
(45) **シュンカン**最大風速。
(46) 十月**ジョウジュン**。 月はじめの十日間
(47) 海軍の**ジュンシ**船。 みてまわること
(48) 相手の**ムジュン**をつく。 つじつまがあわないこと
(49) 国会を**ショウシュウ**する。
(50) **ビョウショウ**を見舞う。

まめ知識

「煮る」のいろいろ

中国料理では、「煮る」をいろいろ使い分けています。さすが料理にうるさい国ならではといえます。

・煮（ジュー）…芋を煮る
・燉（トゥン）…肉を煮る
・熬（アオ）…大根や粥《かゆ》を煮る

4級

1 次の漢字の部首を後のア～クから選び、記号で答えなさい。

(1) 瞬（　　）
(2) 稿（　　）
(3) 寂（　　）
(4) 斜（　　）
(5) 彩（　　）
(6) 床（　　）

ア 亠　イ 宀　ウ 斗　エ 目
オ 彡　カ 广　キ 木　ク 禾

2 下の□の中のひらがなを漢字に直して書き、対義語を作りなさい。

(1) 服従↔反（　　）
(2) 開放↔閉（　　）
(3) 雄花↔（　　）花
(4) 供給↔（　　）要

さ・こう
じゅ・め

3 次の文の□に入る適切な漢字を、後のア～エから一つずつ選び、記号で答えなさい。

(1) □撃は最大の防御なり。
ア 荒　イ 効　ウ 攻　エ 功（　　）

(2) 父は会社で事務を□っている。
ア 取　イ 採　ウ 捕　エ 執（　　）

(3) □向をこらした演出。
ア 趣　イ 朱　ウ 狩　エ 酒（　　）

4 次の熟語の構成は後のA～Dのどれにあたるか、記号で答えなさい。

(1) 巡視（　　）
(2) 優秀（　　）
(3) 起稿（　　）
(4) 未婚（　　）

A 同じような意味の漢字を重ねたもの。㊀…進行
B 上の字が下の字の意味を修飾しているもの。㊀…緑色
C 下の字が上の字の目的・対象などを示すもの。㊀…登山
D 上の字が下の字の意味を打ち消しているもの。㊀…不通

5 次の文中の誤字を正しい漢字で書きなさい。

(1) 天皇が国会を昭集する。（　　）
(2) 論説文の要脂を簡潔に述べる。（　　）
(3) 姉は薬済師として病院に勤めている。（　　）

6 次の――線のところにあてはまる送りがなを書きなさい。

(1) **秀**――才能。（　　）
(2) 思いを**込**――。（　　）
(3) 星が**瞬**――。（　　）
(4) 指揮を**執**――。（　　）

7 次の太字を漢字に直して書きなさい。

(1) 必要事**コウ**（　　）
(2) 優**ジュウ**不断（　　）
(3) **シャ**沸消毒（　　）
(4) 社会風**シ**（　　）

4級

ショウ～タン

4

漢字	読み	部首・画数	用例
沼	ショウ ぬま	氵 8	湖沼《コショウ》 沼地《ぬまチ》
称	ショウ	禾 10	称賛《ショウサン》 対称《タイショウ》 称号《ショウゴウ》 愛称《アイショウ》
紹	ショウ	糸 11	紹介《ショウカイ》
詳	ショウ くわしい	言 13	詳細《ショウサイ》 未詳《ミショウ》 詳《くわ》しい話
丈	ジョウ たけ	一 3	丈夫《ジョウブ》 気丈《キジョウ》 背丈《せたけ》
畳	ジョウ たたむ たたみ	田 12	半畳《ハンジョウ》 畳語《ジョウゴ》 畳替《たたみが》え
殖	ショク ふえる ふやす	歹 12	繁殖《ハンショク》 養殖《ヨウショク》 魚を殖《ふ》やす
飾	ショク かざる	飠 13	装飾《ソウショク》 修飾《シュウショク》 飾《かざ》り気《ケ》
触	ショク ふれる さわる	角 13	接触《セッショク》 感触《カンショク》 手触《てざわ》り
侵	シン おかす	亻 9	侵入《シンニュウ》 侵略《シンリャク》 領土を侵《おか》す
振	シン ふる ふるう ふれる	扌 10	振動《シンドウ》 不振《フシン》 振《ふ》り子《こ》

漢字	読み	部首・画数	用例
浸	シン ひたす ひたる	氵 10	浸水《シンスイ》 浸透《シントウ》 水浸《みずびた》し
寝	シン ねる ねかす	宀 13	就寝《シュウシン》 寝具《シング》 昼寝《ひるね》 寝息《ねいき》
慎	シン つつしむ	忄 13	慎重《シンチョウ》 謹慎《キンシン》 慎《つつし》み深《ぶか》い
震	シン ふるう ふるえる	雨 15	震動《シンドウ》 地震《ジシン》 身震《みぶる》い
薪	シン たきぎ	艹 16	薪炭《シンタン》 薪《たきぎ》を燃やす
尽	ジン つくす つきる つかす	尸 6	尽力《ジンリョク》 無尽《ムジン》 心尽《こころづ》くし
陣	ジン	阝 10	陣地《ジンチ》 出陣《シュツジン》 円陣《エンジン》 陣中《ジンチュウ》
尋	ジン たずねる	寸 12	尋問《ジンモン》 尋常《ジンジョウ》 尋《たず》ね人
吹	スイ ふく	口 7	吹奏《スイソウ》 鼓吹《コスイ》 吹《ふ》き出物《でもの》
是	ゼ	日 9	是認《ゼニン》 是非《ゼヒ》 是正《ゼセイ》 国是《コクゼ》
姓	セイ ショウ	女 8	姓名《セイメイ》 改姓《カイセイ》 同姓《ドウセイ》

漢字	読み	部首・画数	用例
征	セイ	彳 8	征服《セイフク》 遠征《エンセイ》 征伐《セイバツ》 出征《シュッセイ》
跡	セキ あと	⻊ 13	遺跡《イセキ》 人跡《ジンセキ》 足跡《あしあと》 跡目《あとめ》
占	セン しめる うらなう	卜 5	占領《センリョウ》 占有《センユウ》 買い占《し》め
扇	セン おうぎ	戸 10	扇動《センドウ》 扇子《センス》 舞扇《まいおうぎ》
鮮	セン あざやか	魚 17	新鮮《シンセン》 鮮度《センド》 鮮《あざ》やかな色
訴	ソ うったえる	言 12	起訴《キソ》 敗訴《ハイソ》 無実の訴《うった》え
僧	ソウ	亻 13	僧侶《ソウリョ》 高僧《コウソウ》 僧坊《ソウボウ》
燥	ソウ	火 17	乾燥《カンソウ》 焦燥《ショウソウ》 燥湿《ソウシツ》 高燥《コウソウ》
騒	ソウ さわぐ	馬 18	騒動《ソウドウ》 騒然《ソウゼン》 胸騒《むなさわ》ぎ
贈	ゾウ ソウ おくる	貝 18	寄贈《キゾウ》 贈答《ゾウトウ》 贈《おく》り物
即	ソク	卩 7	即席《ソクセキ》 即刻《ソッコク》 即座《ソクザ》 即興《ソッキョウ》
俗	ゾク	亻 9	風俗《フウゾク》 俗物《ゾクブツ》 低俗《テイゾク》 俗悪《ゾクアク》
耐	タイ たえる	而 9	忍耐《ニンタイ》 耐久《タイキュウ》 耐《た》え忍《しの》ぶ

漢字	読み	部首・画数	用例
替	タイ かえる かわる	日 12	交替《コウタイ》 代替《ダイタイ》 日替《ひが》わり
沢	タク さわ	氵 7	光沢《コウタク》 沼沢《ショウタク》 沢歩《さわある》き
拓	タク	扌 8	開拓《カイタク》 干拓《カンタク》 魚拓《ギョタク》 拓本《タクホン》
濁	ダク にごる にごす	氵 16	濁流《ダクリュウ》 汚濁《オダク》 言葉を濁《にご》す
脱	ダツ ぬぐ ぬげる	月（にくづき） 11	脱落《ダツラク》 脱退《ダッタイ》 一肌《ひとはだ》脱《ぬ》ぐ
丹	タン	丶 4	丹念《タンネン》 丹精《タンセイ》
淡	タン あわい	氵 11	冷淡《レイタン》 淡泊《タンパク》 淡雪《あわゆき》
嘆	タン なげく なげかわしい	口 13	感嘆《カンタン》 驚嘆《キョウタン》 嘆《なげ》かわしい
端	タン はし は はた	立 14	極端《キョクタン》 先端《センタン》 端数《はスウ》 道端《みちばた》

4級

(1) **沼地**に迷い込む。（　　）
(2) 左右**対称**の図形。（　　）
(3) 自己**紹介**をする。（　　）
(4) 作者**未詳**の歌。　まだはっきりわからないこと（　　）
(5) **気丈**にふるまう。　心がしっかりしているさま（　　）
(6) 「国々」などは**畳語**という。　同じ単語をかさねて一語としたもの（　　）
(7) えびを**養殖**する。（　　）
(8) 主語を**修飾**する。（　　）
(9) 柔らかい**感触**のタオル。（　　）
(10) 敵の**侵略**に抵抗する。（　　）
(11) 成績**不振**を打開する。（　　）
(12) 新しい習慣が**浸透**する。　社会や人心にしみとおること（　　）
(13) 夏用の**寝具**に切りかえる。（　　）
(14) 赤ちゃんの**寝息**をうかがう。（　　）
(15) 自宅**謹慎**を命じられる。（　　）
(16) 火山の噴火で山が**震動**する。（　　）
(17) **薪**を燃やして温まる。（　　）
(18) 縦横**無尽**に動き回る。　つきないこと（　　）
(19) いざ、**出陣**だ。（　　）

(20) **陣中**見舞いに行く。（　　）
(21) これは**尋常**ではない。　特別でない、普通のこと（　　）
(22) チーム全体を**鼓吹**する。　はげます（　　）
(23) 物事の**是非**を問う。　物事のよいことと悪いこと（　　）
(24) **同姓**同名の友達。（　　）
(25) 結婚して**改姓**する。（　　）
(26) 初めての海外**遠征**。（　　）
(27) **人跡**未踏の地。（　　）
(28) **跡目**相続で争う。（　　）
(29) 小屋を**占有**している猫。　独占（　　）
(30) **扇子**を出してあおぐ。（　　）
(31) **鮮度**のよい魚。（　　）
(32) 裁判で逆転**敗訴**した。（　　）
(33) **高僧**の教えを学ぶ。（　　）
(34) **焦燥**感にかられる。　いらだつこと（　　）
(35) **騒然**とした場内。（　　）
(36) **贈答**品を買う。（　　）
(37) **即刻**退場を命じる。　すぐに（　　）
(38) **即興**で演奏する。　その場で感じたことをすぐに表現すること（　　）

(39) しょせん彼は**俗物**だ。（　　）
(40) **耐久**性を調べる。（　　）
(41) **代替**品でがまんする。　かわり（　　）
(42) 美しい**沼沢**地帯。（　　）
(43) **干拓**地で農業を行う。　湖や海の水を除いた陸地（　　）
(44) 水質**汚濁**の原因を探る。（　　）
(45) グループを**脱退**する。（　　）
(46) **丹精**込めてつくった作品。　まごころをこめてすること（　　）
(47) **淡泊**な味付けの料理。（　　）
(48) すばらしい技に**驚嘆**する。（　　）
(49) **先端**技術を学ぶ。　時代のさきがけ（　　）
(50) **道端**に咲く花。（　　）

まめ知識

大丈夫は立派な男子

中国の周の時代に一丈《いちじょう》を男子の身長の基準としました。そこで、身長が一丈になれば一人前の男子であるということから「丈夫」という言葉が生まれました。「大丈夫」は、その中でも立派な男子という意味です。

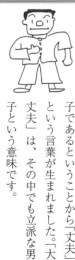

(1) **コショウ**にすむ生き物。（　　）
(2) 評論家に**ショウサン**される。（ほめたたえること）（　　）
(3) 友人を**ショウカイ**する。（　　）
(4) **ショウサイ**に記録する。（くわしくこまかいこと）（　　）
(5) 心身ともに**ジョウブ**だ。（　　）
(6) かなり**せたけ**が伸びる。（　　）
(7) **たたみ**を取りかえる。（　　）
(8) 雑草が**ハンショク**する。（しげりふえること）（　　）
(9) **ソウショク**品を身に付ける。（　　）
(10) 車の**セッショク**事故。（　　）
(11) 他国の領土を**おか**す。（　　）
(12) **シンドウ**数を測定する。（　　）
(13) 柱時計の**ふり**子の音。（　　）
(14) 床上まで**シンスイ**する。（　　）
(15) 店中**みずびた**しになる。（　　）
(16) **シュウシン**時間を守る。（ねむるために床に入ること）（　　）
(17) **シンチョウ**な行動をとる。（　　）
(18) 体が**ふる**える。（　　）
(19) **シンタン**を燃料とする。（たきぎとすみ）（　　）
(20) 再建に**ジンリョク**する。（ちからをつくすこと）（　　）
(21) 川岸に**ジンチ**を構える。（　　）
(22) 警察官に**ジンモン**される。（　　）
(23) **たず**ね人が見つかる。（　　）
(24) **スイソウ**楽団に所属する。（　　）
(25) 明日は明日の風が**ふ**く。（　　）
(26) 改正案を**ゼニン**する。（そうであるとみとめること）（　　）
(27) **セイメイ**判断をしてもらう。（　　）
(28) 山頂を**セイフク**する。（　　）
(29) 古代の**イセキ**を調査する。（　　）
(30) 座席を**センリョウ**する。（　　）
(31) 市民を**センドウ**する。（ある行動をおこすように仕向けること）（　　）
(32) **シンセン**な野菜を買う。（　　）
(33) **キソ**事実を認める。（法律適用の手続きを裁判所におこすこと）（　　）
(34) 寺の**ソウリョ**になる。（　　）
(35) **カンソウ**注意報が出される。（　　）
(36) お家**ソウドウ**が起こる。（　　）
(37) 母校にピアノを**キゾウ**する。（　　）
(38) **ソクセキ**料理をつくる。（その場・そくざ）（　　）
(39) 最近の**フウゾク**を反映する。（生活のならわし）（　　）
(40) **ニンタイ**力を養う。（　　）
(41) 選手の**コウタイ**を告げる。（　　）
(42) **コウタク**のある布地。（物の表面のつや、輝き）（　　）
(43) 新しい分野を**カイタク**する。（　　）
(44) **ダクリュウ**に押し流される。（　　）
(45) **ダツラク**者が出る。（　　）
(46) **タンネン**に仕上げる。（ねんを入れること）（　　）
(47) **レイタン**な態度をとる。（思いやりのないこと）（　　）
(48) 春の**あわゆき**。（　　）
(49) **カンタン**の声が上がる。（　　）
(50) 物事を**キョクタン**に考える。（　　）

まめ知識

「か―える」のいろいろ

・変える…別な状態・位置にする。　**変化　変更**
・代える…かわりの役をさせる。　**代理　代用　交代　代筆**
・替える…入れかえて、別のものにする。　**交替**
・換える…とりかえる。　**交換　換気　換金**

1 次の熟語の構成は後のA～Dのどれにあたるか、記号で答えなさい。

(1) **是非**（　）
(2) **代替**（　）
(3) **起訴**（　）
(4) **未詳**（　）

A 同じような意味の漢字を重ねたもの。（例…進行）
B 反対または対応する意味の漢字を重ねたもの。（例…大小）
C 下の字が上の字の目的・対象などを示すもの。（例…登山）
D 上の字が下の字の意味を打ち消しているもの。（例…不通）

2 下の□の中のひらがなを漢字に直して書き、対義語を作りなさい。

(1) 着衣↔（　）衣
(2) 親切↔冷（　）
(3) 清流↔（　）流
(4) 軽率↔（　）重

たん・しん
だつ・だく

3 次の太字をそれぞれ別の漢字に直して書きなさい。

(1) 決戦に備えて背水の**ジン**をしく。（　）
(2) 縦横無**ジン**に活やくする。（　）
(3) はまちの養**ショク**に力を入れる。（　）
(4) 服**ショク**デザイナーをめざす。（　）
(5) 取り引き先のよい感**ショク**を得る。（　）
(6) 練習試合のため地方に遠**セイ**する。（　）
(7) 同**セイ**同名の人を見つける。（　）

4 次の漢字の部首を（　）に、部首名を〔　〕に書きなさい。

(1) **称**（　）〔　〕
(2) **鮮**（　）〔　〕
(3) **燥**（　）〔　〕
(4) **贈**（　）〔　〕
(5) **即**（　）〔　〕
(6) **薪**（　）〔　〕

5 次の各組の□に共通してあてはまる漢字を後のア～カから選び、記号で答えなさい。

(1) □有　独□　□領（　）
(2) □賛　対□　通□（　）
(3) 風□　世□　□人（　）
(4) 感□　賛□　□願（　）

ア 嘆　**イ** 詳　**ウ** 是　**エ** 占　**オ** 俗　**カ** 称

6 次の――線のところにあてはまる送りがなを書きなさい。

(1) 平和を**訴**――。（　）
(2) 地理に**詳**――。（　）
(3) 選手が**替**――。（　）
(4) 多数を**占**――。（　）

7 次の太字にあてはまる漢字を後から選び、書きなさい。

(1) 先**タン**技術（　）
(2) 就**シン**時間（　）
(3) 人**セキ**未踏（　）
(4) 開**タク**精神（　）
(5) **タイ**久年数（　）
(6) 話題**ソウ**然（　）

寝　跡　騒　耐　拓　端

4級 ダン～ハク 5

漢字	読み	部首・画数	用例
弾	ダン ひく はずむ たま	弓 12	弾圧《ダンアツ》 弾力《ダンリョク》 弾《ひ》き語り
恥	チ はじる はじ はじらう はずかしい	心 10	恥辱《チジョク》 破廉恥《ハレンチ》 恥《は》じ入る 生き恥《はじ》
致	チ いたす	至 10	誘致《ユウチ》 一致《イッチ》 思いを致《いた》す
遅	チ おくれる おくらす おそい	辶 12	遅刻《チコク》 遅延《チエン》 遅咲《おそざ》き
蓄	チク たくわえる	艹 13	貯蓄《チョチク》 蓄積《チクセキ》 蓄《たくわ》え
跳	チョウ はねる とぶ	𧾷 13	跳躍《チョウヤク》 跳馬《チョウバ》 跳《と》び箱
徴	チョウ	彳 14	象徴《ショウチョウ》 特徴《トクチョウ》 徴収《チョウシュウ》
澄	チョウ すむ すます	氵 15	清澄《セイチョウ》 上澄《うわず》み
沈	チン しずむ しずめる	氵 7	沈没《チンボツ》 沈黙《チンモク》 浮《う》き沈《しず》み
珍	チン めずらしい	王 9	珍事《チンジ》 珍重《チンチョウ》 物珍《ものめずら》しい

漢字	読み	部首・画数	用例
抵	テイ	扌 8	抵抗《テイコウ》 抵触《テイショク》 抵当《テイトウ》
堤	テイ つつみ	土 12	堤防《テイボウ》 防波堤《ボウハテイ》
摘	テキ つむ	扌 14	指摘《シテキ》 摘出《テキシュツ》 摘《つ》み草
滴	テキ しずく したたる	氵 14	水滴《スイテキ》 点滴《テンテキ》 雨の滴《しずく》
添	テン そえる そう	氵 11	添加《テンカ》 添付《テンプ》 添《そ》え物
殿	デン テン との どの	殳 13	御殿《ゴテン》 宮殿《キュウデン》 殿様《とのさま》 殿方《とのがた》
吐	ト はく	口 6	吐血《トケツ》 吐露《トロ》 吐《は》き気
途	ト	辶 10	途中《トチュウ》 前途《ゼント》 途端《トタン》 途上《トジョウ》
渡	ト わたる わたす	氵 12	渡航《トコウ》 渡米《トベイ》 渡《わた》し舟
奴	ド	女 5	奴隷《ドレイ》 農奴《ノウド》
怒	ド いかる おこる	心 9	激怒《ゲキド》 怒声《ドセイ》 怒《いか》り狂う

漢字	読み	部首・画数	用例
到	トウ	刂 8	到着《トウチャク》 到達《トウタツ》 周到《シュウトウ》 殺到《サットウ》
逃	トウ にげる にがす のがす のがれる	辶 9	逃亡《トウボウ》 逃避《トウヒ》 逃《に》げ腰 見逃《のが》す 一時逃《のが》れ
倒	トウ たおれる たおす	亻 10	傾倒《ケイトウ》 打倒《ダトウ》 行き倒《だお》れ
唐	トウ から	口 10	唐突《トウトツ》 唐草《からくさ》 唐紙《からかみ》
桃	トウ もも	木 10	桃源《トウゲン》 白桃《ハクトウ》 桃《もも》色
透	トウ すく すかす すける	辶 10	透明《トウメイ》 浸透《シントウ》 透《す》き間
盗	トウ ぬすむ	皿 11	強盗《ゴウトウ》 盗難《トウナン》 盗《ぬす》み聞き
塔	トウ	土 12	石塔《セキトウ》 仏塔《ブットウ》 金字塔《キンジトウ》
稲	トウ いね いな	禾 14	水稲《スイトウ》 陸稲《リクトウ》 稲作《いなさく》 稲穂《いなほ》
踏	トウ ふむ ふまえる	𧾷 15	雑踏《ザットウ》 踏襲《トウシュウ》 足踏《ぶ》み
闘	トウ たたかう	門 18	闘争《トウソウ》 格闘《カクトウ》 病気と闘《たたか》う
胴	ドウ	にくづき 月 10	胴体《ドウタイ》 胴着《ドウギ》 胴《ドウ》上げ

漢字	読み	部首・画数	用例
峠	とうげ	山 9	峠道《とうげみち》 峠路《とうげじ》 峠越《とうげご》え
突	トツ つく	穴 8	突然《トツゼン》 突入《トツニュウ》 玉突《つ》き
鈍	ドン にぶい にぶる	金 12	鈍感《ドンカン》 鈍行《ドンコウ》 動きが鈍《にぶ》い
曇	ドン くもる	日 16	曇天《ドンテン》 曇《くも》り空
弐	ニ	弋 6	弐千円
悩	ノウ なやむ なやます	忄 10	苦悩《クノウ》 煩悩《ボンノウ》 悩《なや》みの種
濃	ノウ こい	氵 16	濃霧《ノウム》 濃淡《ノウタン》 濃い色
杯	ハイ さかずき	木 8	乾杯《カンパイ》 祝杯《シュクハイ》 水杯《みずさかずき》
輩	ハイ	車 15	先輩《センパイ》 後輩《コウハイ》 若輩《ジャクハイ》
拍	ハク ヒョウ	扌 8	拍手《ハクシュ》 拍車《ハクシャ》 拍子《ヒョウシ》
泊	ハク とまる とめる	氵 8	宿泊《シュクハク》 停泊《テイハク》 素泊《すど》まり

4級

(1) **弾力**性のある床。

(2) 生き**恥**をさらす。 生きていてうける恥

(3) 全会**一致**で承認する。

(4) **遅延**証明をもらう。 おくれること

(5) データを**蓄積**する。

(6) 資金を**蓄**える。

(7) **跳馬**競技に出場する。

(8) **特徴**のある話し方。

(9) **上澄**み液を利用する。 液体の上の澄んだ部分

(10) **沈黙**を破る。

(11) 希少な宝石を**珍重**する。 珍しいものを大事にすること

(12) 法律に**抵触**する。 きまりや制限にふれること

(13) **防波堤**に打ち寄せる波。

(14) ガンの**摘出**手術を受ける。 つまみ出すこと

(15) 病院で**点滴**をしてもらう。

(16) 案内状に地図を**添付**する。 参考となるものをそえること

(17) ヴェルサイユ**宮殿**。

(18) **殿方**用の風呂。

(19) 心情を**吐露**する。 かくさずに全部述べること

(20) **前途**多難な計画。

(21) 発展の**途上**にある国。

(22) 船で**渡米**する。 アメリカへわたること

(23) **農奴**に自由を与える。

(24) **怒声**を浴びせる。

(25) 南極点に**到達**する。

(26) 申し込みが**殺到**する。 一時に押しよせること

(27) 現実から**逃避**する。

(28) 見たい番組を見**逃**す。

(29) ライバルを**打倒**する。

(30) **唐草**模様のふろしき。

(31) 缶詰の**白桃**を食べる。

(32) 地面に水が**浸透**する。

(33) ホテルで**盗難**にあう。

(34) タイで**仏塔**を見る。

(35) **陸稲**を栽培する。 畑につくる稲・おかぼ

(36) **稲穂**が風にそよぐ。

(37) 昔ながらの文化を**踏襲**する。 前のやり方をうけつぐこと

(38) **格闘**技を観戦する。

(39) **胴着**を身につける。 上着とはだ着との間に着るもの

(40) やっと**峠路**にさしかかる。

(41) 敵陣に**突入**する。

(42) **鈍行**列車で旅行する。 各駅に停車する普通列車

(43) 雨が降りそうな**曇**り空。

(44) **弐**千万円の小切手。

(45) **煩悩**を絶って修行する。 心身を悩ます一切の欲望

(46) 墨の**濃淡**でえがく山水画。

(47) 勝利の**祝杯**をあげる。

(48) **後輩**を指導する。

(49) いちだんと**拍車**をかける。 物事がいちだんと進むようにすること

(50) 港に**停泊**している客船。

まめ知識

「ハク」のいろいろ

伯…おさ（長）、長兄などの意。 伯父《おじ》 画伯《がはく》

拍…うつ、ひょうしなどの意。 拍手《はくしゅ》 拍子《ひょうし》

泊…とまる、とまりなどの意。 宿泊 停泊

迫…せまる、きびしい、おしつけるなどの意。

迫力 緊迫 圧迫 迫害 脅迫

(1) 民衆を**ダンアツ**する。
権力をふるって押さえつけること

(2) ピアノの**ひき**語り。

(3) 失敗を**はじ**入る。

(4) 大型小売店を**ユウチ**する。
物事をさそい寄せること

(5) 学校に**チコク**する。

(6) こつこつと**チョチク**する。

(7) **チョウヤク**力を測定する。
とび上がること

(8) 池のこいが**は**ねる。

(9) 平和の**ショウチョウ**。
代表するもの

(10) **セイチョウ**な川の流れ。
きれいにすみきっているさま

(11) **チンボツ**船を引きあげる。

(12) 石が川底に**しず**んでいく。

(13) 物**めずら**しそうに見る。

(14) 必死に**テイコウ**する。

(15) 波が**テイボウ**を越える。

(16) まちがいを**シテキ**する。

(17) 窓の**スイテキ**をふく。

(18) 雨の**しずく**が落ちる。

(19) 食品**テンカ**物を調べる。
そえくわえること

(20) 王様の**ゴテン**。
身分の高い人の邸宅

(21) **はき**気をもよおす。

(22) **トチュウ**から参加する。

(23) 海外へ**トコウ**する。

(24) **ドレイ**解放宣言。

(25) 態度の悪さに**ゲキド**する。

(26) **トウチャク**時間が早まる。

(27) 犯人が**トウボウ**する。

(28) 純文学に**ケイトウ**する。
ある人や物事に熱中すること

(29) **トウトツ**な質問に困る。
だしぬけ・とつぜん

(30) **ももいろ**の壁紙を貼る。

(31) **トウメイ**度の高い湖。

(32) **ゴウトウ**が押し入る。

(33) 金字**トウ**を打ちたてる。
後世まで残るすぐれた業績

(34) **いなサク**が盛んな地域。

(35) **ザットウ**で母を見失う。
多人数でこみあっていること

(36) **トウソウ**心の強い人。
たたかうこと

(37) 監督を**ドウ**上げする。

(38) けわしい**とうげみち**。

(39) **トツゼン**の大雨に驚く。

(40) **ドンカン**な人。
かんじ方がにぶいこと

(41) **ドンテン**で気がめいる。
くもり空

(42) 金二千円なりと書き込む。

(43) **クノウ**に満ちた顔。

(44) **なやみ**を打ち明ける。

(45) **ノウム**注意報が出される。

(46) 優勝を祝して**カンパイ**する。

(47) **センパイ**にあいさつをする。

(48) **ハクシュ**が鳴り止まない。

(49) **ヒョウシ**抜けする。

(50) 旅館に**シュクハク**する。
やどにとまること

まめ知識

微…ひそか、かすか、すくないなどの意。
微小　微細　微風　微生物　微動　機微

徴…しるし、めす（召す）などの意。
徴候　徴集　徴収　徴兵　徴発　追徴

滴…したたる、しずくの意。
雨滴　点滴　水滴

摘…つむ、あばく、ゆびさすなどの意。
摘発　指摘　摘出　摘要

4級

1 次の漢字の部首を後のア～クから選び、記号で答えなさい。

(1) **突**（　）
(2) **怒**（　）
(3) **悩**（　）
(4) **稲**（　）
(5) **殿**（　）
(6) **奴**（　）

ア 忄　イ 禾　ウ 心　エ 穴
オ 殳　カ 女　キ ⺍　ク 土

2 下の□の中のひらがなを漢字に直して書き、類義語を作りなさい。

(1) 貯金―貯（　）
(2) 悲痛―（　）痛
(3) 反抗―（　）抗
(4) 若年―若（　）

はい・ちく
ちん・てい

3 次の文の□に入る適切な漢字を、後のア～エから一つずつ選び、記号で答えなさい。

(1) 会社に□まりこんで仕事をする。
ア 泊　イ 停　ウ 止　エ 留（　）

(2) 問題箇所を指□する。
ア 滴　イ 摘　ウ 適　エ 敵（　）

(3) 敵の急所を□く。
ア 着　イ 付　ウ 突　エ 就（　）

4 次の熟語の構成は後のA～Dのどれにあたるか、記号で答えなさい。

(1) **渡米**（　）
(2) **激怒**（　）
(3) **濃淡**（　）
(4) **添加**（　）

A 同じような意味の漢字を重ねたもの。(例)…進行
B 反対または対応する意味の漢字を重ねたもの。(例)…大小
C 上の字が下の字の意味を修飾しているもの。(例)…緑色
D 下の字が上の字の目的・対象などを示すもの。(例)…登山

5 次の文中の誤字を正しい漢字で書きなさい。

(1) 防波提の改修工事が始まる。（　）
(2) 飛行機が同体着陸に成功する。（　）
(3) 苦戦の末に強敵を打到する。（　）

6 次の――線のところにあてはまる送りがなを書きなさい。

(1) **珍**――切手。（　）
(2) 学校に**遅**――。（　）
(3) 耳を**澄**――。（　）
(4) 汗が**滴**――。（　）

7 次の太字を漢字に直して書きなさい。

(1) 前**ト**多難（　）
(2) 一**チ**団結（　）
(3) 賃金**トウ**争（　）
(4) 意気消**チン**（　）

4級 ハク～ボウ 6

漢字	読み	部首	画数	用例
迫	ハク せまる	辶	8	迫力《ハクリョク》 迫害《ハクガイ》 鬼気《キキ》迫《せま》る
薄	ハク うすい うすめる うすまる うすらぐ うすれる	艹	16	軽薄《ケイハク》 薄氷《ハクヒョウ》 薄暮《ハクボ》 薄命《ハクメイ》 薄着《うすぎ》 薄物《うすもの》 薄笑《うすわら》い
爆	バク	火	19	爆発《バクハツ》 爆弾《バクダン》 爆風《バクフウ》
髪	ハツ かみ	髟	14	頭髪《トウハツ》 散髪《サンパツ》 日本髪《ニホンがみ》
抜	バツ ぬく ぬける ぬかす ぬかる	扌	7	抜群《バツグン》 抜粋《バッスイ》 選抜《センバツ》 抜《ぬ》き足《あし》 抜《ぬ》け駆《が》け
罰	バツ バチ	罒	14	罰則《バッソク》 処罰《ショバツ》 罰当《バチあ》たり
般	ハン	舟	10	一般《イッパン》 全般《ゼンパン》 先般《センパン》 諸般《ショハン》
販	ハン	貝	11	販売《ハンバイ》 市販《シハン》 販路《ハンロ》
搬	ハン	扌	13	運搬《ウンパン》 搬入《ハンニュウ》 搬出《ハンシュツ》

漢字	読み	部首	画数	用例
範	ハン	竹	15	模範《モハン》 規範《キハン》 範囲《ハンイ》 広範《コウハン》
繁	ハン	糸	16	繁殖《ハンショク》 繁栄《ハンエイ》 繁盛《ハンジョウ》
盤	バン	皿	15	地盤《ジバン》 終盤《シュウバン》 円盤《エンバン》
彼	ヒ かれ かの	彳	8	彼岸《ヒガン》 彼《かれ》と彼女《かのジョ》
疲	ヒ つかれる	疒	10	疲労《ヒロウ》 疲弊《ヒヘイ》 気疲《きづか》れ
被	ヒ こうむる	衤	10	被害《ヒガイ》 被服《ヒフク》 損害を被《こうむ》る
避	ヒ さける	辶	16	避難《ヒナン》 避暑《ヒショ》 難《ナン》を避《さ》ける
尾	ビ お	尸	7	尾行《ビコウ》 首尾《シュビ》 尾根《おね》
微	ビ	彳	13	微妙《ビミョウ》 微笑《ビショウ》 微細《ビサイ》 機微《キビ》
匹	ヒツ ひき	匚（かくしがまえ）	4	匹敵《ヒッテキ》 数匹《スウひき》
描	ビョウ えがく かく	扌	11	描写《ビョウシャ》 素描《ソビョウ》 描《えが》く 絵描《エか》き

漢字	読み	部首	画数	用例
浜	ヒン はま	氵	10	海浜《カイヒン》 砂浜《すなはま》 浜辺《はまべ》
敏	ビン	攵	10	敏感《ビンカン》 機敏《キビン》 鋭敏《エイビン》 敏速《ビンソク》
怖	フ こわい	忄	8	恐怖《キョウフ》 怖《こわ》がる
浮	フ うく うかれる うかぶ うかべる	氵	10	浮上《フジョウ》 浮力《フリョク》 浮沈《フチン》 浮《う》き沈《しず》み 浮世絵《うきよえ》
普	フ	日	12	普通《フツウ》 普及《フキュウ》 普遍《フヘン》 普請《フシン》
腐	フ くさる くされる くさらす	肉	14	腐敗《フハイ》 豆腐《トウフ》 腐れ縁
敷	フ しく	攵	15	敷設《フセツ》 屋敷《やしき》 敷居《しきい》
膚	フ	肉	15	皮膚《ヒフ》 完膚《カンプ》
賦	フ	貝	15	月賦《ゲップ》 天賦《テンプ》 賦与《フヨ》 賦課《フカ》
舞	ブ まう まい	舛	15	舞台《ブタイ》 舞踊《ブヨウ》 舞姫《まいひめ》
幅	フク はば	巾	12	振幅《シンプク》 全幅《ゼンプク》 肩幅《かたはば》
払	フツ はらう	扌	5	払底《フッテイ》 支払《シはら》い

漢字	読み	部首	画数	用例
噴	フン ふく	口	15	噴火《フンカ》 噴水《フンスイ》 噴《ふ》き出る
柄	ヘイ がら え	木	9	横柄《オウヘイ》 人柄《ひとがら》 銘柄《メイがら》
壁	ヘキ かべ	土	16	壁画《ヘキガ》 障壁《ショウヘキ》 壁掛《かべか》け
捕	ホ とらえる とらわれる とる つかまえる つかまる	扌	10	捕獲《ホカク》 逮捕《タイホ》 捕虜《ホリョ》 捕《と》り物
舗	ホ	舌	15	舗装《ホソウ》 店舗《テンポ》
抱	ホウ だく いだく かかえる	扌	8	抱負《ホウフ》 介抱《カイホウ》 抱《かか》え込む
峰	ホウ みね	山	10	連峰《レンポウ》 秀峰《シュウホウ》 峰続《みねつづ》き
砲	ホウ	石	10	大砲《タイホウ》 砲撃《ホウゲキ》 砲弾《ホウダン》 砲声《ホウセイ》
忙	ボウ いそがしい	忄	6	多忙《タボウ》 忙殺《ボウサツ》 大忙《いそが》し
坊	ボウ ボッ	土	7	坊主《ボウズ》 宿坊《シュクボウ》 坊《ボッ》ちゃん
肪	ボウ	月（にくづき）	8	脂肪《シボウ》
冒	ボウ おかす	日	9	冒険《ボウケン》 冒頭《ボウトウ》 危険を冒《おか》す

4級

(1) **迫害**《苦しめいじめること》を受ける。

(2) **薄氷**を踏む思い《ひじょうな危険にのぞむ思い》をする。

(3) 夏は**薄物**を着る。

(4) **爆弾**を処理する。

(5) 床屋へ**散髪**に行く。

(6) 新聞記事からの**抜粋**《必要な部分だけを抜き出すこと》。

(7) 厳重に**処罰**する。

(8) **全般**的によくできている。

(9) **諸般**《いろいろ》の事情による。

(10) **市販**されている本。

(11) 出品物を**搬入**《はこびいれること》する。

(12) **規範**《手本・公式》に従う。

(13) かつて**繁栄**した文明。

(14) 選挙戦が**終盤**を迎える。

(15) **彼**は私の友人だ。

(16) 訪問先で**気疲**れする。

(17) **被服**室のミシンを使う。

(18) **避暑**地へ出かける。

(19) **首尾**《事の次第・都合》よく事を進める。

(20) **微笑**を浮かべる。

(21) **数匹**の猫がいる。

(22) 果物をペンで**素描**《デッサン》する。

(23) **浜辺**で貝を拾う。

(24) **機敏**《機に応じて素早く動くさま》に動き回る。

(25) **敏速**に処理する。

(26) 大きな犬を**怖**がる。

(27) 船の**浮力**を計測する。

(28) ビデオが**普及**する。

(29) **安普請**《安くつくった粗悪な家》のアパート。

(30) **豆腐**料理をつくる。

(31) 大名**屋敷**の残る地区。

(32) **完膚**《徹底的に》なきまでにやられる。

(33) **天賦**《生まれつき》の才に恵まれる。

(34) 母は日本**舞踊**家だ。

(35) **全幅**《あらん限り・最大限》の信頼をよせる。

(36) 電気料金を**支払**う。

(37) **噴水**のある庭園。

(38) 温厚な**人柄**。

(39) **障壁**《障害・じゃまもの》を取り除く。

(40) 犯人を**逮捕**する。

(41) 大**捕**り物となる。

(42) 町の中心に**店舗**を構える。

(43) けが人を**介抱**する。

(44) **秀峰**富士をあおぐ。

(45) **砲撃**を開始する。

(46) **砲声**が天にとどろく。

(47) 仕事に**忙殺**《非常に忙しいこと》される。

(48) **宿坊**《参けい者がとまるための寺の宿》に寝泊まりする。

(49) **脂肪**分をひかえる。

(50) 雑誌の**冒頭**を飾る。

まめ知識

「フン」のいろいろ

噴…ふくの意。
噴火　**噴水**　**噴射**　**噴出**

墳…はか、おか（丘）などの意。
古墳　**墳墓**

憤…いきどおる、うらむなどの意。
憤慨　**憤然**　**憤死**

(1) **ハクリョク**ある画面。
(2) **ケイハク**な行動を慎む。
(3) **ハクボ**《夕ぐれ》の街でたたずむ。
(4) 怒りが**バクハツ**する。
(5) **トウハツ**をよく洗う。
(6) **バツグン**の成績をあげる。
(7) **ぬ**け駆けは許さない。
(8) **バッソク**《しょばつを定めたきそく》を厳しくする。
(9) 理論を**イッパン**化《全体にいきわたっていること》する。
(10) 家具を**ハンバイ**する。
(11) 荷物を**ウンパン**する。
(12) **モハン**《手本》演技を行う。
(13) 動物の**ハンショク**《ふえること》期。
(14) **ジバン**沈下をくい止める。
(15) **ヒガン**《春分・秋分の前後各三日間》に墓参りに行く。
(16) **ヒロウ**がピークに達する。
(17) **ヒガイ**を最小限にする。
(18) めいわくを**こうむ**る。
(19) **ヒナン**場所を確認する。
(20) 山の**おね**づたいに歩く。
(21) **ビミョウ**な色を出す。
(22) 勝者に**ヒッテキ**《実力が同じくらいのこと》する実力。
(23) 風景を**ビョウシャ**する。
(24) 将来を思い**えが**く。
(25) **カイヒン**《うみべ》公園を散歩する。
(26) **ビンカン**な反応を示す。
(27) **キョウフ**心がこみ上げる。
(28) 首位に**フジョウ**する。
(29) **フツウ**列車に乗る。
(30) 政治が**フハイ**する。
(31) 水道管を**フセツ**《しいて備えもうけること》する。
(32) **ヒフ**をきたえる。
(33) **ゲップ**《つき割りにして支払うこと》でテレビを買う。
(34) **ブタイ**度胸がある。
(35) **かたはば**を測る。
(36) 在庫品が**フッテイ**《非常に乏しくなること・品切れ》する。
(37) 火山が**フンカ**した。
(38) **オウヘイ**《いばっていること》な口のきき方。
(39) **ヘキガ**を修復する。
(40) 象の**ホカク**《いけどること》を禁止する。
(41) 道路を**ホソウ**する。
(42) 今年の**ホウフ**《心に持っている計画》を語り合う。
(43) 大きな荷物を**かか**え込む。
(44) アルプス**レンポウ**《つづいているみね》を臨む。
(45) **タイホウ**を備えた船。
(46) **タボウ**を極める。
(47) 大**いそが**しの毎日を送る。
(48) 三日**ボウズ**に終わる。
(49) 植物性**シボウ**を使う。
(50) **ボウケン**映画をみる。

まめ知識

無鉄砲の語源

「無点法」の転。「点法（訓点語の決まり）」の教養がないと文章を正確に読めないことから、どうなるかを考えずに事を進めることを「無点法」と言うようになり、やがて「無鉄砲」となりました。

4級

1 次の熟語の構成は後のA～Dのどれにあたるか、記号で答えなさい。

(1) **抜群**（　　）
(2) **敏速**（　　）
(3) **浮沈**（　　）
(4) **振幅**（　　）

A 同じような意味の漢字を重ねたもの。(例)…進行
B 反対または対応する意味の漢字を重ねたもの。(例)…大小
C 上の字が下の字の意味を修飾しているもの。(例)…緑色
D 下の字が上の字の目的・対象などを示すもの。(例)…登山

2 下の□の中のひらがなを漢字に直して書き、類義語を作りなさい。

(1) 運送――運（　　）
(2) 手本――模（　　）
(3) 通常――（　　）通
(4) 障害――障（　　）

ぱん・はん
ふ・へき

3 次の太字をそれぞれ別の漢字に直して書きなさい。

(1) 責任を回**ヒ**する。（　　）
(2) 地震の**ヒ**災者を救う。（　　）
(3) 川で魚を**と**る。（　　）
(4) 山で木の実を**と**る。（　　）
(5) 庭で雑草を**と**る。（　　）
(6) 首**ビ**一貫した主張をする。（　　）
(7) 人情の機**ビ**を理解する。（　　）

4 次の漢字の部首を（　）に、部首名を〔　〕に書きなさい。

(1) **幅**（　　）〔　　〕
(2) **疲**（　　）〔　　〕
(3) **敷**（　　）〔　　〕
(4) **怖**（　　）〔　　〕
(5) **肪**（　　）〔　　〕
(6) **盤**（　　）〔　　〕

5 次の文中の誤字を正しい漢字で書きなさい。

(1) 傷ついた野生の鹿を介砲する。（　　）
(2) 地球環境の危機が泊っている。（　　）
(3) 火山の憤火口を観測する。（　　）

6 次の――線のところにあてはまる送りがなを書きなさい。

(1) 注意を**払**――。（　　）
(2) 舟を**浮**――。（　　）
(3) 果物を**腐**――。（　　）
(4) 腰が**抜**――。（　　）

7 次の太字にあてはまる漢字を後から選び、書きなさい。

(1) **ボウ**険旅行（　　）
(2) 商売**ハン**盛（　　）
(3) 皮**フ**感覚（　　）
(4) 危機一**パツ**（　　）
(5) 心理**ビョウ**写（　　）
(6) **ハン**売促《そく》進（　　）

髪　販　繁　描　膚　冒

4級 7 ボウ～ワン

漢字	読み	部首・画数	用例
傍	ボウ・かたわら	イ 12	傍観《ぼうかん》 傍線《ぼうせん》 机の傍《かたわ》ら
帽	ボウ	巾 12	帽子《ぼうし》 脱帽《だつぼう》 制帽《せいぼう》
凡	ボン・ハン	几 3	平凡《へいぼん》 非凡《ひぼん》 凡例《はんれい》
盆	ボン	皿 9	盆地《ぼんち》 盆栽《ぼんさい》 盆踊《ぼんおど》り
慢	マン	忄 14	我慢《がまん》 慢性《まんせい》 慢心《まんしん》
漫	マン	氵 14	漫画《まんが》 漫然《まんぜん》 散漫《さんまん》 放漫《ほうまん》
妙	ミョウ	女 7	奇妙《きみょう》 巧妙《こうみょう》 妙案《みょうあん》 微妙《びみょう》
眠	ミン・ねむる・ねむい	目 10	安眠《あんみん》 睡眠《すいみん》 眠気《ねむけ》
矛	ム・ほこ	矛 5	矛盾《むじゅん》 矛先《ほこさき》
霧	ム・きり	雨 19	濃霧《のうむ》 霧消《むしょう》 霧雨《きりさめ》 夜霧《よぎり》
娘	むすめ	女 10	孫娘《まごむすめ》 娘盛《むすめざか》り

漢字	読み	部首・画数	用例
茂	モ・しげる	艹 8	繁茂《はんも》 茂《しげ》みの中
猛	モウ	犭 11	猛烈《もうれつ》 勇猛《ゆうもう》 猛威《もうい》
網	モウ・あみ	糸 14	魚網《ぎょもう》 網膜《もうまく》 網戸《あみど》
黙	モク・だまる	黒 15	沈黙《ちんもく》 黙認《もくにん》 黙《だま》り込《こ》む
紋	モン	糸 10	指紋《しもん》 波紋《はもん》 紋章《もんしょう》
躍	ヤク・おどる	𧾷 21	跳躍《ちょうやく》 躍進《やくしん》 小躍《こおど》り
雄	ユウ・お・おす	隹 12	英雄《えいゆう》 雄姿《ゆうし》 雄花《おばな》 雄犬《おすいぬ》
与	ヨ・あたえる	一 3	関与《かんよ》 与党《よとう》 本を与《あた》える
誉	ヨ・ほまれ	言 13	名誉《めいよ》 栄誉《えいよ》 誉《ほま》れ高い
溶	ヨウ・とける・とかす・とく	氵 13	溶岩《ようがん》 溶解《ようかい》 溶《と》け込む
腰	ヨウ・こし	月（にくづき） 13	腰痛《ようつう》 腰抜《こしぬ》け

漢字	読み	部首・画数	用例
踊	ヨウ・おどる・おどり	𧾷 14	舞踊《ぶよう》 踊《おど》り場
謡	ヨウ・うたい・うたう	言 16	童謡《どうよう》 歌謡《かよう》 謡《うたい》の師匠《ししょう》
翼	ヨク・つばさ	羽 17	尾翼《びよく》 両翼《りょうよく》 翼《つばさ》を広げる
雷	ライ・かみなり	雨 13	雷雨《らいう》 雷鳴《らいめい》 雷《かみなり》の音
頼	ライ・たのむ・たのもしい・たよる	頁 16	信頼《しんらい》 依頼《いらい》 頼《たの》みの綱 神頼《かみだの》み
絡	ラク・からむ・からまる・からめる	糸 12	連絡《れんらく》 脈絡《みゃくらく》 糸が絡《から》まる
欄	ラン	木 20	欄外《らんがい》 欄干《らんかん》 空欄《くうらん》
離	リ・はなれる・はなす	隹 18	離別《りべつ》 離散《りさん》 乳離《ちばな》れ
粒	リュウ・つぶ	米 11	粒子《りゅうし》 微粒《びりゅう》 豆粒《まめつぶ》 米粒《こめつぶ》
慮	リョ	心 15	遠慮《えんりょ》 配慮《はいりょ》 考慮《こうりょ》 熟慮《じゅくりょ》
療	リョウ	疒 17	医療《いりょう》 療養《りょうよう》 治療《ちりょう》 診療《しんりょう》
隣	リン・となる・となり	阝 16	隣接《りんせつ》 隣人《りんじん》 両隣《りょうどなり》

漢字	読み	部首・画数	用例
涙	ルイ・なみだ	氵 10	感涙《かんるい》 涙声《なみだごえ》
隷	レイ	隶 16	奴隷《どれい》 隷属《れいぞく》 隷書《れいしょ》
齢	レイ	歯 17	年齢《ねんれい》 老齢《ろうれい》 樹齢《じゅれい》 妙齢《みょうれい》
麗	レイ・うるわしい	鹿 19	華麗《かれい》 麗《うるわ》しい人
暦	レキ・こよみ	日 14	旧暦《きゅうれき》 還暦《かんれき》 花暦《はなごよみ》
劣	レツ・おとる	力 6	優劣《ゆうれつ》 劣勢《れっせい》 見劣《おと》り
烈	レツ	灬 10	猛烈《もうれつ》 熱烈《ねつれつ》 烈火《れっか》
恋	レン・こう・こい・こいしい	心 10	恋愛《れんあい》 失恋《しつれん》 恋心《こいごころ》 恋人《こいびと》
露	ロ・ロウ・つゆ	雨 21	露骨《ろこつ》 暴露《ばくろ》 披露《ひろう》 夜露《よつゆ》
郎	ロウ	阝 9	新郎《しんろう》 郎党《ろうとう》
惑	ワク・まどう	心 12	惑星《わくせい》 迷惑《めいわく》 戸惑《とまど》い
腕	ワン・うで	月（にくづき） 12	腕力《わんりょく》 手腕《しゅわん》 片腕《かたうで》 腕前《うでまえ》

(1) 重要事項に**傍線**を引く。（文字のわきに引いた線）
(2) 友の勇気に**脱帽**する。
(3) **非凡**な才能を見せる。
(4) **盆栽**の手入れをする。
(5) **慢性**的な交通渋滞。
(6) **漫然**と時を過ごす。（とりとめもなく、ぼんやりとしたさま）
(7) **巧妙**にごまかす。
(8) **微妙**な色あいを出す。
(9) **睡眠**時間が短い。
(10) **矛先**を他に向ける。（きっさき・攻撃の目標）
(11) 計画が雲散**霧消**する。（たちまちなくなること）
(12) かわいい**孫娘**。
(13) **茂**みの中で虫が鳴く。
(14) **勇猛**な戦士を描いた絵。
(15) **網膜**に傷がつく。（視神経の分布している膜）
(16) 不正を**黙認**する。
(17) 事件の**波紋**が広がる。（影響）
(18) 大きく**躍進**を遂げる。
(19) **雄姿**を見せる。（おおしくりっぱな姿）
(20) **雄犬**を育てる。
(21) **与党**と野党。（内閣を組織している政党）
(22) 選手の**栄誉**をたたえる。
(23) 金属を**溶解**する。（とかすこと）
(24) **腰抜**けと笑われる。
(25) 階段の**踊**り場で話す。
(26) **歌謡**曲を歌う。
(27) **両翼**を広げた鳥。
(28) 大きな**雷鳴**が響き渡る。
(29) 学者に講演を**依頼**する。
(30) 困ったときの**神頼**み。
(31) **脈絡**のない話。（物事のつながり・続き・筋道）
(32) 橋の**欄干**に寄りかかる。（手すり）
(33) 一族が**離散**する。（はなればなれになること）
(34) すずめが**米粒**をついばむ。
(35) 細やかな**配慮**をする。
(36) 温泉で**療養**する。
(37) **隣人**に回覧板を渡す。
(38) **涙声**でうったえる。
(39) 強国に**隷属**する。（他の支配をうけて言いなりになること）
(40) **老齢**でも足腰が強い。
(41) **麗**しい友情。
(42) 祖母の**還暦**を祝う。（六〇歳）
(43) **劣勢**のチームを応援する。
(44) **熱烈**に歓迎する。
(45) **失恋**から立ち直る。
(46) 組織の秘密を**暴露**する。
(47) **夜露**にぬれた草花。
(48) 一族**郎党**が集まる。（武士の家来・家臣）
(49) 他人に**迷惑**をかけない。
(50) **手腕**を発揮する。（うでまえ・実力）

まめ知識

厂と广と疒

厂…がけ、岩、石を示す字を作る。
原厚厄厘　圧→土　灰→火　歴→止

广…屋根のさま、建物の種類などの意を示す字を作る。
広店庁座床底庫　応→心　席→巾

疒…病気、傷害などの意を示す字を作る。
病痛疫疾症疲療癖

(1) 成りゆきを**ボウカン**する。 そばで見ていること
(2) 机の**かたわら**に物を置く。
(3) 白い**ボウシ**をかぶる。
(4) **ヘイボン**に生きる。
(5) 山に囲まれた**ボンチ**。 高い山に囲まれた平らなとち
(6) じっと**ガマン**する。
(7) 雑誌の**マンガ**を読む。
(8) **キミョウ**な出来事。
(9) 静かで**アンミン**できる。 やすらかにねむること
(10) 以前と**ムジュン**した意見。
(11) **ノウム**で動きがとれない。
(12) **きりさめ**が降り続く。
(13) **むすめ**盛りの年ごろ。
(14) 草木が**ハンモ**する。 さかんにおいしげること
(15) **モウレツ**に勉強をする。
(16) **あみど**を掃除する。
(17) **チンモク**は金なり。
(18) 両手の**シモン**を照合する。 ゆび先の内側にある曲線状のもよう
(19) **こおどり**して喜ぶ。 喜んでおどりあがること

(20) 国の**エイユウ**となる。
(21) 事件に**カンヨ**した人物。 ある物事にかんけいすること
(22) 自らの**メイヨ**を守る。
(23) 神童の**ほまれ**が高い。 評判のよいこと
(24) **ヨウガン**がふき出る。
(25) **ヨウツウ**で医者に通う。
(26) スペインの**ブヨウ**を学ぶ。
(27) **ドウヨウ**を歌う。
(28) 飛行機の**ビヨク**。 後方のつばさ
(29) 激しい**ライウ**に見舞われる。
(30) **シンライ**のおける人。
(31) 父に**レンラク**をする。
(32) **ランガイ**に記入する。 本文をかこむわくのそと
(33) 家族と**リベツ**する。 わかれること
(34) **リュウシ**の細かい粉。
(35) **まめつぶ**大ほどの宝石。
(36) **エンリョ**は無用だ。 ひかえめにすること
(37) 最新の**イリョウ**機器。
(38) 学校に**リンセツ**する建物。

(39) **カンルイ**にむせぶ。 かんげきして出るなみだ
(40) **ドレイ**解放運動。 自由をそくばくされ、使役される人
(41) 名前と**ネンレイ**を記入する。
(42) **カレイ**に転身を遂げる。
(43) **キュウレキ**の正月を祝う。 月の運行をもとに作られたこよみ
(44) **ユウレツ**を見きわめる。
(45) **レッカ**のごとく怒る。
(46) **こいごころ**を抱く。
(47) **ロコツ**にいやな顔をする。 むきだしなこと・あらわなこと
(48) **シンロウ**新婦の入場。
(49) **ワクセイ**探査機。
(50) **ワンリョク**には自信がある。

まめ知識

霧と夢では大違い

「五里夢中」→これは間違い。霧の中で道に迷っている状態を表しているので「五里霧中」が正しい。「夢中」と書く四字熟語には「無我夢中」があります。

問 次の四字熟語の誤りを正しなさい。
①異句同音 ②危機一発

答 ①**異口同音** ②**危機一髪**

1 次の漢字の部首を後のア〜クから選び、記号で答えなさい。

(1) **帽**（　　）
(2) **療**（　　）
(3) **慮**（　　）
(4) **踊**（　　）
(5) **眠**（　　）
(6) **露**（　　）

ア 目	**イ** 日	**ウ** 雨	**エ** ⻊
オ 心	**カ** 疒	**キ** 巾	**ク** 厂

2 後の□の中のひらがなを漢字に直して書き、対義語を作りなさい。

(1) 偉人↔（　　）人
(2) 優勢↔（　　）勢
(3) 新婦↔新（　　）
(4) 野党↔（　　）党
(5) 急性↔（　　）性
(6) 雌花↔（　　）花

お・ぼん・まん・よ・れつ・ろう

3 次の各組の□に共通してあてはまる漢字を後のア〜キから選び、記号で答えなさい。

(1) □案　奇□　巧□（　　）
(2) 遠□　考□　配□（　　）
(3) □骨　暴□　吐□（　　）
(4) □画　□然　散□（　　）
(5) □力　手□　□章（　　）
(6) □読　沈□　暗□（　　）

ア 漫　**イ** 妙　**ウ** 黙　**エ** 誉　**オ** 慮　**カ** 露　**キ** 腕

4 次の熟語の構成は後のA〜Dのどれにあたるか、記号で答えなさい。

A 同じような意味の漢字を重ねたもの。（例…進行）
B 反対または対応する意味の漢字を重ねたもの。（例…大小）
C 下の字が上の字の目的・対象などを示すもの。（例…登山）
D 上の字が下の字の意味を打ち消しているもの。（例…不通）

(1) **跳躍**（　　）
(2) **不眠**（　　）
(3) **還暦**（　　）
(4) **矛盾**（　　）

5 次の文中の誤字を正しい漢字で書きなさい。

(1) 西暦二〇〇一年から二十一世紀となる。（　　）
(2) 多量の容岩が流出する。（　　）
(3) 台風で交通綱が寸断される。（　　）

6 次の――線のところにあてはまる送りがなを書きなさい。

(1) 仕事を**頼**――。（　　）
(2) 故郷を**離**――。（　　）
(3) 故郷が**恋**――。（　　）
(4) 朝まで**眠**――。（　　）

7 次の太字を漢字に直して書きなさい。

(1) 迷**ワク**千万（　　）
(2) 容姿端**レイ**（　　）
(3) **ボウ**若無人（　　）
(4) 勇**モウ**果敢（　　）

4級 模擬試験

60分
/200点

㈠ 次の——線の読みをひらがなで記せ。〈1×30＝30点〉

1 威風堂々と選手たちが入場する。
2 慎重に行動することを心がける。
3 雅趣にとんだ日本庭園を歩く。
4 友人からの苦言を甘受する。
5 奇抜な衣装で登場する。
6 幾多の苦難を乗りこえる。
7 輝かしい栄光を手に入れる。
8 列車の自動制御装置がはたらく。
9 かれは政治改革運動の先駆者だ。
10 父の志を継いで医者になる。
11 政治的な色彩を帯びた発言。
12 危うく大惨事となるところだった。
13 あいまいな態度に業を煮やす。
14 事件について釈明する。
15 瞬く間にロケットは見えなくなった。
16 町内を巡回して火の用心を呼びかける。
17 世間話から唐突に本題に切りかわる。
18 円陣を組んで作戦を練る。
19 知らない町で道を尋ねる。
20 法律の不備な点を是正する。
21 鮮やかな手つきで魚をさばく。
22 雑草の繁茂をくい止める。
23 古い工場が閉鎖される。
24 蓄えがそろそろ底をついてきた。
25 危ういところで難を逃れる。
26 名誉ばん回するために努力する。
27 絶壁をよじ登って山頂に立つ。
28 花束に手紙を添える。
29 烈火のごとく怒る。
30 うわさに惑わされる。

㈡ 次の1～5の三つの□に共通する漢字を、後の□から選んで熟語を作れ。答えは記号で書くこと。〈2×5＝10点〉

1 □入・紹□・仲□
2 □大・□人・□額
3 文□・□雨・□遊
4 接□・□感・□発
5 □台・□踏・□踊

ア 舞	イ 豪	ウ 丈	エ 距	オ 触
カ 巨	キ 鋭	ク 介	ケ 業	コ 忙

㈢ 次の**カタカナ**を漢字に直して**四字熟語**を完成させよ。〈2×10＝20点〉

1 □《キョウ》天動地の大事件が起きる。

2 同□《セイ》同名の人がクラスにいる。

3 腹痛で七転八□《トウ》の苦しみを味わう。

4 □《カン》境汚染をくいとめる努力をしよう。

5 不□《ミン》不休で新製品の開発に取り組む。

6 □《リ》合集散をくり返すのは世のならいだ。

7 国民が首相の政治手□《ワン》に注目している。

8 このあたりは□《ケン》業農家が多い地域だ。

9 神社に参拝して合格□《キ》願をする。

10 前□《ト》洋々たる若者が海外へ羽ばたく。

㈣ 次の文中にまちがって使われている**同じ音訓の漢字**が**一字**ずつある。上の（ ）に**誤字**を、下の（ ）に**正しい字**を記せ。〈2×10＝20点〉

1 畜積された疲労が病気の原因となる。（ ）（ ）

2 憲法の理念が人々の間に侵透する。（ ）（ ）

3 外国の貨物船が港に停迫する。（ ）（ ）

4 厳かに婚礼の義式がとり行われる。（ ）（ ）

5 陰映に富んだ絵画に強くひかれる。（ ）（ ）

6 弁論大会で一等賞を穫得する。（ ）（ ）

7 小さな失敗から問題点が奮出する。（ ）（ ）

8 憶測で発言すると誤解を招くことになる。（ ）（ ）

9 計画の不備を鋭く指滴される。（ ）（ ）

10 留学生との交勧会が近日中に開かれる。（ ）（ ）

㈤ 次の**カタカナ**を**漢字**と**送りがな（ひらがな）**で記せ。〈2×5＝10点〉

〈例〉 人を**アツメル**。（集める）

1 放火犯を**トラエル**。（ ）

2 耳を**カタムケ**て相手の話を聞く。（ ）

3 家に留学生を**ムカエル**。（ ）

4 雑誌に写真を**ノセル**。（ ）

5 **ヤワラカイ**春の日ざしが降り注ぐ。（ ）

㈥ 後の□の中のひらがなを漢字に直して、**対義語**と**類義語**を作れ。□の中のひらがなは一度だけ使うこと。〈2×10＝20点〉

〈**対義語**〉

1 鋭角――（　　）角

2 雨期――（　　）期

3 特殊――一（　　）

4 落第――（　　）第

5 起稿――（　　）稿

〈**類義語**〉

6 弁解――（　　）明

7 低劣――（　　）悪

8 続行――（　　）続

9 年末――（　　）末

10 名案――（　　）案

かん・けい・さい・しゃく
ぞく・だっ・どん・ぱん
みょう・きゅう

㈦ 次の漢字の**部首**を**ア**～**エ**から選んで、**記号**で記せ。〈1×10＝10点〉

1 繰〈**ア** 口　**イ** 木　**ウ** 幺　**エ** 糸〉（　　）

2 御〈**ア** 𦈢　**イ** 彳　**ウ** 卩　**エ** 亻〉（　　）

3 響〈**ア** 幺　**イ** 阝　**ウ** 音　**エ** 日〉（　　）

4 趣〈**ア** 走　**イ** 人　**ウ** 又　**エ** 土〉（　　）

5 扇〈**ア** 一　**イ** 戸　**ウ** 尸　**エ** 羽〉（　　）

6 濁〈**ア** 罒　**イ** 勹　**ウ** 虫　**エ** 氵〉（　　）

7 殿〈**ア** 又　**イ** 尸　**ウ** 殳　**エ** 几〉（　　）

8 賦〈**ア** 弋　**イ** 目　**ウ** 貝　**エ** 八〉（　　）

9 惑〈**ア** 心　**イ** 口　**ウ** 戈　**エ** 丶〉（　　）

10 腕〈**ア** 宀　**イ** 月　**ウ** 夕　**エ** 㔾〉（　　）

㈧ **熟語の構成**のしかたには次のようなものがある。〈1×10＝10点〉

ア 同じような意味の漢字を重ねたもの。（例…**寒冷**）

イ 反対または対応の意味を表す字を重ねたもの。（例…**強弱**）

ウ 上の字が下の字を修飾しているもの。（例…**緑色**）

エ 下の字が上の字の目的語・補語になっているもの。（例…**登山**）

オ 上の字が下の字の意味を打ち消しているもの。（例…**不信**）

次の熟語は右の**ア**～**オ**のどれにあたるか、**記号**で記せ。

1 微細（　　）

2 贈答（　　）

3 病床（　　）

4 不屈（　　）

5 処罰（　　）

6 遅刻（　　）

7 攻守（　　）

8 無縁（　　）

9 闘争（　　）

10 猛獣（　　）

(九) 次のカタカナにあてはまる漢字を、後のそれぞれの**ア**〜**オ**から選んで**記号**で記せ。〈2×15＝30点〉

1 事件の経**イ**を簡潔に話す。（　）
2 交通**イ**反で罰金をとられる。（　）
3 かれは考古学の権**イ**として知られる。（　）
〈**ア** 違 **イ** 威 **ウ** 維 **エ** 偉 **オ** 緯〉

4 厳しい**カイ**律のある宗教。（　）
5 竜巻で多くの建物が破**カイ**された。（　）
6 今日中に線路が復旧する可能性は**カイ**無に等しい。（　）
〈**ア** 階 **イ** 壊 **ウ** 介 **エ** 皆 **オ** 戒〉

7 昨年は冷害で**キョウ**作に見まわれた。（　）
8 視聴者の反**キョウ**が大きかった番組。（　）
9 我が子に熱**キョウ**的な声援を送る。（　）
〈**ア** 凶 **イ** 叫 **ウ** 響 **エ** 狂 **オ** 恐〉

10 対**コウ**意識をむき出しにしてにらむ。（　）
11 水泳大会で平泳ぎの記録を**コウ**新する。（　）
12 毎年**コウ**例の花火大会がある。（　）
〈**ア** 項 **イ** 更 **ウ** 抗 **エ** 恒 **オ** 攻〉

13 恐**フ**心にかられて暗い夜道を走る。（　）
14 自家用車の**フ**及率を調査する。（　）
15 風雨にさらされて**フ**食した手すり。（　）
〈**ア** 腐 **イ** 怖 **ウ** 浮 **エ** 富 **オ** 普〉

(十) 次のカタカナの部分を**漢字**に直せ。〈2×20＝40点〉

1 手に汗を**ニギ**る大熱戦。（　）
2 胸の**コドウ**が高まる。（　）
3 電車は**イゼン**として動かないままだ。（　）
4 成績が上がって**ユウエツ**感にひたる。（　）
5 列車の**キンエン**席に座る。（　）
6 **カク**れた才能を発掘する。（　）
7 証拠書類を**オ**さえる。（　）
8 親の**カンシ**の目が厳しい。（　）
9 試験の**ハンイ**が発表される。（　）
10 文章の前後の**ミャクラク**をとらえる。（　）
11 **イライ**心の強い人。（　）
12 古い民家が**ノキ**を連ねる町。（　）
13 社会を**フウシ**した漫画。（　）
14 **シュウネン**深く昔の失敗を責める。（　）
15 道を**ナナ**めに横切る。（　）
16 台風が日本全土を**オソ**う。（　）
17 新しい企業が世界に**ヤクシン**する。（　）
18 姿が見えなくなるまで手を**フ**る。（　）
19 頭痛を**ウッタ**える。（　）
20 植木の展示**ソクバイ**会。（　）

3級 1 アイ～キク

漢字	哀	慰	詠	悦	閲	炎	宴	欧	殴	乙	卸
読み	アイ あわれ あわれむ	イ なぐさめる なぐさむ	エイ よむ	エツ	エツ	エン ほのお	エン	オウ	オウ なぐる	オツ	おろす おろし
部首・画数	口 9	心 15	言 12	忄 10	門 15	火 8	宀 10	欠 8	殳 8	乙 1	卩 9
用例	哀願《アイガン》 悲哀《ヒアイ》 哀《あわ》れな姿	慰労《イロウ》 慰問《イモン》 慰《なぐさ》めの言葉	詠嘆《エイタン》 朗詠《ロウエイ》 詠《よ》み人	悦楽《エツラク》 満悦《マンエツ》 喜悦《キエツ》	閲覧《エツラン》 校閲《コウエツ》 検閲《ケンエツ》	炎症《エンショウ》 炎上《エンジョウ》	宴会《エンカイ》 祝宴《シュクエン》 宴席《エンセキ》 酒宴《シュエン》	欧米《オウベイ》 欧州《オウシュウ》 渡欧《トオウ》 西欧《セイオウ》	殴打《オウダ》 殴殺《オウサツ》 殴《なぐ》り書き	乙種《オツシュ》 乙《オツ》な味	卸売《おろしうり》 卸値《おろしね》 卸商《おろしショウ》 棚卸《たなおろし》

漢字	穏	佳	架	華	嫁	餓	怪	悔	塊	慨	該
読み	オン おだやか	カ	カ かける かかる	カ ケ はな	カ よめ とつぐ	ガ	カイ あやしい あやしむ	カイ くいる くやむ くやしい	カイ かたまり	ガイ	ガイ
部首・画数	禾 16	亻 8	木 9	艹 10	女 13	食 15	忄 8	忄 9	土 13	忄 13	言 13
用例	穏健《オンケン》(安穏《アンノン》) 穏《おだ》やかな海	佳作《カサク》 佳境《カキョウ》 佳人《カジン》	架空《カクウ》 書架《ショカ》 橋を架《か》ける	豪華《ゴウカ》 昇華《ショウカ》 華《はな》やぐ	転嫁《テンカ》 花嫁《はなよめ》 嫁《とつ》ぎ先	餓死《ガシ》 飢餓《キガ》 餓鬼《ガキ》	怪談《カイダン》 奇怪《キカイ》 怪《あや》しげ	後悔《コウカイ》 悔恨《カイコン》 悔《くや》し涙	金塊《キンカイ》 団塊《ダンカイ》 肉の塊《かたまり》	感慨《カンガイ》 憤慨《フンガイ》 慨嘆《ガイタン》	該当《ガイトウ》 当該《トウガイ》 該案《ガイアン》

漢字	概	郭	隔	穫	岳	掛	滑	肝	冠	勘	貫	喚	換
読み	ガイ	カク	カク へだてる へだたる	カク	ガク たけ	かける かかる かかり	カツ コツ すべる なめらか	カン きも	カン かんむり	カン	カン つらぬく	カン	カン かえる かわる
部首・画数	木 14	阝 11	阝 13	禾 18	山 8	扌 11	氵 13	月(にくづき) 7	冖 9	力 11	貝 11	口 12	扌 12
用例	概念《ガイネン》 概要《ガイヨウ》 大概《タイガイ》 一概《イチガイ》	輪郭《リンカク》 城郭《ジョウカク》	間隔《カンカク》 隔離《カクリ》 分け隔《へだ》て	収穫《シュウカク》 多穫《タカク》	山岳《サンガク》 岳父《ガクフ》 八ケ岳《やつがたけ》	掛《か》け金《キン》 心掛《こころが》け	円滑《エンカツ》 滑空《カックウ》 滑稽《コッケイ》 滑《すべ》り台	肝心《カンジン》 肝要《カンヨウ》 肝吸《きもす》い	栄冠《エイカン》 王冠《オウカン》 冠《かんむり》を曲げる	勘弁《カンベン》 勘定《カンジョウ》 勘当《カンドウ》 山勘《やまカン》	貫通《カンツウ》 貫徹《カンテツ》 初志《ショシ》を貫《つらぬ》く	喚声《カンセイ》 喚起《カンキ》 喚問《カンモン》 叫喚《キョウカン》	交換《コウカン》 換算《カンサン》 置《お》き換《か》え

漢字	敢	緩	企	忌	軌	既	棋	棄	騎	欺	犠	菊
読み	カン	カン ゆるい ゆるやか ゆるむ ゆるめる	キ くわだてる	キ いむ いまわしい	キ	キ すでに	キ	キ	キ	ギ あざむく	ギ	キク
部首・画数	攵 12	糸 15	𠆢 6	心 7	車 9	旡 10	木 12	木 13	馬 18	欠 12	牜 17	艹 11
用例	勇敢《ユウカン》 果敢《カカン》 敢然《カンゼン》 敢闘《カントウ》	緩和《カンワ》 緩急《カンキュウ》 気が緩《ゆる》む	企画《キカク》 企業《キギョウ》 新しい企《くわだ》て	忌中《キチュウ》 禁忌《キンキ》 忌《い》み言葉	軌道《キドウ》 常軌《ジョウキ》 軌跡《キセキ》 軌範《キハン》	既成《キセイ》 既婚《キコン》 既《すで》にして	将棋《ショウギ》 棋士《キシ》 棋譜《キフ》 棋局《キキョク》	廃棄《ハイキ》 棄却《キキャク》 放棄《ホウキ》 棄権《キケン》	騎士《キシ》 騎馬《キバ》 騎兵《キヘイ》 騎乗《キジョウ》	詐欺《サギ》 敵を欺《あざむ》く	犠牲《ギセイ》 犠打《ギダ》	菊花《キッカ》 春菊《シュンギク》 菊人形《キクニンギョウ》

3級

(1) 人生の**悲哀**を描いた小説。
(2) 戦地を**慰問**する。
(3) 詩歌を**朗詠**する。
(4) 父は御**満悦**な様子だ。
(5) 原稿を**校閲**《書物のまちがいを調べ、直すこと》する。
(6) 城が**炎上**する。
(7) **祝宴**に列席する。
(8) **欧州**諸国を旅行する。
(9) 名前を**殴**り書きする。
(10) **乙**な味のおつまみ。
(11) **卸値**で買う。
(12) 店の**棚卸**をする。
(13) **穏**やかな海をながめる。
(14) ドラマは**佳境**《味わいの深いところ》に入った。
(15) **書架**から本を取り出す。
(16) **昇華**《固体から直接気体になる現象》現象の実験。
(17) 純白の**花嫁**衣装。
(18) **飢餓**を救済する。
(19) **奇怪**な現象に出くわす。
(20) **悔**しい思いをする。
(21) **団塊**《かたまり》の世代。
(22) **憤慨**《腹を立てること・いきどおりなげくこと》のあまり大声を出す。
(23) **当該**事項を調べる。
(24) 文章の**概要**《あらまし・大要》をつかむ。
(25) **城郭**を構えて敵に備える。
(26) 外から**隔離**された世界。
(27) りんごの**収穫**を終えた。
(28) **岳父**《妻の父》を敬う。
(29) 安全を**心掛**ける。
(30) たかが大空を**滑空**《羽ばたかずに飛ぶこと》する。
(31) 何事にも誠実さが**肝要**《たいせつ》だ。
(32) **王冠**をかぶる。
(33) 店の**勘定**を支払う。
(34) 初志を**貫徹**《つらぬき通すこと》する。
(35) 注意を**喚起**《よびおこすこと》する。
(36) ドルを円に**換算**する。
(37) 勇猛**果敢**《決断力に富み、大胆なこと》に攻める。
(38) 投球に**緩急**をつける。
(39) 地元の**企業**に就職する。
(40) 秘密の計画を**企**てる。
(41) **禁忌**《してはならないと止めること・タブー》をおかす。
(42) **常軌**《つねにおこなうべき道・普通のやり方》を逸した行動。
(43) **軌範**《てほん》となる行い。
(44) **既婚**者対象のアンケート。
(45) プロの**棋士**と対局する。
(46) 上告を**棄却**《取り上げず、無効とすること》する。
(47) 運動会で**騎馬**戦を行う。
(48) 敵を**欺**くには味方から。
(49) **犠打**で得点する。
(50) **春菊**を栽培する。

まめ知識

まぎらわしい部首

亻《にんべん》 休体作係住使 付任 化→匕
人《ひと》 人似
𠆢《ひとやね》 会今倉令余介 企 合→口
入《いる》 入内全
八《はち》 八公兼
ハ《は》 六具共典兵 分→刀 谷→谷

(1) 手を合わせて**アイガン**する。
(2) **イロウ**会を開く。
(3) **エイタン**の意味の助動詞。 感動を表現すること
(4) **よみ**人知らずの短歌。
(5) **エツラク**を求める。 喜びたのしむこと
(6) 重要な記録を**エツラン**する。 しらべ見ること
(7) 眼が**エンショウ**を起こす。
(8) お花見の**エンカイ**を催す。
(9) **オウベイ**の文学を読む。
(10) 暗い所で**オウダ**された。
(11) 甲**オツ**つけがたい。
(12) **おろしうり**業を営む。
(13) **オンケン**派の意見。 考え方がかたよらず常識的なこと
(14) コンクールで**カサク**に入る。
(15) 竜は**カクウ**の動物だ。
(16) **ゴウカ**客船が入港する。
(17) 兄は責任を**テンカ**する。 他人のせいにすること
(18) 空腹で**ガシ**寸前だ。
(19) 夏の夜に**カイダン**話を聞く。
(20) **コウカイ**先に立たず。
(21) 土の**かたまり**をくだく。
(22) **カンガイ**にふける。 身にしみてかんじること
(23) **ガイトウ**する物件はない。 あてはまること
(24) 異なる**ガイネン**をもつ。
(25) 顔の**リンカク**を描く。 まわりを形づくる線
(26) **カンカク**をあけずに進む。
(27) 小麦の**シュウカク**期。
(28) 中部**サンガク**地帯。
(29) 戸の**かけ**金を修理する。
(30) 話が**エンカツ**に進む。
(31) **カンジン**な点を見落とす。
(32) 世界一の**エイカン**に輝く。
(33) **カンベン**してください。 許すこと
(34) トンネルが**カンツウ**する。
(35) 驚いて**カンセイ**をあげる。 さけびごえ
(36) 古い電球を**コウカン**する。
(37) **ユウカン**に敵と戦う。
(38) 交通規制を**カンワ**する。 ゆるむこと・ゆるめること
(39) 気の**ゆる**みが事故を招く。
(40) **キカク**会議を開く。
(41) 祖母の**イッシュウキ**。
(42) **いみ**言葉を慎む。 不吉なのでさける言葉
(43) 月の**キドウ**を計算する。 電車や天体が運行する経路
(44) **キセイ**事実をつくる。 物事がすでにできあがっていること
(45) 父は**ショウギ**が得意だ。
(46) 産業**ハイキ**物の処理問題。
(47) 中世の**キシ**道精神。
(48) **サギ**師にだまされる。
(49) 大きな**ギセイ**を払う。
(50) **キッカ**の咲く庭園。

まめ知識

華盛頓はワシントン

外国の国名・地名を当て字で表記したものには、次のようなものがあります。

亜米利加（アメリカ） 英吉利（イギリス）
印度（インド） 加奈陀（カナダ） 瑞西（スイス）
和蘭（オランダ） 西班牙（スペイン）
独逸（ドイツ） 倫敦（ロンドン） 巴里（パリ）

3級

1 次の漢字の部首を下のア～カから選び、記号で答えなさい。

(1) **掛**（　　） (3) **菊**（　　）
(2) **郭**（　　） (4) **敢**（　　）

ア 攵	イ 阝	ウ 子
エ 艹	オ ト	カ 扌

2 次の熟語の構成は、後のA～Dのどれにあたるか、記号で答えなさい。

(1) **書架**（　　） (2) **奇怪**（　　） (3) **緩急**（　　）

A 同じような意味の漢字を重ねたもの。(例)…進行
B 反対または対応する意味の漢字を重ねたもの。(例)…大小
C 上の字が下の字の意味を修飾しているもの。(例)…緑色
D 下の字が上の字の目的・対象などを示すもの。(例)…登山

3 次の文の□に入る適切な漢字を、後のア～エから一つずつ選び、記号で答えなさい。

(1) ロケットの□道を修正する。
ア 規　イ 機　ウ 軌　エ 騎（　　）

(2) ひどい仕打ちに憤□する。
ア 概　イ 慨　ウ 該　エ 害（　　）

(3) 証人を□問する。
ア 喚　イ 敢　ウ 換　エ 監（　　）

4 下の□の中のひらがなを漢字に直して書き、類義語を作りなさい。

(1) 温厚―（　　）健 (3) 美人―（　　）人
(2) 重要―（　　）心 (4) 歓楽―（　　）楽

えつ・かん
おん・か

5 次の各組の□に共通してあてはまる漢字を後のア～キから選び、記号で答えなさい。

(1) □会　□席　祝□（　　）
(2) 放□　□権　廃□（　　）
(3) □症　□上　□天（　　）
(4) 大□　一□　□念（　　）
(5) 一□　□通　□徹（　　）

ア 概	イ 炎	ウ 慣	エ 棄	オ 宴	カ 貫	キ 既

6 次の文中の誤字を正しい漢字で書きなさい。

(1) 暴漢に襲われ、欧打された。（　　）
(2) 喜怒愛楽を素直に表現する。（　　）
(3) 会奇現象を目にする。（　　）

7 次の――線のところにあてはまる送りがなを書きなさい。

(1) 海を**隔**――。（　　） (3) 気を**緩**――。（　　）
(2) **滑**――な表面。（　　） (4) 悪事を**企**――。（　　）

3級 キチ～サイ 2

漢字	読み	部首	画数	用例
吉	キチ・キツ	口	6	吉凶《キッキョウ》 吉報《キッポウ》 不吉《フキツ》 吉日《キチ(ツ)ジツ》
喫	キツ	口	12	喫煙《キツエン》 喫茶《キッサ》 満喫《マンキツ》
虐	ギャク / しいたげる	虍	9	虐待《ギャクタイ》 残虐《ザンギャク》 動物を虐《しいた》げる
虚	キョ・コ	虍	11	虚構《キョコウ》 謙虚《ケンキョ》 虚実《キョジツ》 虚空《コクウ》
峡	キョウ	山	9	峡谷《キョウコク》 海峡《カイキョウ》 山峡《サンキョウ》 峡湾《キョウワン》
脅	キョウ / おびやかす・おどす・おどかす	肉	10	脅威《キョウイ》 脅迫《キョウハク》 脅《おど》し文句《モンク》
凝	ギョウ / こる・こらす	冫	16	凝縮《ギョウシュク》 凝視《ギョウシ》 凝《こ》り性《ショウ》
斤	キン	斤	4	斤量《キンリョウ》 一斤《イッキン》 斤目《キンめ》
緊	キン	糸	15	緊張《キンチョウ》 緊急《キンキュウ》 緊密《キンミツ》 緊迫《キンパク》
愚	グ / おろか	心	13	愚劣《グレツ》 愚痴《グチ》 愚《おろ》か者
偶	グウ	イ	11	偶数《グウスウ》 偶然《グウゼン》 偶像《グウゾウ》 偶発《グウハツ》

漢字	読み	部首	画数	用例
遇	グウ	辶	12	待遇《タイグウ》 優遇《ユウグウ》 千載一遇《センザイイチグウ》
刑	ケイ	刂	6	刑事《ケイジ》 処刑《ショケイ》 刑罰《ケイバツ》 極刑《キョッケイ》
契	ケイ / ちぎる	大	9	契機《ケイキ》 契約《ケイヤク》 契《ちぎ》り合う
啓	ケイ	口	11	啓示《ケイジ》 拝啓《ハイケイ》 啓発《ケイハツ》
掲	ケイ / かかげる	扌	11	掲示《ケイジ》 掲揚《ケイヨウ》 旗を掲《かか》げる
携	ケイ / たずさえる・たずさわる	扌	13	携帯《ケイタイ》 連携《レンケイ》 仕事に携《たずさ》わる
憩	ケイ / いこい・いこう	心	16	休憩《キュウケイ》 小憩《ショウケイ》 憩《いこ》いの場所
鶏	ケイ / にわとり	鳥	19	鶏卵《ケイラン》 養鶏《ヨウケイ》 鶏《にわとり》の卵
鯨	ゲイ / くじら	魚	19	捕鯨《ホゲイ》 鯨飲《ゲイイン》 鯨肉《ゲイニク》 大鯨《おおくじら》
倹	ケン	イ	10	倹約《ケンヤク》 節倹《セッケン》 勤倹《キンケン》 倹素《ケンソ》
賢	ケン / かしこい	貝	16	賢者《ケンジャ》 賢明《ケンメイ》 賢《かしこ》い人

漢字	読み	部首	画数	用例
幻	ゲン / まぼろし	幺	4	幻滅《ゲンメツ》 幻想《ゲンソウ》 幻《まぼろし》の大帝国
孤	コ	子	9	孤独《コドク》 孤高《ココウ》 孤立無援《コリツムエン》
弧	コ	弓	9	括弧《カッコ》 円弧《エンコ》 弧状《コジョウ》 弧線《コセン》
雇	コ / やとう	隹	12	雇用《コヨウ》 解雇《カイコ》 雇《やと》い人《にん》
顧	コ / かえりみる	頁	21	顧問《コモン》 回顧《カイコ》 過去を顧《かえり》みる
娯	ゴ	女	10	娯楽《ゴラク》
悟	ゴ / さとる	忄	10	覚悟《カクゴ》 悔悟《カイゴ》 悟《さと》り切る
孔	コウ	子	4	鼻孔《ビコウ》 孔子《コウシ》 気孔《キコウ》 瞳孔《ドウコウ》
巧	コウ / たくみ	エ	5	技巧《ギコウ》 巧妙《コウミョウ》 巧《たく》みな手口
甲	コウ・カン	田	5	甲乙《コウオツ》 甲板《カンパン》 甲高《カンだか》い
坑	コウ	土	7	坑道《コウドウ》 炭坑《タンコウ》 焚書坑儒《フンショコウジュ》
拘	コウ	扌	8	拘束《コウソク》 拘留《コウリュウ》 拘泥《コウデイ》 拘置《コウチ》
郊	コウ	阝	9	近郊《キンコウ》 郊外《コウガイ》 遠郊《エンコウ》

漢字	読み	部首	画数	用例
控	コウ / ひかえる	扌	11	控除《コウジョ》 控訴《コウソ》 控《ひか》え目
慌	コウ / あわてる・あわただしい	忄	12	恐慌《キョウコウ》 慌忙《コウボウ》 慌《あわ》てん坊《ボウ》
硬	コウ / かたい	石	12	硬直《コウチョク》 硬貨《コウカ》 硬《かた》い物質
絞	コウ / しぼる・しめる・しまる	糸	12	絞殺《コウサツ》 絞首《コウシュ》 絞《しぼ》り染《ぞ》め
綱	コウ / つな	糸	14	綱紀《コウキ》 綱領《コウリョウ》 手綱《たづな》 横綱《よこづな》
酵	コウ	酉	14	酵素《コウソ》 酵母《コウボ》 発酵《ハッコウ》作用《サヨウ》
克	コク	儿	7	克服《コクフク》 克明《コクメイ》 克己《コッキ》 相克《ソウコク》
獄	ゴク	犭	14	地獄《ジゴク》 監獄《カンゴク》 疑獄《ギゴク》
恨	コン / うらむ・うらめしい	忄	9	遺恨《イコン》 悔恨《カイコン》 逆恨《さかうら》み
紺	コン	糸	11	濃紺《ノウコン》 紺色《コンいろ》 紺青《コンジョウ》 紺碧《コンペキ》
魂	コン / たましい	鬼	14	魂胆《コンタン》 精魂《セイコン》 永遠の魂《たましい》
墾	コン	土	16	開墾《カイコン》 墾田《コンデン》
債	サイ	イ	13	国債《コクサイ》 債務《サイム》 負債《フサイ》 債権《サイケン》

3級

(1) 合格の**吉報**が届く。
(2) **喫茶**店でひと休みする。
(3) **残虐**な行為を告発する。
(4) 忠告を**謙虚**に受けとめる。
(5) **虚空**を見上げる。 そら
(6) 津軽《つがる》**海峡**を渡る。
(7) **脅迫**状が舞い込む。
(8) 空の一点を**凝視**する。 じっと見る
(9) 食パンを**一斤**買う。
(10) **緊急**事態が発生した。
(11) **緊迫**した状況となる。 非常にさしせまること
(12) **愚痴**をこぼす。
(13) **偶然**が度重なる。
(14) 株主を**優遇**する。
(15) 古代の**処刑**場跡。
(16) **契約**をとりつける。
(17) **拝啓**で手紙を書き始める。
(18) 国旗を**掲揚**する。 高くあげること
(19) 仲間と**連携**して作業する。 同じ目的をもつ人たちが協力しあうこと
(20) **小憩**をはさむ。 すこしの休み
(21) **養鶏**場を営む。
(22) 湾内に**鯨**が迷い込む。
(23) **節倹**生活に努める。 質素にすること
(24) **賢明**な選択をする。
(25) **幻想**的な絵画。
(26) **孤高**の歌人。
(27) **円弧**の長さを計る。 円周上の二点で区切られた円周部分
(28) 業績不振で**解雇**される。
(29) **回顧**録を出版する。
(30) **娯楽**施設をつくる。
(31) **悔悟**の念にかられる。
(32) **孔子**の教えに従う。 中国古代の思想家・儒教の始祖
(33) **巧妙**なトリックを見破る。
(34) 二人とも**甲乙**つけがたい。 優劣
(35) **炭坑**から石炭を運び出す。
(36) 犯人を**拘留**する。 とらえとめておくこと
(37) **郊外**に家を建てる。
(38) 納得できず**控訴**する。 一審に不服で変更を求めること
(39) 弟は**慌**てん坊だ。
(40) 五百円**硬貨**。
(41) **絞首**刑に処される。
(42) 組合の**綱領**を読みあげる。 団体で定めた根本方針
(43) 天然**酵母**を使用したパン。 発酵作用をおこさせる菌
(44) 経過を**克明**に記録する。
(45) **監獄**につながれる。
(46) **悔恨**の情がこみあげる。
(47) **紺色**の制服を着る。
(48) **精魂**を込めて作る。
(49) **墾田**永年私財法。 新たに切りひらいた田
(50) **債務**を負った会社。 借金などを返済すべき義務

まめ知識

「かたーい」のいろいろ

硬い…変形したりこわれたりしないようす。
㊟軟らかい　硬い鉛筆　表情が硬い

堅い…中がつまって砕けにくいようす。
㊟もろい　堅い材木　堅い商売

固い…強くて形が変わらないこと。
㊟ゆるい　頭が固い　決心が固い

(1) **フキツ**な予感がする。
(2) **キツエン**所を設ける。
(3) 動物の**ギャクタイ**を禁じる。
(4) 子どもを**しいた**げるな。
(5) **キョコウ**《つくりごと》の世界を創作する。
(6) 黒部《くろべ》**キョウコク**《せまくけわしいたに》を訪れる。
(7) 大きな**キョウイ**《おびやかしおどすこと》を感じる。
(8) うま味を**ギョウシュク**《こりかたまること》する。
(9) **キンリョウ**《目方》をはかる。
(10) **キンチョウ**感が漂う。
(11) **グレツ**な行為を批判する。
(12) **グウゾウ**を崇拝する。
(13) よい**タイグウ**《もてなし・取りあつかい》を受ける。
(14) **ケイジ**が聞き込みをする。
(15) **ケイキ**となったできごと。
(16) 神の**ケイジ**《神が人知を超えたことをしめすこと》を受ける。
(17) **ケイジ**板に貼り出される。
(18) **ケイタイ**用のラジオ。
(19) 重要な仕事に**たずさ**わる。
(20) **キュウケイ**時間をとる。
(21) **にわとり**を放し飼いにする。
(22) **ホゲイ**《くじらをとること》が禁止される。
(23) むだ使いせず**ケンヤク**する。
(24) それは**かしこ**い選択だ。
(25) 本物を見て**ゲンメツ**《がっかりすること》する。
(26) **コドク**な人生を送る。
(27) 答えを**カッコ**の中に書く。
(28) 店員を数名**やと**う。
(29) 部活の**コモン**《相談を受ける人》を引き受ける。
(30) テレビの**ゴラク**番組を見る。
(31) **カクゴ**を決める。
(32) **ビコウ**《はなのあな》に虫が入る。
(33) **ギコウ**を凝らした作品。
(34) **カンパン**《船の上の広く平らな所》に出て海を見る。
(35) 大きな**コウドウ**《地下に掘った通路》を掘る。
(36) 長時間、**コウソク**《自由をそくばくすること》される。
(37) 大都市の**キンコウ**に住む。
(38) **ひか**え目な態度。
(39) 金融**キョウコウ**《景気が急に下降すること》が起こる。
(40) 驚いて体が**コウチョク**する。
(41) **しぼ**り染めの着物。
(42) **たづな**を引きしめる。
(43) 体内の**コウソ**の働き。
(44) 弱点を**コクフク**《打ち勝つこと》する。
(45) 天国と**ジゴク**。
(46) 他人を**うら**むべきでない。
(47) **ノウコン**に染めた布。
(48) 何か**コンタン**がありそうだ。
(49) 荒れ地を**カイコン**《山野をひらき田畑をつくること》する。
(50) 多額の**フサイ**《借り入れ金》を抱える。

まめ知識

「グウ」のいろいろ

偶…ひとがた、たぐい、たまたまなどの意。
偶像　土偶　配偶者　偶然　偶発　偶数

隅…すみ、かたわらなどの意。
一隅　辺隅　片隅

遇…思いがけなく出会う、もてなすなどの意。
遭遇　奇遇　千載一遇　待遇　優遇

3級

1 次の漢字の部首を（　）に、部首名を〔　〕に書きなさい。

(1) 控（　）〔　〕
(2) 刑（　）〔　〕
(3) 愚（　）〔　〕
(4) 郊（　）〔　〕

2 次の熟語の構成は、後のA～Dのどれにあたるか、記号で答えなさい。

(1) 凝視（　）
(2) 養鶏（　）
(3) 虚実（　）

A 同じような意味の漢字を重ねたもの。（例…進行）
B 反対または対応する意味の漢字を重ねたもの。（例…大小）
C 上の字が下の字の意味を修飾しているもの。（例…緑色）
D 下の字が上の字の目的・対象などを示すもの。（例…登山）

3 次の太字にあてはまる漢字を、後のア～オから一つずつ選び、記号で答えなさい。

(1) 連**ケイ**して事に当たる。（　）
(2) 自作の小説が雑誌に**ケイ**載される。（　）
〈ア 刑　イ 掲　ウ 携　エ 憩　オ 鶏〉

(3) 責められて態度を**コウ**化させる。（　）
(4) 面接試験のために時間を**コウ**束される。（　）
〈ア 拘　イ 郊　ウ 控　エ 慌　オ 硬〉

4 下の□の中のひらがなを漢字に直して書き、対義語を作りなさい。

(1) 凶報↔（　）報
(2) 極楽↔地（　）
(3) 愚者↔（　）者
(4) 必然↔（　）然

ぐう・けん・きっ・ごく

5 次の太字にあてはまる漢字を後から選び、書きなさい。

(1) **ゴ**楽大作（　）
(2) 超絶技**コウ**（　）
(3) 千載一**グウ**（　）
(4) 消化**コウ**素（　）
(5) **ケイ**約解消（　）
(6) 和**コン**洋才（　）

愚・遇・顧・雇・娯・巧・酵・契・魂・紺

6 次の文中の誤字を正しい漢字で書きなさい。

(1) 劣勢の中で弧軍奮闘する。（　）
(2) 石炭を掘るために抗道を進む。（　）
(3) 拝敬、大変ご無沙汰しております。（　）

7 次の――線のところにあてはまる送りがなを書きなさい。

(1) ふきんを**絞**――。（　）
(2) 地位を**脅**――。（　）
(3) 目を**凝**――。（　）
(4) 犯人を**恨**――。（　）

漢字	読み	部首	画数	用例
催	サイ もよおす	イ	13	催促《サイソク》 開催《カイサイ》 催《もよお》し物
削	サク けずる	刂	9	削除《サクジョ》 添削《テンサク》 削《けず》り節
搾	サク しぼる	扌	13	搾取《サクシュ》 圧搾《アッサク》 乳搾《ちちしぼ》り
錯	サク	金	16	錯覚《サッカク》 交錯《コウサク》 試行錯誤《シコウサクゴ》
撮	サツ とる	扌	15	撮影《サツエイ》 特撮《トクサツ》 写真を撮《と》る
擦	サツ する すれる	扌	17	摩擦《マサツ》 擦過《サッカ》 擦《す》り傷
暫	ザン	日	15	暫時《ザンジ》 暫定《ザンテイ》
祉	シ	ネ	8	福祉《フクシ》
施	シ セ ほどこす	方	9	施設《シセツ》 実施《ジッシ》 医療を施《ほどこ》す
諮	シ はかる	言	16	諮問《シモン》 会議に諮《はか》る
侍	ジ さむらい	イ	8	侍従《ジジュウ》 侍女《ジジョ》 給侍《キュウジ》 侍所《さむらいどころ》

漢字	読み	部首	画数	用例
慈	ジ いつくしむ	心	13	慈善《ジゼン》 慈悲《ジヒ》 慈《いつく》しみの心
軸	ジク	車	12	主軸《シュジク》 地軸《チジク》 基軸《キジク》
疾	シツ	疒	10	疾患《シッカン》 疾風《シップウ》 疾病《シッペイ》 疾走《シッソウ》
湿	シツ しめる しめす	氵	12	多湿《タシツ》 湿度《シツド》 お湿《しめ》り
赦	シャ	赤	11	恩赦《オンシャ》 容赦《ヨウシャ》 赦免《シャメン》 大赦《タイシャ》
邪	ジャ	阝	8	邪道《ジャドウ》 邪推《ジャスイ》 邪念《ジャネン》 邪魔《ジャマ》
殊	シュ こと	歹	10	殊勝《シュショウ》 特殊《トクシュ》 殊勲《シュクン》 文殊《モンジュ》
寿	ジュ ことぶき	寸	7	寿命《ジュミョウ》 長寿《チョウジュ》 寿狂言《ことぶきキョウゲン》
潤	ジュン うるおう うるおす うるむ	氵	15	利潤《リジュン》 湿潤《シツジュン》 潤《うる》んだ瞳《ひとみ》
遵	ジュン	辶	15	遵守《ジュンシュ》 遵法《ジュンポウ》
如	ジョ ニョ	女	6	欠如《ケツジョ》 突如《トツジョ》 如実《ニョジツ》 如来《ニョライ》

漢字	読み	部首	画数	用例
徐	ジョ	彳	10	徐行《ジョコウ》 徐徐《ジョジョ》
匠	ショウ	匚	6	師匠《シショウ》 巨匠《キョショウ》 意匠《イショウ》
昇	ショウ のぼる	日	8	昇格《ショウカク》 上昇《ジョウショウ》 昇《のぼ》り竜
掌	ショウ	手	12	掌握《ショウアク》 掌中《ショウチュウ》 車掌《シャショウ》 合掌《ガッショウ》
晶	ショウ	日	12	水晶《スイショウ》 結晶《ケッショウ》
焦	ショウ こげる こがす こがれる あせる	灬	12	焦点《ショウテン》 焦燥《ショウソウ》 黒焦《くろこ》げ
衝	ショウ	行	15	衝突《ショウトツ》 衝撃《ショウゲキ》 折衝《セッショウ》 衝動《ショウドウ》
鐘	ショウ かね	金	20	半鐘《ハンショウ》 警鐘《ケイショウ》 釣《つ》り鐘《がね》
冗	ジョウ	冖	4	冗談《ジョウダン》 冗長《ジョウチョウ》 冗漫《ジョウマン》
嬢	ジョウ	女	16	令嬢《レイジョウ》 お嬢《ジョウ》さま
錠	ジョウ	金	16	手錠《てジョウ》 錠剤《ジョウザイ》 施錠《セジョウ》 錠前《ジョウまえ》
譲	ジョウ ゆずる	言	20	分譲《ブンジョウ》 譲歩《ジョウホ》 親譲《おやゆず》り
嘱	ショク	口	15	委嘱《イショク》 嘱望《ショクボウ》 嘱託《ショクタク》

漢字	読み	部首	画数	用例
辱	ジョク はずかしめる	辰	10	屈辱《クツジョク》 侮辱《ブジョク》 社名を辱《はずかし》める
伸	シン のびる のばす のべる	イ	7	伸縮《シンシュク》 屈伸《クッシン》 背伸《せの》び
辛	シン からい	辛	7	辛苦《シンク》 辛抱《シンボウ》 辛口《からくち》
審	シン	宀	15	審査《シンサ》 審議《シンギ》 審判《シンパン》 結審《ケッシン》
炊	スイ たく	火	8	炊事《スイジ》 炊飯《スイハン》 炊《た》き出し
粋	スイ いき	米	10	抜粋《バッスイ》 純粋《ジュンスイ》 粋人《スイジン》 粋《いき》
衰	スイ おとろえる	衣	10	衰弱《スイジャク》 老衰《ロウスイ》 肉体的衰《ニクタイテキおとろ》え
酔	スイ よう	酉	11	心酔《シンスイ》 麻酔《マスイ》 泥酔《デイスイ》 酔狂《スイキョウ》
遂	スイ とげる	辶	12	遂行《スイコウ》 未遂《ミスイ》 最期《サイゴ》を遂《と》げる
穂	スイ ほ	禾	15	出穂《シュッスイ》 稲穂《いなほ》
随	ズイ	阝	12	随筆《ズイヒツ》 随分《ズイブン》 不随《フズイ》 随一《ズイイチ》
髄	ズイ	骨	19	神髄《シンズイ》 骨髄《コツズイ》 延髄《エンズイ》
瀬	せ	氵	19	浅瀬《あさせ》 川瀬《かわせ》 瀬戸際《せとぎわ》

(1) 五輪の開催地を選ぶ。
(2) 通信添削で学ぶ。（詩歌や文章をなおすこと）
(3) 空気を圧搾する。（おしちぢめること）
(4) 夢と現実が交錯する。（いくつかの物が入り交じること）
(5) 特撮シーンに出演する。
(6) 擦過傷の手当てをする。（すりきず）
(7) 暫定的な処置。（しばらくの間、定めておくこと）
(8) 社会の福祉に役立つ。
(9) 計画どおりに実施する。
(10) 委員会に諮る。
(11) 身の回りの世話をする侍女。
(12) 慈悲の心で人と接する。
(13) 地軸は少し傾いている。
(14) 疾風のごとく駆け抜ける。
(15) コースを疾走する自動車。（はやく走ること）
(16) 雨の日は湿度が高い。
(17) 容赦なく責めたてる。
(18) 友人のしわざと邪推する。（他人の言動に対する誤った推測）
(19) 特殊な設備を整える。
(20) 長寿を祝う。
(21) 温暖湿潤気候に属する。
(22) 遵法の精神で法廷に立つ。（法律に従い、守ること）
(23) 突如として雨が降り出す。
(24) 徐徐に速度を上げる。
(25) 音楽界の巨匠。
(26) 気温が上昇する。
(27) 権力を掌中に収める。（自分の思いどおりにする）
(28) 墓前で合掌する。（手を合わせて拝むこと）
(29) 塩の結晶をつくる。
(30) 焦燥感にかられる。
(31) 強い衝撃を受ける。
(32) 自然破壊に警鐘を鳴らす。（危険を知らせる鐘）
(33) 冗長な文章。（文章や話が必要以上に長いこと）
(34) あの人はお嬢さま育ちだ。
(35) 食後に錠剤を飲む。
(36) ときには譲歩して考える。
(37) 将来を嘱望される人材。（大きな望み、期待をかけること）
(38) 人を侮辱するような態度。
(39) 屈伸運動をする。
(40) 辛抱強く待つ。
(41) 国語審議委員会に出る。（くわしく評議すること）
(42) 新しい炊飯器を買う。
(43) 純粋に芸術を追求する。
(44) 祖父は老衰で亡くなった。（年をとって心身がおとろえること）
(45) 麻酔をかけて歯を抜く。
(46) 犯行は未遂に終わった。
(47) 稲穂を刈り取る。
(48) 今年は雨量が随分多い。
(49) 骨髄バンクに登録する。
(50) 川瀬で魚をすくう。（川の浅くて流れの速いところ）

まめ知識

「喜寿」って何歳のこと?

喜寿…「喜」の草書体「㐂」が七十七に見えることから七十七歳。

米寿…「米」を分解すると、丷（八）・十・八となるので八十八歳。

問 「白寿」は何歳のことですか。

百 − 百 = 白

答 九十九歳

(1) 返事を**サイソク**する。
(2) 学園祭の**もよおし**に出る。
(3) 文章を**サクジョ**する。
(4) 領主に**サクシュ**《しぼりとること》される。
(5) 目の**サッカク**をおこす絵。
(6) 映画を**サツエイ**する。
(7) 貿易**マサツ**を解消する。
(8) **ザンジ**《しばらくの間》、休憩をとります。
(9) **フクシ**社会の実現を目指す。
(10) 公共**シセツ**をつくる。
(11) 医療を**ほどこ**して人を救う。
(12) 大統領の**シモン**《特定機関に意見を求めること》機関。
(13) 国王の**ジジュウ**《君主のそばで仕える人》を務める。
(14) **ジゼン**事業を始める。
(15) チームの**シュジク**選手。
(16) 急性の**シッカン**《やまい》にかかる。
(17) 日本の夏は高温**タシツ**だ。
(18) **オンシャ**《情で罪がゆるされること》により減刑される。
(19) そのやり方は**ジャドウ**だ。
(20) **シュショウ**《けなげ・感心》な心掛けだ。
(21) 平均**ジュミョウ**が伸びる。
(22) **リジュン**を追求する。
(23) 憲法を**ジュンシュ**《法律などをまもること》する。
(24) 社会道徳が**ケツジョ**する。
(25) 雨なので**ジョコウ**《ゆっくり進むこと》運転する。
(26) **シショウ**と弟子。
(27) 部長に**ショウカク**する。
(28) すべてを**ショウアク**する。
(29) **スイショウ**の玉。
(30) **ショウテン**《光が集中するところ》を合わせる。
(31) 車が正面**ショウトツ**する。
(32) **ハンショウ**を鳴らす。
(33) **ジョウダン**を言う。
(34) 伯爵《ハクシャク》**レイジョウ**。
(35) 犯人に**てジョウ**をかける。
(36) 土地を**ブンジョウ**《わけてゆずること》する。
(37) 調査を**イショク**《まかせたのむこと》する。
(38) **クツジョク**を感じる。
(39) **のび**縮みする布地。
(40) **からくち**のカレーを食べる。
(41) 野球の**シンパン**をする。
(42) 今日は**スイジ**当番の日だ。
(43) 好きな言葉を**バッスイ**《要所をぬき出すこと》する。
(44) 体力が**おとろ**える。
(45) 源氏物語に**シンスイ**《夢中になって、ふけること》する。
(46) 任務を**スイコウ**《なしとげること》する。
(47) **シュッスイ**《稲などのほがでること》期を迎えた稲。
(48) 科学者の書いた**ズイヒツ**。
(49) 武道の**シンズイ**《その道の最も大事なことがら》をみる。
(50) **あさせ**で水遊びをする。

まめ知識

除行って何？

「除行すべし」という看板を見たことがあります。これでは何のことかわかりません。正しくは「徐行」です。「徐」の原義は、ゆっくり行くことです。

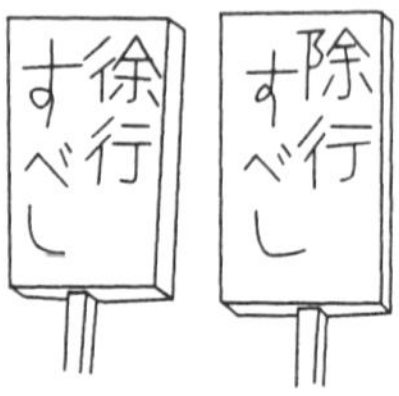

３級

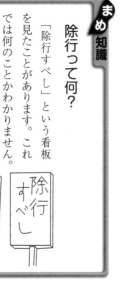

1 次の漢字の部首を下のア～カから選び、記号で答えなさい。

(1) 焦（　　）
(2) 随（　　）
(3) 嘱（　　）
(4) 衝（　　）

ア 彳	イ 行	ウ 灬	エ 口	オ 尸	カ 阝

2 次の熟語の構成は、後のA～Dのどれにあたるか、記号で答えなさい。

A 同じような意味の漢字を重ねたもの。(例…進行)
B 反対または対応する意味の漢字を重ねたもの。(例…大小)
C 下の字が上の字の目的・対象などを示すもの。(例…登山)
D 上の字が下の字の意味を打ち消しているもの。(例…不通)

(1) 未遂（　　）
(2) 上昇（　　）
(3) 撮影（　　）

3 次の文の□に入る適切な漢字を、後のア～エから一つずつ選び、記号で答えなさい。

(1) 内閣の□問機関。
ア 試　イ 諮　ウ 祉　エ 伺（　　）

(2) 交通法規を□守する。
ア 潤　イ 遵　ウ 巡　エ 盾（　　）

(3) □取される立場の労働者。
ア 搾　イ 錯　ウ 削　エ 策（　　）

4 下の□の中のひらがなを漢字に直して書き、類義語を作りなさい。

(1) 特別―特（　　）
(2) 実行―実（　　）
(3) 中心―主（　　）
(4) 長命―長（　　）

し・しゅ
じゅ・じく

5 次の各組の□に共通してあてはまる漢字を後のア～キから選び、記号で答えなさい。

(1) □風　□走　□患（　　）
(2) 車□　□中　□握（　　）
(3) 麻□　□心　泥□（　　）
(4) □動　□撃　□突（　　）
(5) □除　添□　□減（　　）

ア 削	イ 錯	ウ 疾	エ 掌	オ 衝	カ 粋	キ 酔

6 次の文中の誤字を正しい漢字で書きなさい。

(1) 通学路では除行運転をして事故を防ぐ。（　　）
(2) 栄枯盛哀は世のならいだ。（　　）
(3) 武道の神随をきわめようと奮起する。（　　）

7 次の――線のところにあてはまる送りがなを書きなさい。

(1) 席を譲――。（　　）
(2) 背が伸――。（　　）
(3) 胸を焦――。（　　）
(4) 潤――豊か。（　　）

3級 ❹ セイ～チン

漢字	読み	部首	画数	用例
牲	セイ	牛	9	犠牲《ギセイ》
婿	セイ・むこ	女	12	女婿《ジョセイ》　花婿《はなむこ》　婿養子《むこヨウシ》
請	セイ・シン・こう・うける	言	15	請求《セイキュウ》　普請《フシン》　請負業《うけおいギョウ》
斥	セキ	斤	5	斥候《セッコウ》　排斥《ハイセキ》
隻	セキ	隹	10	隻眼《セキガン》　一隻《イッセキ》　片言隻句《ヘンゲンセキク》
惜	セキ・おしい・おしむ	忄	11	惜別《セキベツ》　哀惜《アイセキ》　負け惜《お》しみ
籍	セキ	⺮	20	戸籍《コセキ》　書籍《ショセキ》　本籍《ホンセキ》　漢籍《カンセキ》
摂	セツ	扌	13	摂取《セッシュ》　摂理《セツリ》　摂政《セッショウ》　摂生《セッセイ》
潜	セン・ひそむ・もぐる	氵	15	潜在《センザイ》　潜水《センスイ》　海に潜《もぐ》る
繕	ゼン・つくろう	糸	18	修繕《シュウゼン》　営繕《エイゼン》　繕《つくろ》い物
阻	ソ・はばむ	阝	8	阻止《ソシ》　阻害《ソガイ》　行《ゆ》く手《て》を阻《はば》む

漢字	読み	部首	画数	用例
措	ソ	扌	11	措置《ソチ》　挙措《キョソ》
粗	ソ・あらい	米	11	粗末《ソマツ》　粗野《ソヤ》　粗《あら》い網目
礎	ソ・いしずえ	石	18	礎石《ソセキ》　基礎《キソ》　伝統の礎《いしずえ》
双	ソウ・ふた	又	4	双肩《ソウケン》　双方《ソウホウ》　双子《ふたご》座《ザ》
桑	ソウ・くわ	木	10	桑園《ソウエン》　桑田《ソウデン》　桑畑《くわばたけ》
掃	ソウ・はく	扌	11	清掃《セイソウ》　掃除《ソウジ》　掃《は》き清める
葬	ソウ・ほうむる	⺾	12	葬式《ソウシキ》　埋葬《マイソウ》　葬《ほうむ》り去る
遭	ソウ・あう	辶	14	遭難《ソウナン》　遭遇《ソウグウ》　事故に遭《あ》う
憎	ゾウ・にくむ・にくい・にくらしい・にくしみ	忄	14	憎悪《ゾウオ》　愛憎《アイゾウ》　憎《にく》しみ
促	ソク・うながす	亻	9	促進《ソクシン》　促成《ソクセイ》　相手を促《うなが》す
賊	ゾク	貝	13	盗賊《トウゾク》　賊軍《ゾクグン》　海賊《カイゾク》　賊臣《ゾクシン》

漢字	読み	部首	画数	用例
怠	タイ・おこたる・なまける	心	9	怠惰《タイダ》　怠慢《タイマン》　怠《なま》け癖《ぐせ》
胎	タイ	月（にくづき）	9	胎児《タイジ》　受胎《ジュタイ》　胎動《タイドウ》　胎盤《タイバン》
袋	タイ・ふくろ	衣	11	有袋類《ユウタイルイ》　紙袋《かみぶくろ》
逮	タイ	辶	11	逮捕《タイホ》
滞	タイ・とどこおる	氵	13	滞在《タイザイ》　渋滞《ジュウタイ》　支払《しはらい》が滞《とどこお》る
滝	たき	氵	13	滝《たき》の水　滝川《たきがわ》
択	タク	扌	7	選択《センタク》　採択《サイタク》　二者択一《ニシャタクイツ》
卓	タク	十	8	卓越《タクエツ》　食卓《ショクタク》　卓見《タッケン》　卓球《タッキュウ》
託	タク	言	10	委託《イタク》　信託《シンタク》　結託《ケッタク》　託宣《タクセン》
諾	ダク	言	15	承諾《ショウダク》　快諾《カイダク》　唯唯諾諾《イイダクダク》
奪	ダツ・うばう	大	14	強奪《ゴウダツ》　奪回《ダッカイ》　奪《うば》い合う
胆	タン	月（にくづき）	9	落胆《ラクタン》　豪胆《ゴウタン》　大胆不敵《ダイタンフテキ》
鍛	タン・きたえる	金	17	鍛練《タンレン》　鍛金《タンキン》　体を鍛《きた》える

漢字	読み	部首	画数	用例
壇	ダン・タン	土	16	花壇《カダン》　文壇《ブンダン》　独壇場《ドクダンジョウ》
稚	チ	禾	13	幼稚《ヨウチ》　稚拙《チセツ》　稚魚《チギョ》　稚児《チゴ》
畜	チク	田	10	牧畜《ボクチク》　家畜《カチク》　畜産《チクサン》　畜生《チクショウ》
窒	チツ	穴	11	窒素《チッソ》　窒息《チッソク》
抽	チュウ	扌	8	抽象《チュウショウ》　抽選《チュウセン》　抽出《チュウシュツ》
鋳	チュウ・いる	金	15	鋳造《チュウゾウ》　改鋳《カイチュウ》　鋳型《いがた》　鋳物《いもの》
駐	チュウ	馬	15	駐車《チュウシャ》　駐留《チュウリュウ》　駐在《チュウザイ》　進駐《シンチュウ》
彫	チョウ・ほる	彡	11	彫刻《チョウコク》　彫像《チョウゾウ》　木彫《きぼ》り
超	チョウ・こえる・こす	走	12	超越《チョウエツ》　超過《チョウカ》　時を超《こ》える
聴	チョウ・きく	耳	17	視聴《シチョウ》　傍聴《ボウチョウ》　講話を聴《き》く
陳	チン	阝	11	陳述《チンジュツ》　陳列《チンレツ》　陳情《チンジョウ》　陳腐《チンプ》
鎮	チン・しずめる・しずまる	金	18	鎮静《チンセイ》　鎮魂《チンコン》　紛争を鎮《しず》める

(1) 家族を犠牲にする。
(2) タキシードを着た花婿。
(3) 安普請の家。
(4) 全体主義を排斥する。 おしのけること
(5) 船が一隻出港する。
(6) 哀惜の念がこみ上げる。 人の死を悲しみ惜しむこと
(7) 海外の書籍を買う。
(8) 自然の摂理にかなう。 すべてを善に導く神の意志
(9) 摂生して旅行に備える。 からだを大切にすること
(10) 潜水泳法を教わる。
(11) 市庁舎を営繕する。 建物の造営や修繕
(12) 発育を阻害する物質。 じゃまする
(13) 落ちついた挙措の人。 たちいふるまい
(14) 粗野だが正直な男。
(15) 基礎的な問題を解く。
(16) 双方の主張を聞く。
(17) 桑田を歩く。
(18) 今週は掃除当番だ。
(19) 古墳に埋葬された人物。

(20) 仲間と遭遇する。 不意に出くわすこと
(21) 愛憎に満ちた物語。
(22) 促成栽培を試みる。 人手を加えて成長を早めること
(23) 勝てば官軍負ければ賊軍。 反逆者、特に朝敵の軍勢
(24) 怠慢な態度を注意する。
(25) 聖母マリアへの受胎告知。 みごもること
(26) 紙袋に入れて持ち歩く。
(27) 真犯人を逮捕する。
(28) 交通渋滞に巻き込まれる。 はかどらないこと
(29) 美しい滝川の流れ。
(30) 提案を採択する。
(31) 家族で食卓を囲む。
(32) 卓球大会に出場する。
(33) 財産を信託銀行に預ける。 他人に財産の管理・処分をさせること
(34) 監督就任を快諾する。
(35) 陣地を奪回する。
(36) 彼は豪胆な人物だ。
(37) すばらしい鍛金技術。
(38) 文壇にデビューする。 文学者、文筆家の社会

(39) 稚拙な表現の文章。 子どもっぽくてつたないこと
(40) 家畜にえさをやる。
(41) 窒息しそうな雰囲気。
(42) 宝くじの抽選会。
(43) 銀貨を改鋳する。 鋳造しなおす
(44) 占領軍が駐留する。
(45) 彫刻を施す職人。
(46) 超然とした生活態度。
(47) 債務超過になる。
(48) 国会の傍聴席に座る。
(49) 品物を陳列する。
(50) 鎮魂歌をよむ歌人。

まめ知識

土壇場と正念場

土壇場《どたんば》

正念場《しょうねんば》

江戸時代の打首刑場に設けられた盛土台のこと。転じて物事が決する最後の瞬間の意。歌舞伎《かぶき》の見せ場である「性根《しょうね》場《ば》」のこと。転じてここぞという大事な場面の意。

(1) 事故の**ギセイ**となる。
(2) **むこヨウシ**に入る。
(3) 資料を**セイキュウ**する。
(4) **セッコウ**を差し向ける。 敵の様子をさぐる者
(5) **ヘンゲンセック**を述べる。 ちょっとした短いことば
(6) **セキベツ**の涙を流す。
(7) **コセキ**抄本を取り寄せる。
(8) 栄養を**セッシュ**する。
(9) **センザイ**能力を発揮する。 内にひそんでいること
(10) 屋根を**シュウゼン**する。
(11) 暴力を**ソシ**する。 くいとめる
(12) 臨機応変の**ソチ**をとる。 とりあつかい・処分
(13) 物を**ソマツ**にしない。
(14) 編み目の**あらい**セーター。
(15) 伝統の**いしずえ**を築く。
(16) **ふたごザ**の一等星。
(17) **くわばたけ**の多い地域。
(18) **セイソウ**車でゴミを集める。
(19) **ソウシキ**に参列する。
(20) 冬山で**ソウナン**する。
(21) **ゾウオ**に満ちた表情。
(22) 計画を**ソクシン**する。 うながしすすめること
(23) **トウゾク**に襲われる。
(24) **なまけ**癖がついてしまう。
(25) **タイジ**が順調に育つ。 おなかの中にいる子
(26) コアラは**ユウタイルイ**だ。 雌に育児のためのふくろがある動物
(27) 容疑者を**タイホ**する。
(28) ホテルに**タイザイ**する。
(29) **たき**の水に打たれる。
(30) **センタク**の余地がない。
(31) **タクエツ**した才能の持ち主。 他よりはるかにすぐれていること
(32) 支社に販売を**イタク**する。 他人に頼んでやってもらうこと
(33) 親の**ショウダク**を得る。
(34) 金品を**うば**われる。
(35) 失敗して**ラクタン**する。 力をおとすこと
(36) 心身ともに**タンレン**する。 きたえること
(37) **カダン**の手入れをする。
(38) 妹は**ヨウチ**園に通っている。
(39) 北海道は**ボクチク**が盛んだ。
(40) **チッソ**化合物をつくる。
(41) **チュウショウ**画を描く。
(42) 金貨を**チュウゾウ**する。
(43) **いがた**に金属を流し込む。 とかした金属を流し込むかた
(44) **チュウシャ**場を探す。
(45) **きぼり**の熊《くま》を机に飾る。
(46) 大理石で**チョウゾウ**をつくる。
(47) 世俗を**チョウエツ**する。 はるかにこえること
(48) **シチョウ**者参加番組。 見ることと聞くこと
(49) 冒頭**チンジュツ**を聞く。 意見・考えを口頭でのべること
(50) **チンセイ**剤を注射する。

まめ知識

奪と奮

奪

手（寸）と隺（鳥がはばたいて飛び立つ意）の合字。手から鳥がにげだす意から転じて、うばう意。

奮

田と隺との合字。鳥が田畑から飛び上がる意から転じて、ふるいたつ意。

1 次の漢字の部首を（　）に、部首名を〔　〕に書きなさい。

(1) **稚**（　　）〔　　〕
(2) **壇**（　　）〔　　〕
(3) **賊**（　　）〔　　〕
(4) **彫**（　　）〔　　〕

2 次の熟語の構成は、後のA～Dのどれにあたるか、記号で答えなさい。

(1) **幼稚**（　　）
(2) **遭難**（　　）
(3) **傍聴**（　　）

A 同じような意味の漢字を重ねたもの。(例)…進行
B 反対または対応する意味の漢字を重ねたもの。(例)…大小
C 上の字が下の字の意味を修飾しているもの。(例)…緑色
D 下の字が上の字の目的・対象などを示すもの。(例)…登山

3 次の太字にあてはまる漢字を、後のア～オから一つずつ選び、記号で答えなさい。

(1) 消費税の値上げを**ソ**止する。（　　）
(2) 抽選にはずれて**ソ**品をもらう。（　　）
〈ア 礎　イ 粗　ウ 措　エ 阻　オ 祖〉

(3) 時代を**チョウ**越して読まれる名作。（　　）
(4) 視**チョウ**率が高いドラマ。（　　）
〈ア 彫　イ 聴　ウ 長　エ 徴　オ 超〉

4 下の□の中のひらがなを漢字に直して書き、対義語を作りなさい。

(1) 花嫁↔（　　）花
(2) 勤勉↔（　　）慢
(3) 具象↔（　　）象
(4) 出火↔（　　）火

ちゅう・ちん・むこ・たい

5 次の太字にあてはまる漢字を後から選び、書きなさい。

(1) 二者**タク**一（　　）
(2) 片言**セキ**語（　　）
(3) 首位**ダッ**回（　　）
(4) 戸**セキ**抄本（　　）
(5) 冒頭**チン**述（　　）
(6) **セン**在意識（　　）

請・隻・惜・籍・潜・択・卓・奪・陳・珍

6 次の文中の誤字を正しい漢字で書きなさい。

(1) 速成栽培の野菜を出荷する。（　　）
(2) 大旦不敵な笑みを浮かべる。（　　）
(3) 休憩時間を若干犠牲にする。（　　）

7 次の――線のところにあてはまる送りがなを書きなさい。

(1) 体を**鍛**――。（　　）
(2) 仕事が**滞**――。（　　）
(3) 着物を**繕**――。（　　）
(4) 庭を**掃**――。（　　）

3級 ツイ～ホウ 5

漢字	読み	部首	画数	用例
墜	ツイ	土	15	墜落《ツイラク》 失墜《シッツイ》 撃墜《ゲキツイ》
帝	テイ	巾	9	帝国《テイコク》 帝政《テイセイ》 皇帝《コウテイ》 帝都《テイト》
訂	テイ	言	9	訂正《テイセイ》 改訂《カイテイ》
締	テイ しまる しめる	糸	15	締結《テイケツ》 締約《テイヤク》 戸締《じ》まり
哲	テツ	口	10	哲学《テツガク》 先哲《センテツ》 哲人《テツジン》
斗	ト	斗	4	北斗《ホクト》 一斗《イット》 斗酒《トシュ》
塗	ト ぬる	土	13	塗料《トリョウ》 塗装《トソウ》 塗《ぬ》り絵
凍	トウ こおる こごえる	冫	10	凍結《トウケツ》 冷凍《レイトウ》 凍《こご》え死に
陶	トウ	阝	11	陶芸《トウゲイ》 陶酔《トウスイ》 陶磁器《トウジキ》
痘	トウ	疒	12	種痘《シュトウ》 水痘《スイトウ》 天然痘《テンネントウ》
匿	トク	匚（かくしがまえ）	10	匿名《トクメイ》 隠匿《イントク》

漢字	読み	部首	画数	用例
篤	トク	⺮	16	篤志《トクシ》 危篤《キトク》 篤実《トクジツ》
豚	トン ぶた	豕	11	養豚《ヨウトン》 豚児《トンジ》 豚肉《ぶたニク》 焼豚《やきぶた》
尿	ニョウ	尸	7	尿意《ニョウイ》 利尿《リニョウ》 夜尿《ヤニョウ》 検尿《ケンニョウ》
粘	ネン ねばる	米	11	粘土《ネンド》 粘着《ネンチャク》 粘《ねば》り強い
婆	バ	女	11	産婆《サンバ》 老婆《ロウバ》
排	ハイ	扌	11	排除《ハイジョ》 排気《ハイキ》 排他《ハイタ》 排斥《ハイセキ》
陪	バイ	阝	11	陪審《バイシン》 陪席《バイセキ》 陪臣《バイシン》
縛	バク しばる	糸	16	束縛《ソクバク》 捕縛《ホバク》 金縛《かなしば》り
伐	バツ	亻	6	伐採《バッサイ》 殺伐《サツバツ》 征伐《セイバツ》
帆	ハン ほ	巾	6	帆船《ハンセン》 出帆《シュッパン》 帆柱《ほばしら》
伴	ハン バン ともなう	亻	7	同伴《ドウハン》 伴奏《バンソウ》 子を伴《ともな》う

漢字	読み	部首	画数	用例
畔	ハン	田	10	湖畔《コハン》 河畔《カハン》
藩	ハン	艹	18	藩主《ハンシュ》 幕藩《バクハン》 藩邸《ハンテイ》 親藩《シンパン》
蛮	バン	虫	12	野蛮《ヤバン》 蛮行《バンコウ》 蛮勇《バンユウ》 南蛮《ナンバン》
卑	ヒ いやしい いやしむ いやしめる	十	9	卑下《ヒゲ》 卑屈《ヒクツ》 卑《いや》しい考え
碑	ヒ	石	14	石碑《セキヒ》 墓碑《ボヒ》 記念碑《キネンヒ》
泌	ヒツ ヒ	氵	8	分泌《ブンピツ(ブンピ)》 泌尿《ヒニョウ》
姫	ひめ	女	10	姫君《ひめぎみ》 姫宮《ひめみや》 歌姫《うたひめ》 乙姫《おとひめ》
漂	ヒョウ ただよう	氵	14	漂流《ヒョウリュウ》 漂泊《ヒョウハク》 漂《ただよ》う雰囲気
苗	ビョウ なえ なわ	艹	8	種苗《シュビョウ》 早苗《さなえ》 苗代《なわしろ》
赴	フ おもむく	走	9	赴任《フニン》 任地に赴《おもむ》く
符	フ	⺮	11	符号《フゴウ》 音符《オンプ》 切符《きっプ》
封	フウ ホウ	寸	9	封印《フウイン》 封書《フウショ》 封建《ホウケン》 素封《ソホウ》
伏	フク ふせる ふす	亻	6	起伏《キフク》 降伏《コウフク》 待ち伏《ぶ》せ

漢字	読み	部首	画数	用例
覆	フク おおう くつがえす くつがえる	襾	18	覆面《フクメン》 転覆《テンプク》 結論を覆《くつがえ》す
紛	フン まぎれる まぎらす まぎらわす まぎらわしい	糸	10	紛争《フンソウ》 紛失《フンシツ》 苦し紛《まぎ》れ 紛《まぎ》れもない 気が紛《まぎ》れる
墳	フン	土	15	古墳《コフン》 墳墓《フンボ》
癖	ヘキ くせ	疒	18	悪癖《アクヘキ》 潔癖《ケッペキ》 口癖《くちぐせ》
募	ボ つのる	力	12	募集《ボシュウ》 応募《オウボ》 寄付を募《つの》る
慕	ボ したう	小	14	慕情《ボジョウ》 思慕《シボ》 故国を慕《した》う
簿	ボ	⺮	19	名簿《メイボ》 簿記《ボキ》 帳簿《チョウボ》
芳	ホウ かんばしい	艹	7	芳香《ホウコウ》 芳名《ホウメイ》 芳《かんば》しい香り
邦	ホウ	阝	7	邦人《ホウジン》 本邦《ホンポウ》 邦楽《ホウガク》 異邦《イホウ》
奉	ホウ ブ たてまつる	大	8	奉仕《ホウシ》 奉行《ブギョウ》 供物《クモツ》を奉《たてまつ》る
胞	ホウ	月（にくづき）	9	細胞《サイボウ》 同胞《ドウホウ》 胞子《ホウシ》
倣	ホウ ならう	亻	10	模倣《モホウ》 見倣《なら》う

3級

(1) 社会的信用を**失墜**する。 権威や信用などを失うこと
(2) **帝政**ロシアの時代。
(3) 教科書の**改訂**版。
(4) **締約**の手続きが終了した。 約束・条約を結ぶこと
(5) **先哲**の教え。 昔のすぐれた思想家、賢人
(6) **一斗**缶でサラダ油を買う。
(7) 壁を**塗装**する。
(8) 肉を**冷凍**して保存する。
(9) 彼は音楽に**陶酔**している。
(10) 弟が**水痘**にかかる。 水ぼうそう
(11) 犯人の**隠匿**は罪になる。
(12) 祖父が**危篤**になる。 病気が重くて死にそうなこと
(13) **焼豚**をラーメンにのせる。
(14) お茶には**利尿**効果がある。
(15) **粘着**力の強いのり。
(16) **老婆**の手を引く。
(17) **排気**ガスで木が枯れる。
(18) 大使と**陪席**する。 身分の高い人と同席すること
(19) 逃げたサルを**捕縛**する。
(20) **殺伐**とした風景。 あらあらしい様子
(21) 客船が**出帆**する。
(22) 合唱の**伴奏**をする。
(23) **河畔**のホテルに宿泊する。
(24) **幕藩**体制を廃止する。
(25) **南蛮**渡来の文化。
(26) **卑屈**な態度を改める。
(27) 故人をしのび**墓碑**を建てる。
(28) **泌尿**器系の病気になる。 尿の分泌・排泄に関する臓器の称
(29) 竜宮城の**乙姫**様。
(30) **漂泊**の旅に出る。 各地をさまよい歩くこと・流浪
(31) **早苗**を植える。 田植えどきの若い稲の苗
(32) 新しい任地に**赴**く。
(33) **音符**に従って演奏する。
(34) **封書**を開く。
(35) 彼の実家は**素封**家だ。 財産家
(36) **降伏**宣言をする。
(37) ボートが**転覆**する。
(38) かぎを**紛失**する。
(39) **紛**れもなく私のものだ。
(40) **墳墓**の地へ帰る。 先祖代代の墓のある所・故郷
(41) 姉は**潔癖**性だ。
(42) コンクールに**応募**する。
(43) 母への**思慕**がつのる。
(44) **簿記**検定に合格する。
(45) **芳名**帳に記名する。
(46) **本邦**初公開の絵画。 わが国
(47) **異邦**人と知り合う。 外国
(48) **奉行**所に訴える。
(49) **同胞**の待つ祖国へ帰る。 同じ国民
(50) 親方の技を見**倣**う。 見て、まねをすること

まめ知識

「ハイスイ」のいろいろ

配水…水をくばること。 **水道の配水管**
排水…水を外へ押し出すこと。 **排水溝**
廃水…使用して捨てられたきたない水。 **工場廃水**

(1) 飛行機が**ツイラク**する。
(2) ロー マ**テイコク**の滅亡。
(3) 文字の誤りを**テイセイ**する。
(4) 平和条約を**テイケツ**する。 むすぶこと
(5) インド**テツガク**を学ぶ。
(6) **ホクト**七星が輝く。
(7) 水性**トリョウ**を使用する。
(8) 路面が**トウケツ**する。 こおりつくこと
(9) **トウゲイ**教室に通う。
(10) **テンネントウ**の予防接種。
(11) **トクメイ**を希望する。 自分のなまえを隠すこと
(12) 彼は町の**トクシ**家だ。 社会事業等に熱心な人
(13) **ヨウトン**場で働く。
(14) **ニョウイ**をもよおす。
(15) **ネンド**で人形をつくる。
(16) **ロウバシン**から忠告する。 必要以上の親切心
(17) むだを**ハイジョ**する。
(18) **バイシン**員に選ばれる。 裁判に一般人が参加すること
(19) 時間に**ソクバク**される。 しばること
(20) 山林を**バッサイ**する。 立ち木を切ること
(21) **ハンセン**の模型を作る。 ほかけぶね
(22) 夫婦**ドウハン**で出席する。
(23) 美しい**コハン**を散歩する。
(24) 加賀百万石の**ハンシュ**。
(25) **ヤバン**な行動は慎む。
(26) 自分を**ヒゲ**する。 己を低くし、いやしめること
(27) **いや**しい考えを正す。
(28) 創立を記念する**セキヒ**。
(29) 胃液が**ブンピツ**される。
(30) 美しい**ひめぎみ**。
(31) 波にまかせて**ただよ**う。
(32) 園芸店で**シュビョウ**を買う。 たねとなえ
(33) 勤務地へ単身**フニン**する。 任務を行う土地に行くこと
(34) **きっぷ**を買って入場する。
(35) **フウイン**された手紙。 閉じ目にしるしを押すこと
(36) **キフク**のある山道。
(37) **フクメン**姿の怪盗。
(38) **フンソウ**の解決に努める。
(39) 苦し**まぎ**れの言い訳。
(40) **コフン**の発掘調査をする。
(41) 母の**くちぐせ**をまねる。
(42) 参加者を**ボシュウ**する。
(43) 恩師を**した**う。
(44) 卒業生の**メイボ**が届く。
(45) **ホウコウ**剤を買う。 よいかおり
(46) **かんば**しいにおいだ。
(47) 彼は有名な**ホウガク**家だ。 日本固有の音がく
(48) 無料で**ホウシ**する。
(49) 玉ねぎの**サイボウ**分裂。
(50) 他人の作品を**モホウ**する。 まねをすること

まめ知識

ことわざ似たもの同士

紺屋《こんや》の白袴《しろばかま》
医者の不養生
｝他人のことにはよく気がつくが自分のことはおろそかにしがちなこと。

月とすっぽん
ちょうちんに釣《つ》り鐘
｝比べものにならないほど違っていること。

猫に小判
豚《ぶた》に真珠《しんじゅ》
｝価値のわからないものには、何の役にも立たないこと。

1 次の漢字の部首を後のア～カから選び、記号で答えなさい。

(1) 塗（　　）　(2) 封（　　）　(3) 簿（　　）

ア 圭　イ 土　ウ 寸　エ 氵　オ 余　カ ⺮

2 次の各組の□に共通してあてはまる漢字を後のア～キから選び、記号で答えなさい。

(1) □書・□印・□建（　　）

(2) □落・失□・撃□（　　）

(3) □屈・□下・□劣（　　）

(4) □集・□金・応□（　　）

(5) 本□・異□・□楽（　　）

ア 墜　イ 碑　ウ 募　エ 封　オ 邦　カ 追　キ 卑

3 次の文の□に入る適切な漢字を、後のア～エから一つずつ選び、記号で答えなさい。

(1) 各地で古□が発見される。
ア 噴　イ 憤　ウ 奮　エ 墳（　　）

(2) 温厚□実な人柄。
ア 篤　イ 匿　ウ 督　エ 徳（　　）

(3) 湖□にたたずむ。
ア 判　イ 伴　ウ 畔　エ 帆（　　）

4 次の各組の熟語の中から、熟語の構成が他の三つと異なっているものを選び、記号で答えなさい。

(1) ア 帆船　イ 石碑　ウ 芳香　エ 赴任（　　）

(2) ア 起伏　イ 思慕　ウ 漂流　エ 排斥（　　）

(3) ア 締約　イ 粘土　ウ 覆面　エ 応募（　　）

5 次の熟語の対義語を、A群とB群の漢字を組み合わせて作りなさい。

(1) 解放↔（　　）　(2) 文明↔（　　）

(3) 吸気↔（　　）　(4) 創造↔（　　）

A群　模・排・自・束・野

B群　気・倣・蛮・壊・縛

6 次の文中の誤字を正しい漢字で書きなさい。

(1) 標泊の旅の途上で病の床にふせる。（　　）

(2) 国際的な粉争の巻き添えになる。（　　）

(3) かれは潔壁で正義感の強い男だ。（　　）

7 次の――線のところにあてはまる送りがなを書きなさい。

(1) 戸を**締**――。（　　）　(3) 目を**伏**――。（　　）

(2) 任地に**赴**――。（　　）　(4) 危険が**伴**――。（　　）

3級 6 ホウ〜ワン

漢字	読み	部首・画数	用例
崩	ホウ くずれる くずす	山 11	崩壊《ホウカイ》 崩御《ホウギョ》 山崩《くず》れ
飽	ホウ あきる あかす	食 13	飽食《ホウショク》 飽和《ホウワ》 食べ飽《あ》きる
縫	ホウ ぬう	糸 16	裁縫《サイホウ》 縫合《ホウゴウ》 縫《ぬ》い目
乏	ボウ とぼしい	ノ 4	欠乏《ケツボウ》 窮乏《キュウボウ》 乏《とぼ》しい経験
妨	ボウ さまたげる	女 7	妨害《ボウガイ》 勉強の妨《さまた》げ
房	ボウ ふさ	戸 8	冷房《レイボウ》 官房《カンボウ》 乳房《ちぶさ》 一房《ひとふさ》
某	ボウ	木 9	某所《ボウショ》 某国《ボウコク》 某氏《ボウシ》
膨	ボウ ふくらむ ふくれる	月（にくづき） 16	膨大《ボウダイ》 膨《ふく》らむ夢
謀	ボウ ム はかる	言 16	陰謀《インボウ》 謀反《ムホン》 謀《はか》りごと
墨	ボク すみ	土 14	墨汁《ボクジュウ》 水墨《スイボク》 墨絵《すみエ》
没	ボツ	氵 7	没収《ボッシュウ》 没頭《ボットウ》 日没《ニチボツ》 埋没《マイボツ》

漢字	読み	部首・画数	用例
翻	ホン ひるがえる ひるがえす	羽 18	翻訳《ホンヤク》 翻意《ホンイ》 旗《はた》が翻《ひるがえ》る
魔	マ	鬼 21	悪魔《アクマ》 邪魔《ジャマ》 魔法《マホウ》 魔力《マリョク》
埋	マイ うめる うまる うもれる	土 10	埋葬《マイソウ》 埋蔵《マイゾウ》 埋《う》め立て地
膜	マク	月（にくづき） 14	鼓膜《コマク》 角膜《カクマク》 粘膜《ネンマク》 網膜《モウマク》
又	また	又 2	又《また》は 又貸《またが》し
魅	ミ	鬼 15	魅力《ミリョク》 魅惑《ミワク》 魅了《ミリョウ》
滅	メツ ほろびる ほろぼす	氵 13	点滅《テンメツ》 幻滅《ゲンメツ》 罪滅《つみほろ》ぼし
免	メン まぬかれる	儿 8	免許《メンキョ》 免除《メンジョ》 難を免《まぬか(が)》れる
幽	ユウ	幺 9	幽霊《ユウレイ》 幽玄《ユウゲン》
誘	ユウ さそう	言 14	誘惑《ユウワク》 勧誘《カンユウ》 誘《さそ》い水
憂	ユウ うれえる うれい うい	心 15	憂慮《ユウリョ》 憂愁《ユウシュウ》 憂《う》き目

漢字	読み	部首・画数	用例
揚	ヨウ あげる あがる	扌 12	抑揚《ヨクヨウ》 発揚《ハツヨウ》 揚《あ》げ物
揺	ヨウ ゆれる ゆる ゆらぐ ゆるぐ ゆする ゆさぶる ゆすぶる	扌 12	動揺《ドウヨウ》 揺《ゆ》りかご 揺《ゆ》り起こす 貧乏揺《ビンボウゆ》すり
擁	ヨウ	扌 16	抱擁《ホウヨウ》 擁護《ヨウゴ》 擁立《ヨウリツ》
抑	ヨク おさえる	扌 7	抑圧《ヨクアツ》 抑制《ヨクセイ》 感情を抑《おさ》える
裸	ラ はだか	衤 13	裸身《ラシン》 裸体《ラタイ》 丸裸《まるはだか》
濫	ラン	氵 18	濫用《ランヨウ》 濫費《ランピ》
吏	リ	口 6	官吏《カンリ》 能吏《ノウリ》 吏員《リイン》
隆	リュウ	阝 11	隆起《リュウキ》 興隆《コウリュウ》 隆盛《リュウセイ》
了	リョウ	亅 2	終了《シュウリョウ》 了解《リョウカイ》 了承《リョウショウ》
猟	リョウ	犭 11	猟師《リョウシ》 禁猟《キンリョウ》 密猟《ミツリョウ》 猟犬《リョウケン》
陵	リョウ みささぎ	阝 11	陵墓《リョウボ》 御陵《ゴリョウ》 丘陵《キュウリョウ》
糧	リョウ ロウ かて	米 18	食糧《ショクリョウ》 兵糧《ヒョウロウ》 心の糧《かて》

漢字	読み	部首・画数	用例
厘	リン	厂 9	一厘《イチリン》 厘毛《リンモウ》
励	レイ はげむ はげます	力 7	励行《レイコウ》 激励《ゲキレイ》 勉強に励《はげ》む
零	レイ	雨 13	零細《レイサイ》 零落《レイラク》 零下《レイカ》
霊	レイ リョウ たま	雨 15	霊験《レイゲン(ケン)》 悪霊《アクリョウ》 御霊《みたま》
裂	レツ さく さける	衣 12	決裂《ケツレツ》 分裂《ブンレツ》 裂《さ》け目《め》
廉	レン	广 13	廉価《レンカ》 清廉《セイレン》 破廉恥《ハレンチ》
錬	レン	金 16	錬磨《レンマ》 錬成《レンセイ》 精錬《セイレン》
炉	ロ	火 8	暖炉《ダンロ》 香炉《コウロ》 原子炉《ゲンシロ》
浪	ロウ	氵 10	浪費《ロウヒ》 波浪《ハロウ》 浪人《ロウニン》 放浪《ホウロウ》
廊	ロウ	广 12	廊下《ロウカ》 画廊《ガロウ》
楼	ロウ	木 13	鐘楼《ショウロウ》 楼閣《ロウカク》 楼門《ロウモン》
漏	ロウ もる もれる もらす	氵 14	漏電《ロウデン》 遺漏《イロウ》 雨漏《あまも》り
湾	ワン	氵 12	湾内《ワンナイ》 湾曲《ワンキョク》 港湾《コウワン》

(1) 天皇が**崩御**する。
(2) **飽和**状態に達する。
(3) 傷口を**縫合**する。
(4) **窮乏**生活を送る。（貧乏に苦しむこと）
(5) 勉強の**妨**げとなる雑音。
(6) 内閣**官房**長官。
(7) **一房**のぶどうを食べる。
(8) **某**国と取り引きする。（ある特定の国・国名をぼかしている）
(9) 夢が**膨**らむ。
(10) **謀反**を起こす。
(11) **水墨**画を床の間にかける。
(12) ゲームに**没頭**する。
(13) 部下に**翻意**を促す。（決意をひるがえすこと）
(14) 他人の**邪魔**をするな。
(15) 天然ガスの**埋蔵**量。
(16) **角膜**を手術する。
(17) 借りた本を**又貸**しする。
(18) **魅惑**的な女性。
(19) **幻滅**の悲哀を感じる。（空想がさめて現実にかえること）
(20) 学費が**免除**される。
(21) **幽玄**な美の世界。（趣深く計り切れぬ様子・余情）
(22) 新入部員を**勧誘**する。
(23) **憂愁**をたたえたまなざし。
(24) 国民精神の**発揚**。（ふるいおこすこと）
(25) **揺**りかごで眠る赤ん坊。
(26) 人権を**擁護**する。（かばいまもること）
(27) 発育を**抑制**する。
(28) **裸体**像を彫刻する。
(29) **濫費**を控える。（むだづかい）
(30) **能吏**を養成する。（有能な役人）
(31) 新たな文化が**興隆**する。
(32) 上司の**了解**を得る。
(33) **禁猟**区で鹿を見つける。
(34) **猟犬**を連れて狩りをする。
(35) 歴代天皇の**御陵**。（天皇、皇后等の墓）
(36) 敵を**兵糧**攻めにする。（兵士たちの食糧）
(37) **厘毛**の差で敗れた。（きわめて少ない）
(38) 受験生を**激励**する。
(39) **零落**した貴族。（おちぶれること）
(40) **悪霊**を退治する。
(41) 細胞**分裂**を観察する。
(42) **清廉**潔白な人物。
(43) **錬成**してできた金属。（ねりきたえあげること）
(44) **香炉**で香をたく。（香をたくための炉）
(45) 強風**波浪**注意報。
(46) **放浪**の旅に出る。
(47) **画廊**で個展を開く。
(48) 砂上の**楼閣**に過ぎない。（高層の建物）
(49) **遺漏**のないよう準備する。（もれおちること・手ぬかり）
(50) 乾いた木材が**湾曲**する。

まめ知識

一□一□

右の□に漢字をあてはめてできる四字熟語には次のようなものがあります。
一期一会《いちごいちえ》　一喜一憂《いっきいちゆう》　一進一退《いっしんいったい》　一朝一夕《いっちょういっせき》
一長一短　など

問 次の□に漢字をあてはめて、四字熟語を作ってみよう。　千□万□

答 千客万来・千軍万馬・千差万別・千変万化

(1) 遺跡が**ホウカイ**する。
(2) 同じ料理に食べ**あ**きる。
(3) **サイホウ**が得意だ。
(4) カルシウムが**ケツボウ**する。
(5) 守備を**ボウガイ**する。
(6) 暑いので**レイボウ**を入れる。
(7) **ボウショ**に居を構える。（あるところ）
(8) **ボウダイ**な資料を読む。
(9) **インボウ**が発覚する。
(10) **すみエ**のような風景。（すみだけで描いたえ）
(11) 財産を**ボッシュウ**される。
(12) 英文を**ホンヤク**する。（ある国の語を他国語に直すこと）
(13) 校旗が風で**ひるがえ**る。（ひらひらする）
(14) **マホウ**のような手品。
(15) **うめ**立て地に公園をつくる。
(16) 鼻の**ネンマク**に傷がつく。
(17) Aか、**また**はBが正しい。
(18) 彼女は**ミリョク**的だ。
(19) ライトを**テンメツ**させる。（つけたり消したりすること）

(20) 自動車の**メンキョ**をとる。
(21) **ユウレイ**の話をする。
(22) **ユウワク**に打ち勝つ。
(23) 事態を**ユウリョ**する。（心配）
(24) **ヨクヨウ**をつけて読む。（調子を上げたり下げたりすること）
(25) **あげ**物料理が好きだ。
(26) **ドウヨウ**を隠せない様子。（ゆれうごくこと）
(27) 母をやさしく**ホウヨウ**する。（人をだきしめること）
(28) 感情を**ヨクアツ**する。（おさえつける）
(29) 火事で山が**まるはだか**だ。
(30) 職権**ランヨウ**をつつしむ。（みだりやたらともちいること）
(31) **カンリ**登用制度。（役人）
(32) 土地が**リュウキ**する。（高くもりあがる）
(33) 試合が**シュウリョウ**する。
(34) **リョウシ**が鉄砲を構える。
(35) **キュウリョウ**地帯を歩く。
(36) **ショクリョウ**を確保する。
(37) 一**リン**は一銭の十分の一だ。
(38) 毎日漢字練習に**はげ**む。

(39) 気温が**レイカ**までさがる。
(40) **レイゲン**あらたかな神社。（祈願に対し現れる不思議な力）
(41) 話し合いは**ケツレツ**した。
(42) 地震で地面が**さ**ける。
(43) 商品を**レンカ**で売る。（やすいねだん）
(44) 百戦**レン**磨《ま》のスポーツ選手。（何度も戦って鍛えられること）
(45) **ダンロ**のそばに集まる。
(46) 時間を**ロウヒ**する。
(47) **ロウカ**を走らない。
(48) 寺の大きな**ショウロウ**。（かねつき堂）
(49) 雨**も**りがする小屋。
(50) 東京**ワンナイ**で生息する魚。

まめ知識

「火」って何の字？

漢字の母国、中国では、大胆な漢字の簡略化が試みられています。「火」は「滅」の中だけを残したものです。

問 次の字のもとの形を考えてみましょう。

① 业　② 阶　③ 风　④ 义

答 ①業 ②階 ③風 ④義

3級

1 次の漢字の部首を（ ）に、部首名を〔 〕に書きなさい。

(1) 励（ ）〔 〕
(2) 廊（ ）〔 〕
(3) 膜（ ）〔 〕
(4) 濫（ ）〔 〕

2 次の各組の熟語の中から、熟語の構成が他の三つと異なっているものを選び、記号で答えなさい。

(1) ア 点滅 イ 崩壊 ウ 湾曲 エ 波浪（ ）
(2) ア 暖炉 イ 裸体 ウ 魔力 エ 鍛錬（ ）
(3) ア 翻意 イ 墨汁 ウ 漏水 エ 免罪（ ）

3 次の太字にあてはまる漢字を、後のア～オから一つずつ選び、記号で答えなさい。

(1) 人権**ヨウ**護を訴える運動に加わる。（ ）
(2) 突然のことで、動**ヨウ**を隠せない。（ ）
(3) 毎朝、校旗を掲**ヨウ**する。（ ）

〈ア 揺 イ 謡 ウ 擁 エ 陽 オ 揚〉

(4) 暖衣**ホウ**食の生活を見直す。（ ）
(5) 校舎の裏にある建物が**ホウ**壊する。（ ）
(6) 彼の天衣無**ホウ**な詩が人気となる。（ ）

〈ア 放 イ 崩 ウ 縫 エ 豊 オ 飽〉

4 下の□の中のひらがなを漢字に直して書き、類義語を作りなさい。

(1) 貧困―貧（ ）
(2) 圧迫―（ ）圧
(3) 押収―（ ）収
(4) 安価―（ ）価

れん・ぼう
ぼっ・よく

5 次の各組の□に共通してあてはまる漢字を後のア～キから選び、記号で答えなさい。

(1) 終□ □承 □解（ ）
(2) 港□ □口 □内（ ）
(3) □師 禁□ □犬（ ）
(4) □玄 □閉 □遠（ ）
(5) □慮 □愁 □国（ ）

ア 誘 イ 了 ウ 湾 エ 憂 オ 猟 カ 腕 キ 幽

6 次の文中の誤字を正しい漢字で書きなさい。

(1) 危険を覚悟で陰某を暴く。（ ）（ ）
(2) 栄華を極めた平家一門の霊落ぶり。（ ）（ ）
(3) 支離滅烈な言い訳にあきれる。（ ）（ ）

7 次の――線のところにあてはまる送りがなを書きなさい。

(1) 友人を**励**――。（ ）
(2) 夢が**膨**――。（ ）
(3) 秘密を**漏**――。（ ）
(4) 難を**免**――。（ ）

3級　模擬試験

60分　／200点

（一）　次の――線の読みをひらがなで記せ。〈1×30=30点〉

1 悲嘆にくれる友を慰める。
2 閲覧室で調べものをする。
3 悔恨の情にかられて謝罪する。
4 条件に該当する人だけが採用される。
5 かれは自分の主義を貫き通した。
6 さわやかな山の空気を満喫する。
7 商魂のたくましい店。
8 手みやげを携えて友人の家を訪問する。
9 本人にやる気がなければ手の施しようがない。
10 当時のありさまを如実に示す歴史的資料。
11 有望な新人をめぐる争奪戦。
12 借金の返済を促される。
13 食品の成分を抽出する。
14 政府軍が暴動を鎮圧した。
15 粘着テープで箱のふたを閉じる。
16 壁に塗料を吹きつける。
17 陳腐な表現ばかりが目立つ小説。
18 紛れもない事実を公表する。
19 長年の習癖で夜ふかしがやめられない。
20 日常生活に埋没して夢を忘れる。
21 敵を欺いて勝利を手に入れる。
22 貴族たちが隆盛をきわめた平安時代。
23 温厚篤実な人物に出会う。
24 将来は英語翻訳の仕事に就きたい。
25 どこからか芳しい香りがしてくる。
26 栄養をバランスよく摂取するべきだ。
27 住民税を滞納して呼び出される。
28 豪華な舞台衣装に見とれる。
29 タオルをきつく絞る。
30 時代錯誤の考え方についてゆけない。

（二）　次の1～5の三つの□に共通する漢字を後の□から選んで熟語を作れ。答えは記号で記すこと。〈2×5=10点〉

1 □談・奇□・□力
2 □数・□発・□土
3 □度・□気・□多
4 □越・□上・□球
5 □導・勧□・□惑

ア 刑	イ 湿	ウ 泌	エ 偶	オ 符
カ 卓	キ 誘	ク 怪	ケ 浪	コ 債

(三)　次のカタカナを漢字二字に直して**四字熟語**を完成させよ。〈2×10＝20点〉

1　天衣（ムホウ）にふるまう。
2　入学試験の合格をめざして刻苦（ベンレイ）する。
3　（イッキ）当千のつわものぞろい。
4　みんなに見放されて（コリツ）無援におちいる。
5　困難をものともせず勇猛（カカン）に突き進む。
6　（ソセイ）乱造では消費者にそっぽを向かれる。
7　緊張のため支離（メツレツ）なことを言ってしまった。
8　（コウゲン）令色にすっかり惑わされる。
9　（ナイユウ）外患で少しも気の休まる時がない。
10　（ダイタン）不敵なやり方でまんまと成功する。

(四)　次の文中にまちがって使われている**同じ音訓の漢字**が**一字**ずつある。上の（　）に**誤字**を、下の（　）に**正しい字**を記せ。〈2×10＝20点〉

1　一概に相手側が悪いと断言はできない。（　）（　）
2　冷害の影響で米の収獲高は激減しそうだ。（　）（　）
3　私利私欲を捨てて義牲的精神を発揮する。（　）（　）
4　海狭を隔てて雪を頂く山脈が眺められる。（　）（　）
5　検約は美徳であるという確固たる信念。（　）（　）
6　隠居した父は回雇録の執筆に励んでいる。（　）（　）
7　兄は職託医として救急病院に勤務している。（　）（　）
8　人蓄無害の農薬というが試験結果はあるのか。（　）（　）
9　万難を俳して環境保全対策に心血を注ぐ。（　）（　）
10　男尊女碑は封建時代の悪風である。（　）（　）

(五)　次の**カタカナ**を**漢字**と**送りがな（ひらがな）**で記せ。〈2×5＝10点〉

〈例〉　人を**アツメル**。（集める）

1　木の下に宝物を**ウメル**。（　）
2　授業の予習を**ナマケル**。（　）
3　木々の葉が風に**ユレル**。（　）
4　転校する友人と別れを**オシム**。（　）
5　かれは**ニクラシイ**ほど歌が上手だ。（　）

(六) 後の□の中のひらがなを漢字に直して、**対義語**と**類義語**を作れ。□の中のひらがなは一度だけ使うこと。〈2×10＝20点〉

〈対義語〉

1 正道―（　）道
2 軟化―（　）化
3 充実―空（　）
4 不純―純（　）
5 弟子―師（　）

〈類義語〉

6 先賢―先（　）
7 督促―（　）促
8 妥協―（　）歩
9 豊富―（　）沢
10 納得―（　）解

きょ・こう・さい・じゃ
じゅん・しょう・じょう
すい・てつ・りょう

(七) 次の漢字の**部首**を**ア**～**エ**から選んで、記号で記せ。〈1×10＝10点〉

1 慰〈**ア** 尸 **イ** 示 **ウ** 寸 **エ** 心〉（　）
2 喫〈**ア** 大 **イ** ロ **ウ** 丰 **エ** 刀〉（　）
3 閲〈**ア** 門 **イ** ソ **ウ** ロ **エ** 儿〉（　）
4 鶏〈**ア** ノ **イ** 爫 **ウ** 夫 **エ** 鳥〉（　）
5 嬢〈**ア** 亠 **イ** ハ **ウ** 衣 **エ** 女〉（　）
6 彫〈**ア** 土 **イ** ロ **ウ** 彡 **エ** 冂〉（　）
7 覆〈**ア** 西 **イ** 彳 **ウ** 日 **エ** 夂〉（　）
8 陶〈**ア** 勹 **イ** 山 **ウ** 阝 **エ** 缶〉（　）
9 痘〈**ア** 广 **イ** 疒 **ウ** 一 **エ** ロ〉（　）
10 滅〈**ア** 氵 **イ** 厂 **ウ** 戈 **エ** 火〉（　）

(八) **熟語の構成**のしかたには次のようなものがある。〈1×10＝10点〉

ア 同じような意味の漢字を重ねたもの。（例…**寒冷**）
イ 反対または対応の意味を表す字を重ねたもの。（例…**強弱**）
ウ 上の字が下の字を修飾しているもの。（例…**緑色**）
エ 下の字が上の字の目的語・補語になっているもの。（例…**登山**）
オ 上の字が下の字の意味を打ち消しているもの。（例…**不信**）

次の熟語は右の**ア**～**オ**のどれにあたるか、**記号**で記せ。

1 鼻孔（　）
2 炊飯（　）
3 抑揚（　）
4 休憩（　）
5 喫煙（　）
6 愚劣（　）
7 無謀（　）
8 昇降（　）
9 不吉（　）
10 宴席（　）

(九) 次の**カタカナ**にあてはまる漢字を、後のそれぞれの**ア**～**オ**から選んで**記号**で記せ。〈2×15＝30点〉

1 故郷への思**ボ**の情をつのらせる。（　）
2 日米合作映画の主役を公**ボ**する。（　）
3 会社の帳**ボ**をつける仕事をする。（　）
〈**ア** 簿　**イ** 募　**ウ** 母　**エ** 慕　**オ** 暮〉

4 レンズの**ショウ**点が合っていない。（　）
5 祖父の遺影に合**ショウ**する。（　）
6 会いたい**ショウ**動にかられる。（　）
〈**ア** 掌　**イ** 償　**ウ** 焦　**エ** 晶　**オ** 衝〉

7 留置所に身がらを**コウ**束する。（　）
8 みそは大豆を発**コウ**させて作る。（　）
9 判決を不服として**コウ**訴する。（　）
〈**ア** 絞　**イ** 拘　**ウ** 酵　**エ** 控　**オ** 抗〉

10 店の**カン**定を一人で支払う。（　）
11 外国人選手と交**カン**試合をする。（　）
12 自動車の部品を交**カン**する。（　）
〈**ア** 勘　**イ** 喚　**ウ** 換　**エ** 観　**オ** 歓〉

13 学校まで全速力で**カ**ける。（　）
14 橋を**カ**ける工事。（　）
15 優勝を**カ**けた試合に臨む。（　）
〈**ア** 掛　**イ** 駆　**ウ** 課　**エ** 架　**オ** 懸〉

(十) 次の**カタカナ**の部分を**漢字**に直せ。〈2×20＝40点〉

1 **オダ**やかな春の海辺に立つ。（　）
2 体調を**クズ**して学校を休んでいる。（　）
3 大雨で田畑が**カンスイ**する。（　）
4 洋服は**キセイ**品で間に合う。（　）
5 失敗を**カクゴ**で思い切った手を打つ。（　）
6 成人式の記念写真を**ト**る。（　）
7 稲の**ホ**が風にゆれている。（　）
8 **クツジョク**的な大敗を喫する。（　）
9 **ジヒ**深い人の世話になる。（　）
10 外はひどく寒くて**コゴ**えそうだった。（　）
11 **フクシ**政策を充実させる。（　）
12 海に**モグ**って魚と戯れる。（　）
13 髪を長く**ノ**ばす。（　）
14 **コクセキ**を問わず有能な人材を採用する。（　）
15 **キソ**を固めて応用に移る。（　）
16 **タクジ**所で子どもの世話をする。（　）
17 体を**キタ**えるために毎朝走る。（　）
18 手塩にかけた娘が**トツ**ぐ日。（　）
19 時間に**シバ**られない生活がしたい。（　）
20 深夜の騒音は安眠**ボウガイ**だ。（　）

準2級

ア～キ

1

漢字	読み	部首・画数	用例
亜	ア	二 7	亜鉛《アエン》 亜流《アリュウ》 亜麻《アマ》
尉	イ	寸 11	大尉《タイイ》 少尉《ショウイ》 尉官《イカン》
逸	イツ	辶 11	逸話《イツワ》 逸脱《イツダツ》 逸品《イッピン》 散逸《サンイツ》
姻	イン	女 9	婚姻《コンイン》 姻族《インゾク》
韻	イン	音 19	余韻《ヨイン》 韻文《インブン》 押韻《オウイン》 韻律《インリツ》
畝	うね	田 10	畝《うね》 畝間《うねま》 畝織《うねおり》
浦	うら	氵 10	浦《うら》 津津浦浦《つつうらうら》
疫	エキ ヤク	疒 9	疫病《エキビョウ》 免疫《メンエキ》 疫病神《ヤクビョウがみ》
謁	エツ	言 15	謁見《エッケン》 拝謁《ハイエツ》
猿	エン さる	犭 13	犬猿《ケンエン》 猿人《エンジン》 猿知恵《さるヂエ》
凹	オウ	凵 5	凹凸《オウトツ》 凹面《オウメン》 凹《オウ》レンズ

漢字	読み	部首・画数	用例
翁	オウ	羽 10	老翁《ロウオウ》
虞	おそれ	虍 13	大雪の虞《おそれ》
渦	カ うず	氵 12	渦中《カチュウ》 渦紋《カモン》 渦潮《うずしお》
禍	カ	礻 13	禍根《カコン》 禍福《カフク》 災禍《サイカ》
靴	カ くつ	革 13	製靴《セイカ》 軍靴《グンカ》 靴下《くつした》 靴底《くつぞこ》
寡	カ	宀 14	寡黙《カモク》 寡婦《カフ》 寡占《カセン》
稼	カ かせぐ	禾 15	稼業《カギョウ》 出稼《でかせ》ぎ
蚊	か	虫 10	蚊取《かと》り
拐	カイ	扌 8	誘拐《ユウカイ》
懐	カイ ふところ なつかしい なつかしむ なつく なつける	忄 16	懐古《カイコ》 懐中《カイチュウ》 懐《ふところ》が深い 子供が懐《なつ》く

漢字	読み	部首・画数	用例
劾	ガイ	力 8	弾劾《ダンガイ》
涯	ガイ	氵 11	生涯《ショウガイ》 天涯《テンガイ》 境涯《キョウガイ》
垣	かき	土 9	垣根《かきね》 石垣《いしがき》 人垣《ひとがき》
核	カク	木 10	核心《カクシン》 中核《チュウカク》 核実験《カクジッケン》
殻	カク から	殳 11	地殻《チカク》 甲殻《コウカク》 卵《たまご》の殻《から》
嚇	カク	口 17	威嚇《イカク》
括	カツ	扌 9	総括《ソウカツ》 一括《イッカツ》 括弧《カッコ》
喝	カツ	口 11	恐喝《キョウカツ》 喝破《カッパ》
渇	カツ かわく	氵 11	渇望《カツボウ》 枯渇《コカツ》 のどが渇《かわ》く
褐	カツ	衤 13	褐色《カッショク》
轄	カツ	車 17	管轄《カンカツ》 直轄《チョッカツ》
且	かつ	一 5	且《か》つ
缶	カン	缶 6	缶詰《カンづめ》 空缶《あきカン》 一斗缶《イットカン》

漢字	読み	部首・画数	用例
陥	カン おちいる おとしいれる	阝 10	欠陥《ケッカン》 陥没《カンボツ》 罠《わな》に陥《おとしい》れる
患	カン わずらう	心 11	患者《カンジャ》 急患《キュウカン》 目を患《わずら》う
堪	カン たえる	土 12	堪忍《カンニン》 堪能《カ(タ)ンノウ》 鑑賞に堪《た》える
棺	カン	木 12	棺桶《カンおけ》 出棺《シュッカン》 石棺《セッカン》 納棺《ノウカン》
款	カン	欠 12	借款《シャッカン》 定款《テイカン》 落款《ラッカン》
閑	カン	門 12	閑静《カンセイ》 閑散《カンサン》 閑居《カンキョ》
寛	カン	宀 13	寛容《カンヨウ》 寛大《カンダイ》
憾	カン	忄 16	遺憾《イカン》
還	カン	辶 16	還元《カンゲン》 返還《ヘンカン》 還暦《カンレキ》 生還《セイカン》
艦	カン	舟 21	軍艦《グンカン》 戦艦《センカン》 潜水艦《センスイカン》
頑	ガン	頁 13	頑固《ガンコ》 頑強《ガンキョウ》 頑丈《ガンジョウ》 頑健《ガンケン》
飢	キ うえる	食 10	飢餓《キガ》 飢《う》え死に

(1) **亜鉛**でトタン板を作る。
(2) 陸軍**大尉**。
(3) 彼にまつわる**逸話**※。
(4) **婚姻**届けを提出する。
(5) 祭の後の**余韻**を楽しむ。
(6) **畝床**に種をまく。
(7) 津津**浦浦**に知れ渡る。
(8) **疫病**がはやる。
(9) 大統領に**謁見**※する。
(10) 二人は**犬猿**の仲だ。
(11) 表面に**凹凸**のある道。
(12) **老翁**※の昔話を聞く。
(13) 暴風雨の**虞**がある。
(14) 争いの**渦中**に巻き込む。
(15) 後後に**禍根**※を残す。
(16) **製靴**会社に勤める。
(17) **寡黙**※な男の人。
(18) サラリーマン**稼業**。
(19) がんばってお金を**稼**ぐ。
(20) **蚊**取り線香。
(21) **誘拐**の犯人がつかまる。
(22) **懐古**趣味。
(23) **懐**が寒い。
(24) 政府高官を**弾劾**※する。
(25) **生涯**独身で通す。
(26) **垣根**に咲く朝顔の花。
(27) 事件の**核心**に迫る。
(28) **地殻**変動で地震が起こる。
(29) 犯人への**威嚇**射撃。
(30) **括弧**の中に書きなさい。
(31) 会議の発言を**総括**する。
(32) **恐喝**罪で起訴する。
(33) 平和を**渇望**する人々。
(34) のどが**渇**く。
(35) **褐色**の葉。
(36) **管轄**の区域が違う。
(37) 必要**且**つ十分な条件。
(38) **缶詰**のみかん。
(39) **欠陥**商品を交換する。
(40) **患者**に薬を出す。
(41) **堪忍**袋の緒が切れる。
(42) **棺桶**を運ぶ。
(43) 外国への円**借款**。
(44) **閑静**な住宅街。
(45) 父は**寛容**な人だ。
(46) **遺憾**※の意を表す。
(47) 利益を国民に**還元**する。
(48) **軍艦**が浮かぶ太平洋。
(49) 一つの事を**頑固**に守る。
(50) **飢餓**に苦しむ人人。

(3) **逸話**…ある人に関する知られざる裏話。
(9) **謁見**…身分の高い人や目上の人に会うこと。
(12) **老翁**…年をとった男。
(15) **禍根**…災いの生じる原因や源。
(17) **寡黙**…言葉が少なく、黙りがちなこと。
(24) **弾劾**…罪状を調べ、責任を追及すること。
(46) **遺憾**…残念。心残りなこと。

(1) ピカソの**アリュウ**※。
(2) 最下位の将校が**ショウイ**。
(3) 常識から**イツダツ**する。
(4) **インゾク**※と血族。
(5) **インブン**と散文。
(6) **うねおり**の布。
(7) **うらかぜ**が吹く。
(8) **メンエキ**ができる。
(9) 君主に**ハイエツ**※する。
(10) **さる**知恵に過ぎない。
(11) **オウメン**鏡。
(12) 百歳の**ロウオウ**。
(13) 津波の**おそれ**がある。
(14) 鳴門の**うずしお**。
(15) **カフク**※相半ばする。
(16) **くつ**下を脱ぐ。
(17) **カセン**価格。
(18) **でかせ**ぎに上京する。
(19) 発電機を**カドウ**させる。
(20) **か**にさされる。
(21) **ユウカイ**事件が起きる。
(22) **ふところ**を痛める。
(23) 子供が**なつ**く。
(24) **ダンガイ**裁判所。
(25) **テンガイ**※孤独の人生。
(26) 沖縄の**いしがき**島。
(27) 組の**チュウカク**の生徒。
(28) 卵の**から**。
(29) 相手を**イカク**する。
(30) 前期の成果を**ソウカツ**する。
(31) 注文を**イッカツ**する。
(32) 事の本質を**カッパ**する。
(33) 日照が続き**カッスイ**※になる。
(34) 資金が**コカツ**する。
(35) **カッショク**の沈殿物。
(36) 幕府**チョッカツ**※の領地。
(37) 大いに食べ**かつ**、大いに飲む。
(38) **あきカン**を捨てる。
(39) 相手を罠に**おとしいれ**る。
(40) 彼は目を**わずら**った。
(41) 鑑賞に**たえ**得る。
(42) 遺体の**シュッカン**。
(43) 我が社の**テイカン**※。
(44) 会場は**カンサン**としている。
(45) **カンダイ**な心の人。
(46) 結果は**イカン**である。
(47) 北方領土が**ヘンカン**される。
(48) **センカン**「大和」。
(49) **ガンキョウ**に抵抗する。
(50) うえをしのぐ。

(1) **アリュウ**…第一流のまねごと。二流。
(4) **インゾク**…結婚によって生じる血縁のない親類。
(9) **ハイエツ**…天皇級の人に面会すること。
(15) **カフク**…わざわいとさいわい。
(25) **テンガイ**…空の果て。極めて遠い所。
(33) **カッスイ**…水が欠乏する。
(36) **チョッカツ**…直接に管理すること。
(43) **テイカン**…会社等の設立に際し、組織等を定めた根本法則。

準2級

1 次の読みをひらがなで書きなさい。

(1) ㋐ **堪忍**袋の緒が切れる。（　）
㋑ **堪**えがたい苦しみをうける。（　）

(2) ㋐ **欠陥**のある商品。（　）
㋑ 彼をだまして**陥**れる。（　）

(3) ㋐ **懐古**趣味の持ち主。（　）
㋑ **懐**の深い人だ。（　）
㋒ **懐**かしい駅で降りる。（　）

2 次の漢字の色の部分は筆順の何画目か算用数字で答えなさい。

(1) **禍**（　）
(2) **艦**（　）
(3) **堪**（　）
(4) **凹**（　）

3 次の熟語の対義語を下から選び、漢字で書きなさい。

(1) 婚姻↔（　）婚
(2) 散文↔（　）文
(3) 多弁↔（　）黙
(4) 農繁↔農（　）

イン・カ・リ・カン

4 次の漢字の部首を（　）に、部首名を〔　〕に書きなさい。

(1) **涯**（　）〔　〕
(2) **虞**（　）〔　〕
(3) **亜**（　）〔　〕
(4) **缶**（　）〔　〕

5 次の――線のところにあてはまる送りがなを書きなさい。

(1) お金を**稼**――。（　）
(2) 危機に**陥**――。（　）
(3) 故郷を**懐**――。（　）
(4) 心臓を**患**――。（　）

6 次の熟語の構成は、後のA～Cのどれにあたるか、記号で答えなさい。

(1) **製靴**（　）
(2) **逸脱**（　）
(3) **患者**（　）

A 意味の類似した字を重ねたもの。（例…清潔）
B 上の字が下の字を修飾しているもの。（例…楽勝）
C 下の字が上の字の目的・対象などを示すもの。（例…提案）

7 次の太字を漢字で書きなさい。

(1) ㋐ **カク**実験を禁ずる国。（　）
㋑ 威**カク**射撃をする。（　）

(2) ㋐ 事件の**カ**中に巻き込まれる。（　）
㋑ 未来に向けて**カ**根を残した。（　）

(3) ㋐ 一**カツ**して申し込む。（　）
㋑ 弱味を握られ恐**カツ**される。（　）
㋒ ワールドカップ誘致が**カツ**望される。（　）
㋓ 学校の管**カツ**区域。（　）

準2級 ギ〜サ

2

漢字	読み	部首	画数	用例
宜	ギ	宀	8	便宜《ベンギ》 適宜《テキギ》
偽	ギ いつわる にせ	イ	11	真偽《シンギ》 偽善《ギゼン》 偽物《にせもの》 偽札《にせサツ》
擬	ギ	扌	17	擬音《ギオン》 模擬《モギ》 擬人法《ギジンホウ》
糾	キュウ	糸	9	糾弾《キュウダン》 糾明《キュウメイ》 紛糾《フンキュウ》
窮	キュウ きわめる きわまる	穴	15	窮地《キュウチ》 窮極《キュウキョク》 道を窮《きわ》める
拒	キョ こばむ	扌	8	拒否《キョヒ》 拒絶《キョゼツ》 入場を拒《こば》む
享	キョウ	亠	8	享年《キョウネン》 享受《キョウジュ》 享有《キョウユウ》
挟	キョウ はさむ はさまる	扌	9	挟撃《キョウゲキ》 挟殺《キョウサツ》 挟《はさ》み将棋《ショウギ》
恭	キョウ うやうやしい	小	10	恭順《キョウジュン》 恭賀《キョウガ》 恭《うやうや》しく一礼《イチレイ》
矯	キョウ ためる	矢	17	矯正《キョウセイ》 奇矯《キキョウ》 枝を矯《た》める
暁	ギョウ あかつき	日	12	暁天《ギョウテン》 今暁《コンギョウ》 成功の暁《あかつき》

漢字	読み	部首	画数	用例
菌	キン	艹	11	細菌《サイキン》 滅菌《メッキン》 結核菌《ケッカクキン》
琴	キン こと	王	12	琴線《キンセン》 木琴《モッキン》 琴《こと》の音《ね》
謹	キン つつしむ	言	17	謹賀《キンガ》 謹慎《キンシン》 謹《つつし》み申《もう》す
襟	キン えり	衤	18	胸襟《キョウキン》 開襟《カイキン》 襟首《えりくび》 襟元《えりもと》
吟	ギン	口	7	吟味《ギンミ》 詩吟《シギン》 吟詠《ギンエイ》 吟遊《ギンユウ》
隅	グウ すみ	阝	12	一隅《イチグウ》 四隅《よすみ》 片隅《かたすみ》
勲	クン	力	15	勲章《クンショウ》 殊勲《シュクン》 勲功《クンコウ》
薫	クン かおる	艹	16	薫陶《クントウ》 薫風《クンプウ》 風薫《かぜかお》る
茎	ケイ くき	艹	8	地下茎《チカケイ》 歯茎《はぐき》
渓	ケイ	氵	11	渓流《ケイリュウ》 渓谷《ケイコク》
蛍	ケイ ほたる	虫	11	蛍光《ケイコウ》 蛍雪《ケイセツ》 蛍《ほたる》の光《ひかり》

漢字	読み	部首	画数	用例
慶	ケイ	心	15	慶弔《ケイチョウ》 慶祝《ケイシュク》 慶賀《ケイガ》
傑	ケツ	イ	13	傑作《ケッサク》 傑出《ケッシュツ》 怪傑《カイケツ》
嫌	ケン ゲン きらう いや	女	13	嫌悪《ケンオ》 機嫌《キゲン》 嫌気《いやケ》がさす
献	ケン コン	犬	13	文献《ブンケン》 献血《ケンケツ》 献上《ケンジョウ》 献立《コンだて》
謙	ケン	言	17	謙虚《ケンキョ》 謙譲《ケンジョウ》
繭	ケン まゆ	糸	18	繭糸《ケンシ》 繭玉《まゆだま》
顕	ケン	頁	18	顕著《ケンチョ》 顕彰《ケンショウ》 顕微鏡《ケンビキョウ》
懸	ケン ケ かける かかる	心	20	懸命《ケンメイ》 懸念《ケネン》 懸《か》け橋
弦	ゲン つる	弓	8	弦楽《ゲンガク》 上弦《ジョウゲン》 弓の弦《つる》
呉	ゴ	口	7	呉服《ゴフク》 呉音《ゴオン》 呉越同舟《ゴエツドウシュウ》
碁	ゴ	石	13	囲碁《イゴ》 碁盤《ゴバン》 碁石《ごいし》
江	コウ え	氵	6	長江《チョウコウ》 入り江《え》
肯	コウ	肉	8	肯定《コウテイ》 首肯《シュコウ》

漢字	読み	部首	画数	用例
侯	コウ	イ	9	諸侯《ショコウ》 侯爵《コウシャク》 王侯《オウコウ》
洪	コウ	氵	9	洪水《コウズイ》 洪積層《コウセキソウ》
貢	コウ ク みつぐ	貝	10	貢献《コウケン》 年貢《ネング》 貢《みつ》ぎ物
溝	コウ みぞ	氵	13	側溝《ソッコウ》 海溝《カイコウ》 溝板《みぞいた》
衡	コウ	行	16	平衡《ヘイコウ》 均衡《キンコウ》 度量衡《ドリョウコウ》
購	コウ	貝	17	購入《コウニュウ》 購買《コウバイ》
拷	ゴウ	扌	9	拷問《ゴウモン》
剛	ゴウ	刂	10	剛健《ゴウケン》 剛直《ゴウチョク》 金剛石《コンゴウセキ》
酷	コク	酉	14	残酷《ザンコク》 冷酷《レイコク》 酷似《コクジ》 酷暑《コクショ》
昆	コン	日	8	昆虫《コンチュウ》 昆布《コンブ》
懇	コン ねんごろ	心	17	懇親《コンシン》 懇意《コンイ》 懇《ねんご》ろな手紙
唆	サ そそのかす	口	10	示唆《シサ》 教唆《キョウサ》 人を唆《そそのか》す

準2級

(1) 就職の**便宜**※をはかる。（　　）
(2) 物事の**真偽**を見極める。（　　）
(3) **擬音**語を使って作文する。（　　）
(4) 与党の施政を**糾弾**※する。（　　）
(5) **窮地**に追いやられる。（　　）
(6) ついに進退**窮**まる。（　　）
(7) 取材を**拒否**する。（　　）
(8) **享年**※九十歳。（　　）
(9) 敵を左右から**挟撃**する。（　　）
(10) **恭**※しく一礼する。（　　）
(11) **矯正**視力。（　　）
(12) **暁天**の星を眺める。（　　）
(13) **細菌**が繁殖する。（　　）
(14) 心の**琴線**に触れる。（　　）
(15) **謹賀**新年。（　　）
(16) **胸襟**※を開いて話し合う。（　　）
(17) 料理を**吟味**する。（　　）
(18) 庭の**一隅**に咲く花。（　　）
(19) **勲章**の授与。（　　）
(20) 恩師から**薫陶**※を受ける。（　　）
(21) ジャガイモは**地下茎**だ。（　　）
(22) **渓流**釣りを楽しむ。（　　）
(23) **蛍光**灯の下で勉強する。（　　）
(24) **慶弔**規定を定める。（　　）
(25) **傑作**集を読む。（　　）
(26) 自己**嫌悪**に陥る。（　　）
(27) 望遠鏡は湿気を**嫌**う。（　　）
(28) 関係する**文献**をあたる。（　　）
(29) 人の話を**謙虚**に聞く。（　　）
(30) **繭**糸を吐く蚕。（　　）
(31) 薬効が**顕著**に表れる。（　　）
(32) 賞金を**懸**ける。（　　）
(33) **弦楽**五重奏。（　　）
(34) **呉服**店で着物を買う。（　　）
(35) **囲碁**・将棋大会に出る。（　　）
(36) **揚子江**を舟で下る。（　　）
(37) **肯定**的に考える。（　　）
(38) **諸侯**の領地を返上させる。（　　）
(39) 大雨で**洪水**が起きる。（　　）
(40) 人人に**貢献**する。（　　）
(41) **側溝**にボールを落とす。（　　）
(42) 自然との**平衡**※を保つ。（　　）
(43) 車を**購入**する。（　　）
(44) **拷問**に耐える。（　　）
(45) 質実**剛健**※の校風。（　　）
(46) **残酷**な場面が多い。（　　）
(47) **昆虫**採集をする少年。（　　）
(48) 会議の後の**懇親**会。（　　）
(49) **示唆**に富んだ文章。（　　）
(50) 人を**唆**す。（　　）

(1) **便宜**…特別のはからい。
(4) **糾弾**…罪や失敗を問いただし、とがめること。
(8) **享年**…この世に生存した年数。墓碑などに記す。
(10) **恭しい**…丁重。相手を敬い、つつましい様子。
(16) **胸襟**…胸と襟。転じて、胸のうち。
(20) **薫陶**…すぐれた人格で他人を教え育てること。
(42) **平衡**…一方に片寄らず安定を保っていること。
(45) **剛健**…心が強く身体が健康なこと。

(1) **テキギ**解散してください。
(2) **にせもの**に注意する。
(3) **モギ**試験を受ける。
(4) 悪事を**キュウメイ**する。
(5) **キュウキョク**の真理。
(6) 芸の道を**きわ**める。
(7) **キョゼツ**反応を起こす。
(8) 恩恵を※**キョウジュ**する。
(9) **はさみ**打ちにする。
(10) ※**キョウガ**新年。
(11) 枝を※**ため**る。
(12) 成功の**あかつき**。
(13) **メッキン**室に入る。
(14) **こと**の音に聞き入る。
(15) 不**キンシン**な青年だ。
(16) **えり**首をつかまれる。
(17) 祖父は**シギン**を習っている。
(18) 部屋の片**すみ**。
(19) **シュクン**賞をもらう。

(20) **クンプウ**そよぐ五月。
(21) 植物の**くき**を折る。
(22) 黒部**ケイコク**。
(23) **ほたる**の光を斉唱する。
(24) 父の還暦の※**ケイシュク**。
(25) ※**ケッシュツ**した才能。
(26) 彼はよく**いやみ**を言う。
(27) **ケンエン**権が認められる。
(28) **ケンケツ**に協力する。
(29) **ケンジョウ**の美徳。
(30) **まゆだま**を飾る。
(31) 彼の功績を※**ケンショウ**する。
(32) 世の中に**ケネン**を抱く。
(33) **ジョウゲン**の月を眺める。
(34) 漢字の**ゴオン**読み。
(35) **ゴバン**の目のような道路。
(36) 入り**え**に沈む夕日。
(37) **コウテイ**的な意見。
(38) **コウシャク**夫人。

(39) **コウセキ**世。
(40) **みつ**ぎ物を受け取る。
(41) **みぞ**ができる。
(42) 全体の**キンコウ**がとれる。
(43) **コウバイ**力がある。
(44) 厳しい**ゴウモン**を受ける。
(45) **ゴウチョク**な人物。
(46) **レイコク**無比な行い。
(47) **コンブ**の煮つけ。
(48) ※**ねんご**ろなお手紙をいただく。
(49) 日本の未来を**シサ**する。
(50) 殺人※**キョウサ**の罪。

(8) **キョウジュ**…受け取って十分自分のものにすること。
(10) **キョウガ**…つつしんで祝うこと。
(11) **ためる**…悪いもの、曲がっているものを直す。
(24) **ケイシュク**…めでたいこととして喜び祝うこと。
(25) **ケッシュツ**…他より抜きん出てすぐれていること。
(31) **ケンショウ**…隠れた善行等を広く世に知らせること。
(48) **ねんごろ**…①親切で丁寧なさま。②親密。
(50) **キョウサ**…悪事をするよう、教えそそのかすこと。

準2級

1 次の読みをひらがなで書きなさい。

(1)
㋐ 開**襟**シャツ。
㋑ 背広の**襟**が立っている。

(2)
㋐ 木**琴**をひく。
㋑ 大正**琴**の美しい音色。

(3)
㋐ 彼に**嫌悪**感を抱く。
㋑ 人から**嫌味**を言われる。
㋒ 僕はピーマンが**嫌**いだ。

2 次の漢字の色の部分は筆順の何画目か算用数字で書きなさい。

(1) 顕
(2) 剛
(3) 繭
(4) 拷
(5) 傑
(6) 呉

3 次の熟語の構成は、後のA～Cのどれにあたるか、記号で答えなさい。

(1) 窮地
(2) 抗菌
(3) 謹慎

A 意味の類似した字を重ねたもの。 (例)…清潔
B 上の字が下の字を修飾しているもの。 (例)…楽勝
C 下の字が上の字の目的・対象などを示すもの。 (例)…提案

4 次の文中の誤字を正しい漢字で書きなさい。

(1) 亨年八十歳。
(2) ドアに手を狭まれる。
(3) 均行がくずれる。
(4) マリアナ海購。

5 次の——線のところにあてはまる送りがなを書きなさい。

(1) **懇**——にもてなす。
(2) お金を**貢**——。
(3) 彼の態度は**恭**——。
(4) **嫌**——予感がした。
(5) 受け取りを**拒**——。
(6) 草木の香が**薫**——。

6 次の太字を漢字で書きなさい。

(1)
㋐ **ゴ**服屋で帯を買う。
㋑ **ゴ**石を並べたような規則正しさ。

(2)
㋐ **コウ**定的な意見が多い。
㋑ 王**コウ**貴族。
㋒ **コウ**水で橋が流される。

(3)
㋐ 文化**クン**章をもらう。
㋑ 父母に**クン**陶を受ける。

準2級 3

サ～ショウ

漢字	読み	部首	画数	用例
詐	サ	言	12	詐称《サショウ》 詐欺《サギ》 詐取《サシュ》
砕	サイ くだく くだける	石	9	砕石《サイセキ》 粉砕《フンサイ》 腰砕《こしくだ》け
宰	サイ	宀	10	主宰《シュサイ》 宰相《サイショウ》
栽	サイ	木	10	盆栽《ボンサイ》 栽培《サイバイ》
斎	サイ	斉	11	書斎《ショサイ》 斎場《サイジョウ》
索	サク	糸	10	思索《シサク》 捜索《ソウサク》 暗中模索《アンチュウモサク》
酢	サク す	酉	12	酢酸《サクサン》 酢《す》の物
桟	サン	木	10	桟橋《サンばし》 桟道《サンドウ》
傘	サン かさ	人	12	傘下《サンカ》 日傘《ひがさ》 雨傘《あまがさ》
肢	シ	月（にくづき）	8	肢体《シタイ》 前肢《ゼンシ》 選択肢《センタクシ》
嗣	シ	口	13	嗣子《シシ》 後嗣《コウシ》 継嗣《ケイシ》

漢字	読み	部首	画数	用例
賜	シ たまわる	貝	15	恩賜《オンシ》 下賜《カシ》 賞を賜《たまわ》る
璽	ジ	玉	19	御璽《ギョジ》 国璽《コクジ》 玉璽《ギョクジ》
漆	シツ うるし	氵	14	漆器《シッキ》 漆黒《シッコク》 漆塗《うるしぬ》り
遮	シャ さえぎる	辶	14	遮断《シャダン》 遮光《シャコウ》 話を遮《さえぎ》る
蛇	ジャ ダ へび	虫	11	蛇口《ジャぐち》 長蛇《チョウダ》 錦蛇《にしきへび》
酌	シャク くむ	酉	10	媒酌《バイシャク》 晩酌《バンシャク》 酌《く》み交わす
爵	シャク	爫	17	男爵《ダンシャク》 爵位《シャクイ》 公爵《コウシャク》 侯爵《コウシャク》
珠	シュ	王	10	珠玉《シュギョク》 真珠《シンジュ》 珠算《シュザン》
儒	ジュ	亻	16	儒教《ジュキョウ》 儒学《ジュガク》 儒者《ジュシャ》
囚	シュウ	囗	5	囚人《シュウジン》 幽囚《ユウシュウ》 死刑囚《シケイシュウ》
臭	シュウ くさい におう	自	9	異臭《イシュウ》 悪臭《アクシュウ》 臭《くさ》い 臭《にお》う

漢字	読み	部首	画数	用例
愁	シュウ うれえる うれい	心	13	郷愁《キョウシュウ》 哀愁《アイシュウ》 春の愁《うれ》い
酬	シュウ	酉	13	報酬《ホウシュウ》 応酬《オウシュウ》
醜	シュウ みにくい	酉	17	醜態《シュウタイ》 醜悪《シュウアク》 醜《みにく》い行為
汁	ジュウ しる	氵	5	果汁《カジュウ》 苦汁《クジュウ》 汁粉《しるこ》
充	ジュウ あてる	儿	6	充実《ジュウジツ》 補充《ホジュウ》 学費に充《あ》てる
渋	ジュウ しぶ しぶい しぶる	氵	11	渋滞《ジュウタイ》 苦渋《クジュウ》 渋柿《しぶがき》
銃	ジュウ	金	14	銃声《ジュウセイ》 銃弾《ジュウダン》 猟銃《リョウジュウ》 銃器《ジュウキ》
叔	シュク	又	8	伯叔《ハクシュク》 叔父《シュクフ》 叔母《シュクボ》
淑	シュク	氵	11	貞淑《テイシュク》 私淑《シシュク》 淑女《シュクジョ》
粛	シュク	聿	11	静粛《セイシュク》 自粛《ジシュク》 粛正《シュクセイ》 厳粛《ゲンシュク》
塾	ジュク	土	14	塾長《ジュクチョウ》 塾生《ジュクセイ》 私塾《シジュク》
俊	シュン	亻	9	俊足《シュンソク》 俊才《シュンサイ》 俊敏《シュンビン》 俊秀《シュンシュウ》
准	ジュン	冫	10	批准《ヒジュン》 准看護師《ジュンカンゴシ》

漢字	読み	部首	画数	用例
殉	ジュン	歹	10	殉死《ジュンシ》 殉職《ジュンショク》
循	ジュン	彳	12	循環《ジュンカン》 因循姑息《インジュンコソク》
庶	ショ	广	11	庶民《ショミン》 庶務《ショム》 庶子《ショシ》
緒	ショ チョ お	糸	14	由緒《ユイショ》 情緒《ジョウチョ》《ジョウショ》 鼻緒《はなお》
叙	ジョ	又	9	叙景《ジョケイ》 叙述《ジョジュツ》 叙情《ジョジョウ》 自叙《ジジョ》
升	ショウ ます	十	4	一升《イッショウ》 升目《ますめ》
抄	ショウ	扌	7	抄本《ショウホン》 抄出《ショウシュツ》 抄訳《ショウヤク》 詩抄《シショウ》
肖	ショウ	肉	7	肖像《ショウゾウ》 不肖《フショウ》
尚	ショウ	⺌	8	尚早《ショウソウ》 高尚《コウショウ》 好尚《コウショウ》 尚古《ショウコ》
宵	ショウ よい	宀	10	春宵《シュンショウ》 徹宵《テッショウ》 宵《よい》の口
症	ショウ	疒	10	症状《ショウジョウ》 炎症《エンショウ》 軽症《ケイショウ》 重症《ジュウショウ》

(1) 年齢を**詐称**※する。（　　）
(2) 町はずれの**砕石**工場。（　　）
(3) 同人誌を**主宰**する。（　　）
(4) **盆栽**の手入れをする。（　　）
(5) **書斎**で本を読む。（　　）
(6) **思索**にふける。（　　）
(7) **捜索**願いを出す。（　　）
(8) **酢酸**を合成する。（　　）
(9) **桟橋**を渡って船に乗る。（　　）
(10) 連合**傘下**の組合。（　　）
(11) **肢体**が不自由な人。（　　）
(12) 農家の**嗣子**※。（　　）
(13) **恩賜**※のたばこ。（　　）
(14) お言葉を**賜**る。（　　）
(15) **御璽**※を授かる。（　　）
(16) **漆器**※の生産。（　　）
(17) 踏み切りの**遮断**機。（　　）
(18) 水道の**蛇口**。（　　）
(19) 友と酒を**酌**み交わす。（　　）
(20) 北海道産の**男爵**いも。（　　）
(21) **珠玉**の名作を読む。（　　）
(22) 論語は**儒教**の経典である。（　　）
(23) 監獄での**囚人**生活。（　　）
(24) **異臭**が立ちこめる。（　　）
(25) **郷愁**をさそう風景。（　　）
(26) 仕事の**報酬**をもらう。（　　）
(27) ぶざまな**醜態**をさらす。（　　）
(28) **果汁**一〇〇%ジュース。（　　）
(29) **充実**した毎日をおくる。（　　）
(30) 交通**渋滞**に巻き込まれる。（　　）
(31) 支払いを**渋**る。（　　）
(32) 山奥で**銃声**がした。（　　）
(33) **叔母**と伯母。（　　）
(34) **貞淑**※な妻。（　　）
(35) 図書館では**静粛**にする。（　　）
(36) 進学塾の**塾長**。（　　）
(37) **俊足**の彼が一等賞だ。（　　）
(38) 条約を**批准**※する。（　　）
(39) 主君に**殉死**する。（　　）
(40) 水が**循環**している。（　　）
(41) 彼は**庶民**の味方だ。（　　）
(42) **由緒**※ある家柄の出。（　　）
(43) げたの**鼻緒**が切れた。（　　）
(44) **叙景**詩を得意とする。（　　）
(45) **一升**の米が配給された。（　　）
(46) 戸籍**抄本**を取り寄せる。（　　）
(47) **肖像**画を描く。（　　）
(48) それは時期**尚早**だ。（　　）
(49) **春宵**一刻値千金。（　　）
(50) ケガの**症状**をみる。（　　）

(1) **詐称**…氏名、住所などをいつわって称すること。
(12) **嗣子**…あととりの子。あとつぎ。
(13) **恩賜**…天皇、主君から物をもらうこと。その品。
(15) **御璽**…天皇の印。公の特別な行事で使われる。
(16) **漆器**…うるし細工のうつわ。
(34) **貞淑**…女性の操が堅く、しとやかなさま。
(38) **批准**…条約締結の際の当事者間にかわされる手続き。
(42) **由緒**…来歴。いわれ。物事のおこり。

(1) 結婚**サギ**に遭う。
(2) 政策が腰**くだけ**に終わる。
(3) 日本の**サイショウ**。※
(4) 野菜の**サイバイ**をする。
(5) 町はずれにある**サイジョウ**。※
(6) **シサク**にふける。
(7) 家宅**ソウサク**する。
(8) 米**ず**を使った料理。
(9) 崖に沿った**サンドウ**。
(10) **かさ**をさす。
(11) **ゼンシ**で土を蹴る闘牛。※
(12) **コウシ**誕生の朗報。※
(13) 技能賞を**たまわ**る。
(14) 天子から**ギョジ**を授かる。※
(15) 大日本**コクジ**を押す。
(16) **うるし**塗りの椀。
(17) 行く手を**さえぎ**る障害。
(18) 野になる**へび**苺。
(19) **バンシャク**のつまみ。
(20) **シャクイ**を授ける。
(21) **シンジュ**の首飾り。
(22) **ジュガク**を学ぶ。
(23) **ユウシュウ**の身となる。※
(24) 焦げ**くさ**い。
(25) **アイシュウ**を帯びた声。
(26) 意見の**オウシュウ**。
(27) **みにく**い行為。
(28) 味噌**しる**とご飯。
(29) 仕送りを学費に**あて**る。
(30) 甘柿と**しぶ**柿。
(31) **クジュウ**の色をうかべる。
(32) 獲物に**ジュウコウ**を向ける。
(33) **シュクフ**と伯父。
(34) **シシュク**する人物。※
(35) 行動を**ジシュク**する。
(36) **ジュク**に通う。
(37) 画壇の**シュンサイ**。
(38) **ジュン**看護師の資格。
(39) **ジュンショク**した警官。
(40) **インジュン**姑息な行動。※
(41) 市役所の**ショム**課。
(42) **ジョウチョ**不安定。
(43) 堪忍袋の**お**が切れる。
(44) 細かな**ジョジュツ**をする。
(45) 原稿用紙の**ます**目。
(46) 要点を**ショウシュツ**する。
(47) **フショウ**の子。
(48) **コウショウ**な話をする。
(49) まだ**よい**の口だ。
(50) 傷口が**エンショウ**を起こす。

(3) **サイショウ**…首相。総理大臣。
(5) **サイジョウ**…葬儀を行う所。神仏をまつる清浄な場。
(11) **ゼンシ**…前あし。
(12) **コウシ**…あととり。世継ぎ。
(14) **ギョジ**…天皇陛下の印。
(23) **ユウシュウ**…捕らえられ、閉じ込められること。
(34) **シシュク**…尊敬する人に直接には教えが受けられないが、その人を模範に学ぶこと。
(40) **インジュン**…古い習慣にとらわれること。

準2級

1 **次の太字を漢字で書きなさい。**

(1) ㋐ 哀**シュウ**がただよう。
㋑ 皆の前で**シュウ**態をさらす。

(2) ㋐ **ショウ**像画を描く。
㋑ 高**ショウ**な趣味を持つ。
㋒ 春**ショウ**一刻値千金。

(3) ㋐ 媒**シャク**人のあいさつ。
㋑ 公**シャク**夫人も同伴する。

2 **次の文中の誤字を正しい漢字で書きなさい。**

(1) 濡教の始祖は孔子といわれる。
(2) 父は毎日、晩借をする。
(3) 盆裁の手入れをする。
(4) 紳士と叔女。

3 **次の熟語の類義語を下から選び、漢字で書きなさい。**

(1) 後継――継（　）
(2) 謝礼――報（　）
(3) 情動――情（　）
(4) 自重――自（　）

チョ・シュク
シ・シュウ

4 **次の漢字の部首を（　）に、部首名を〔　〕に書きなさい。**

(1) 遮（　）〔　〕
(2) 循（　）〔　〕
(3) 肖（　）〔　〕
(4) 症（　）〔　〕
(5) 准（　）〔　〕
(6) 充（　）〔　〕

5 **次の読みをひらがなで書きなさい。**

(1) ㋐ **悪臭**に鼻をつまむ。
㋑ 陰気**臭**さが抜けない。

(2) ㋐ **漆黒**の闇の中。
㋑ **漆**塗りの器を使う。

(3) ㋐ 水道の**蛇口**をひねる。
㋑ 安売店に**長蛇**の列ができる。
㋒ 森の中で**蛇**に出くわす。

6 **次の熟語の構成は、後のA～Cのどれにあたるか、記号で答えなさい。**

(1) **叙情**（　）
(2) **俊足**（　）
(3) **珠玉**（　）

A　意味の類似した字を重ねたもの。（例）…清潔
B　上の字が下の字を修飾しているもの。（例）…楽勝
C　下の字が上の字の目的・対象などを示すもの。（例）…提案

準2級 4 ショウ〜ソ

漢字	読み	部首	画数	用例
祥	ショウ	ネ	10	発祥《ハッショウ》 吉祥《キッショウ》 不祥事《フショウジ》
渉	ショウ	氵	11	交渉《コウショウ》 渉外《ショウガイ》 干渉《カンショウ》
訟	ショウ	言	11	訴訟《ソショウ》
硝	ショウ	石	12	硝酸《ショウサン》 硝石《ショウセキ》
粧	ショウ	米	12	化粧《ケショウ》 美粧《ビショウ》
詔	ショウ みことのり	言	12	詔勅《ショウチョク》 詔書《ショウショ》 天子《テンシ》の詔《みことのり》
奨	ショウ	大	13	奨励《ショウレイ》 推奨《スイショウ》 奨学金《ショウガクキン》
彰	ショウ	彡	14	顕彰《ケンショウ》 表彰《ヒョウショウ》
償	ショウ つぐなう	イ	17	弁償《ベンショウ》 無償《ムショウ》 罪を償《つぐな》う
礁	ショウ	石	17	暗礁《アンショウ》 岩礁《ガンショウ》 さんご礁《ショウ》
浄	ジョウ	氵	9	浄化《ジョウカ》 浄土《ジョウド》 清浄《セイジョウ》 洗浄《センジョウ》

漢字	読み	部首	画数	用例
剰	ジョウ	刂	11	過剰《カジョウ》 剰余《ジョウヨ》 余剰《ヨジョウ》
壌	ジョウ	土	16	土壌《ドジョウ》
醸	ジョウ かもす	酉	20	醸造《ジョウゾウ》 醸成《ジョウセイ》 物議を醸《かも》す
津	シン つ	氵	9	興味津津《キョウミシンシン》 津波《つなみ》
唇	シン くちびる	口	10	口唇《コウシン》 紅唇《コウシン》 下唇《したくちびる》
娠	シン	女	10	妊娠《ニンシン》
紳	シン	糸	11	紳士《シンシ》
診	シン みる	言	12	診察《シンサツ》 誤診《ゴシン》 傷を診《み》る
刃	ジン は	刀	3	凶刃《キョウジン》 白刃《ハクジン》 刃物《はもの》
迅	ジン	辶	6	迅速《ジンソク》 奮迅《フンジン》 疾風迅雷《シップウジンライ》
甚	ジン はなはだ はなはだしい	甘	9	甚大《ジンダイ》 幸甚《コウジン》 甚《はなは》だ遺憾《イカン》だ

漢字	読み	部首	画数	用例
帥	スイ	巾	9	元帥《ゲンスイ》 総帥《ソウスイ》 統帥《トウスイ》
睡	スイ	目	13	睡眠《スイミン》 熟睡《ジュクスイ》 昏睡《コンスイ》 睡魔《スイマ》
枢	スウ	木	8	中枢《チュウスウ》 枢要《スウヨウ》 枢軸《スウジク》
崇	スウ	山	11	崇高《スウコウ》 崇拝《スウハイ》
据	すえる すわる	扌	11	据《す》え置き 据《す》わる
杉	すぎ	木	7	杉林《すぎばやし》 杉並木《すぎなみき》
斉	セイ	斉	8	斉唱《セイショウ》 一斉《イッセイ》
逝	セイ ゆく いく	辶	10	逝去《セイキョ》 夭逝《ヨウセイ》 急逝《キュウセイ》 逝《ゆ》《い》く
誓	セイ ちかう	言	14	誓約《セイヤク》 誓願《セイガン》 宣誓《センセイ》 誓《ちか》う
析	セキ	木	8	分析《ブンセキ》 解析《カイセキ》 析出《セキシュツ》
拙	セツ つたない	扌	8	拙劣《セツレツ》 巧拙《コウセツ》 拙速《セッソク》 拙《つたな》い
窃	セツ	穴	9	窃盗《セットウ》 窃取《セッシュ》
仙	セン	イ	5	仙人《センニン》 歌仙《カセン》 詩仙《シセン》 仙界《センカイ》

漢字	読み	部首	画数	用例
栓	セン	木	10	元栓《もとセン》 給水栓《キュウスイセン》 消火栓《ショウカセン》
旋	セン	方	11	旋回《センカイ》 旋風《センプウ》 旋律《センリツ》
践	セン	足	13	実践《ジッセン》
遷	セン	辶	15	遷都《セント》 変遷《ヘンセン》 左遷《サセン》
薦	セン すすめる	艹	16	推薦《スイセン》 他薦《タセン》 良書を薦《すす》める
繊	セン	糸	17	繊維《センイ》 繊細《センサイ》 繊毛《センモウ》
禅	ゼン	ネ	13	禅寺《ゼンでら》 座禅《ザゼン》 禅宗《ゼンシュウ》 禅譲《ゼンジョウ》
漸	ゼン	氵	14	漸次《ゼンジ》 漸増《ゼンゾウ》 漸進的《ゼンシンテキ》
租	ソ	禾	10	租税《ソゼイ》 地租《チソ》
疎	ソ うとい うとむ	足	12	過疎《カソ》 疎外《ソガイ》 世事《セジ》に疎《うと》い

(1) 古代文明**発祥**の地。
(2) 団体で**交渉**する。
(3) **訴訟**を起こす。
(4) 化学実験で**硝酸**を使う。
(5) 山が**雪化粧**する。
(6) **詔勅**※がくだる。
(7) 貯蓄を**奨励**する。
(8) 彼の功績を**顕彰**※する。
(9) ガラスを割り、**弁償**する。
(10) **暗礁**に乗り上げた船。
(11) 汚れた水を**浄化**する。
(12) **過剰**人員を減らす。
(13) 人員に**余剰**が生じる。
(14) よく肥えた**土壌**。
(15) みそを**醸造**する。
(16) 興味**津津**の話だ。
(17) **口唇**を切る。
(18) **妊娠**三カ月の女性。
(19) **紳士**的な行為。
(20) 医者の**診断**書が必要だ。
(21) 脈を**診**る。
(22) **刃物**で手を切る。
(23) **迅速**に行動する。
(24) 被害**甚大**です。
(25) **甚**※だ遺憾だ。
(26) 陸軍の**元帥**になる。
(27) **睡眠**時間が少ない。
(28) 人間の**中枢**神経。
(29) **崇高**※な理念を掲げる。
(30) 価格は**据**え置き。
(31) **杉林**の多い村。
(32) 校歌**斉唱**。
(33) 恩師が**逝去**※した。
(34) **誓約**書にサインする。
(35) 将来を**誓**った仲。
(36) 原因を**分析**する。
(37) **稚拙**※な文章だ。
(38) **窃盗**犯が捕まる。
(39) **仙人**のような暮らし。
(40) ガスの**元栓**をしめる。
(41) 空を**旋回**する飛行機。
(42) 言った事を**実践**する。
(43) 平安京**遷都**。
(44) **推薦**入試で大学に入る。
(45) **繊維**質の多い食物。
(46) **禅寺**で修行する。
(47) **漸次**※改善される。
(48) **租税**を納める。
(49) **過疎**化が進む農村。
(50) 私は世事に**疎**※い。

(6) **詔勅**…天皇が発する公文書。みことのり。
(8) **顕彰**…物事を世間に明らかにし、表彰すること。
(25) **甚だ**…ひどく。大変。
(29) **崇高**…気高く、尊く、畏敬《イケイ》の念を起こさせるさま。
(33) **逝去**…目上の人などの死を丁寧に言う語。
(37) **稚拙**…子どもっぽく、つたないさま。
(47) **漸次**…だんだん。次第に。
(50) **疎い**…知識や理解が不十分なこと。

(1) **フショウジ**を起こす。
(2) 外国と**コウショウ**する。
(3) 離婚の**ソショウ**を起こす。
(4) **ショウセキ**※を採取する。
(5) **ビショウ**※して出かける。
(6) 天子の**みことのり**※。
(7) 文科省**スイショウ**の映画。
(8) **ヒョウショウ**状の授与。
(9) 罪を**つぐな**う。
(10) 岸近くの**ガンショウ**。
(11) 極楽**ジョウド**。
(12) 少し自信**カジョウ**だ。
(13) わずかな**ジョウヨ**金。
(14) **ドジョウ**が肥えている。
(15) 物議を**かも**※す。
(16) **キョウミシンシン**のまなざし。
(17) 下**くちびる**をかむ。
(18) 妻が**ニンシン**する。
(19) **シンシ**と淑女。
(20) 意向を**ダシン**する。
(21) 医者が傷の程度を**みる**。
(22) **ハクジン**※ひらめく。
(23) 獅《し》子《し》**フンジン**※の大活躍。
(24) **コウジン**に存じます。
(25) 公私混同も**はなは**だしい。
(26) 軍隊の**ソウスイ**。
(27) 昨夜は**ジュクスイ**した。
(28) **スウヨウ**な地位をしめる。
(29) 神を**スウハイ**する。
(30) 上げ膳《ぜん》**す**え膳。
(31) **すぎ**並木の散歩道。
(32) 桜の花が**イッセイ**に咲く。
(33) 母が急に**ゆ**く。
(34) 選手**センセイ**を行う。
(35) 世界平和を**ちか**う。
(36) 数学の基礎**カイセキ**。
(37) 作品の**コウセツ**※は問わない。
(38) 他人の物を**セッシュ**する。
(39) 在原業平は六**カセン**の一人。
(40) **セン**ぬきで開ける。
(41) **センプウ**を巻き起こす。
(42) 理論と**ジッセン**。
(43) 時代が**ヘンセン**する。
(44) 彼に良書を**すす**める。
(45) **センサイ**な心の持ち主。
(46) **ザゼン**を組む。
(47) 失業者が**ゼンゾウ**傾向だ。
(48) **チソ**改正による増税。
(49) 友人から**ソガイ**される。
(50) 去るものは日々に**うと**し。

(4) **ショウセキ**…火薬やカリ肥料に使う天然鉱物。
(5) **ビショウ**…きれいに着飾ること。
(6) **みことのり**…天皇のお言葉。
(15) **かも**す…もたらす。
(22) **ハクジン**…さやから抜いた刀。しらは。
(23) **フンジン**…勢いがはげしくふるい立つこと。
(37) **コウセツ**…たくみなこととへたなこと。

1 次の太字を漢字で書きなさい。

(1)
㋐ 軍の統**スイ**権を握る。
㋑ 昏**スイ**状態から覚める。

(2)
㋐ 李白は詩**セン**と呼ばれた。
㋑ **セン**抜きを取って下さい。
㋒ 美しい**セン**律を奏でる。

(3)
㋐ 訴**ショウ**を起こす。
㋑ **ショウ**酸を使った実験。
㋒ 化**ショウ**をする。

2 次の文中の誤字を正しい漢字で書きなさい。

(1) 海に浮かぶさんご焦。
(2) 彼の描いた絵が表章される。
(3) 興味深深の話だ。
(4) 円が禅次値を上げてきている。
(5) よく肥えた土譲。

3 次の熟語の対義語を下から選び、漢字で書きなさい。

(1) 総合↔分（　）
(2) 有償↔無（　）
(3) 栄転↔左（　）
(4) 軽微↔（　）大

ジン・セキ
セン・ショウ

4 次の漢字の部首を（　）に、部首名を〔　〕に書きなさい。

(1) 奨
(2) 礁
(3) 唇
(4) 刃
(5) 甚
(6) 帥
(7) 践
(8) 窃
(9) 斉

5 次の読みをひらがなで書きなさい。

(1)
㋐ 村の**過疎**化が進む。
㋑ 私は世事に**疎**くて困る。

(2)
㋐ **夭逝**した詩人は多い。
㋑ 急に恩師が**逝**かれた。

(3)
㋐ 震災による損害は**甚大**である。
㋑ **甚**だ遺憾の意を表したい。

(4)
㋐ **誓約**をかわす。
㋑ **誓**いの言葉。

6 次の――線のところにあてはまる送りがなを書きなさい。

(1) 罪を**償**――。
(2) 良書を**薦**――。
(3) 患者を**診**――。
(4) 腰を**据**――。

準2級 5 ソ〜トウ

漢字	読み	部首・画数	用例
塑	ソ	土 13	彫塑《チョウソ》 塑像《ソゾウ》
壮	ソウ	士 6	勇壮《ユウソウ》 壮快《ソウカイ》 壮年《ソウネン》 壮大《ソウダイ》
荘	ソウ	艹 9	別荘《ベッソウ》 荘重《ソウチョウ》 荘厳《ソウゴン》(荘園《ショウエン》)
捜	ソウ さがす	扌 10	捜査《ソウサ》 捜索《ソウサク》 人を捜《さが》す
挿	ソウ さす	扌 10	挿入《ソウニュウ》 挿話《ソウワ》 挿《さ》し木
曹	ソウ	日 11	法曹《ホウソウ》 陸曹《リクソウ》 法曹界《ホウソウカイ》
喪	ソウ も	口 12	喪失《ソウシツ》 喪服《もフク》 喪主《もシュ》
槽	ソウ	木 15	水槽《スイソウ》 浴槽《ヨクソウ》 歯槽《シソウ》
霜	ソウ しも	雨 17	霜害《ソウガイ》 晩霜《バンソウ》 霜柱《しもばしら》 初霜《はつしも》
藻	ソウ も	艹 19	海藻《カイソウ》 藻類《ソウルイ》 藻《も》がはえる
妥	ダ	女 7	妥協《ダキョウ》 妥結《ダケツ》 妥当《ダトウ》

漢字	読み	部首・画数	用例
堕	ダ	土 12	堕落《ダラク》 堕胎《ダタイ》
惰	ダ	忄 12	怠惰《タイダ》 惰性《ダセイ》 惰眠《ダミン》
駄	ダ	馬 14	無駄《ムダ》 駄目《ダめ》 駄賃《ダチン》
泰	タイ	氺 10	安泰《アンタイ》 泰平《タイヘイ》 泰斗《タイト》
濯	タク	氵 17	洗濯《センタク》
但	ただし	亻 7	但《ただ》し書き
棚	たな	木 12	本棚《ホンだな》 戸棚《とだな》 大陸棚《タイリクだな》
痴	チ	疒 13	愚痴《グチ》 音痴《オンチ》
逐	チク	辶 10	逐一《チクイチ》 逐次《チクジ》 駆逐《クチク》
秩	チツ	禾 10	秩序《チツジョ》
嫡	チャク	女 14	嫡子《チャクシ》 嫡男《チャクナン》 嫡流《チャクリュウ》 嫡出《チャクシュツ》

漢字	読み	部首・画数	用例
衷	チュウ	衣 9	衷心《チュウシン》 折衷《セッチュウ》 苦衷《クチュウ》
弔	チョウ とむらう	弓 4	弔辞《チョウジ》 慶弔《ケイチョウ》 遺族を弔《とむら》う
挑	チョウ いどむ	扌 9	挑戦《チョウセン》 挑発《チョウハツ》 敵に挑《いど》む
眺	チョウ ながめる	目 11	眺望《チョウボウ》 眺《なが》めがよい
釣	チョウ つる	金 11	釣果《チョウカ》 釣魚《チョウギョ》 釣《つ》り合い
懲	チョウ こりる こらす こらしめる	心 18	懲役《チョウエキ》 懲罰《チョウバツ》 性懲《ショウこ》り
勅	チョク	力 9	勅語《チョクゴ》 勅命《チョクメイ》 勅使《チョクシ》
朕	チン	月(つきへん) 10	朕《チン》
塚	つか	土 12	貝塚《かいづか》
漬	つける つかる	氵 14	漬物《つけもの》 茶漬《チャづ》け 漬《つ》かる
坪	つぼ	土 8	建坪《たてつぼ》 坪数《つぼスウ》
呈	テイ	口 7	露呈《ロテイ》 贈呈《ゾウテイ》 進呈《シンテイ》
廷	テイ	廴 7	宮廷《キュウテイ》 朝廷《チョウテイ》 法廷《ホウテイ》 出廷《シュッテイ》

漢字	読み	部首・画数	用例
邸	テイ	阝 8	邸宅《テイタク》 豪邸《ゴウテイ》 邸内《テイナイ》 私邸《シテイ》
亭	テイ	亠 9	料亭《リョウテイ》 亭主《テイシュ》
貞	テイ	貝 9	貞淑《テイシュク》 貞操《テイソウ》 貞女《テイジョ》 貞節《テイセツ》
逓	テイ	辶 10	逓減《テイゲン》 逓信《テイシン》 逓送《テイソウ》
偵	テイ	亻 11	偵察《テイサツ》 探偵《タンテイ》 内偵《ナイテイ》
艇	テイ	舟 13	艦艇《カンテイ》 競艇《キョウテイ》 掃海艇《ソウカイテイ》
泥	デイ どろ	氵 8	拘泥《コウデイ》 雲泥《ウンデイ》 泥棒《どろボウ》 泥沼《どろぬま》
迭	テツ	辶 8	更迭《コウテツ》
徹	テツ	彳 15	徹底《テッテイ》 貫徹《カンテツ》 徹夜《テツヤ》
撤	テツ	扌 15	撤去《テッキョ》 撤回《テッカイ》 撤退《テッタイ》
悼	トウ いたむ	忄 11	追悼《ツイトウ》 哀悼《アイトウ》 死を悼《いた》む
搭	トウ	扌 12	搭載《トウサイ》 搭乗《トウジョウ》
棟	トウ むね むな	木 12	病棟《ビョウトウ》 別棟《べつむね》

準2級

(1) **彫塑**展を開く。（　）
(2) **勇壮**な太鼓のひびき。（　）
(3) **別荘**を建てる。（　）
(4) **捜査**令状を取る。（　）
(5) **挿入**句をはさむ。（　）
(6) **法曹**界に入る。（　）
(7) 記憶を**喪失**する。（　）
(8) **水槽**で泳ぐ金魚。（　）
(9) ※**霜害**にあう。（　）
(10) ビタミンたっぷりの**海藻**類。（　）
(11) ここらで**妥協**する。（　）
(12) 腐敗**堕落**した政治。（　）
(13) **怠惰**な生活をおくる。（　）
(14) 電気の**無駄**使いをやめる。（　）
(15) これで我が家も**安泰**だ。（　）
(16) 晴天なので**洗濯**をする。（　）
(17) **但**し書きをよく読む。（　）
(18) **本棚**から本を取る。（　）
(19) **愚痴**をこぼす。（　）

(20) **逐一**報告する。（　）
(21) **秩序**を乱す行為。（　）
(22) 彼の※**嫡男**は健在だ。（　）
(23) ※**衷心**から申し上げる。（　）
(24) **弔辞**を読み上げる。（　）
(25) 新しい種目に**挑戦**する。（　）
(26) 世界記録に**挑**む。（　）
(27) 頂上からの**眺望**。（　）
(28) 昨日の**釣果**は悪かった。（　）
(29) **懲役**三年の刑。（　）
(30) 教育※**勅語**。（　）
(31) 「※**朕**は国家なり。」（　）
(32) ここは昔の**貝塚**だ。（　）
(33) **漬物**が大好物だ。（　）
(34) **建坪**をはかる。（　）
(35) 彼の弱点が**露呈**する。（　）
(36) 王侯貴族の住む**宮廷**。（　）
(37) 富豪の**邸宅**。（　）
(38) 父は**料亭**を経営している。（　）

(39) ※**貞淑**な妻。（　）
(40) 経費の**逓減**をはかる。（　）
(41) 敵の様子を**偵察**する。（　）
(42) **掃海艇**が活躍する。（　）
(43) **雲泥**の差がある。（　）
(44) 留守に**泥棒**が入る。（　）
(45) 長官が※**更迭**される。（　）
(46) **徹底**的に攻める。（　）
(47) 看板を**撤去**する。（　）
(48) ※**追悼**集会を開く。（　）
(49) 荷を**搭載**している。（　）
(50) **別棟**に住んでいる。（　）

- (9)**霜害**…時期外れの霜で農作物が受ける被害。
- (22)**嫡男**…嫡出の男子。長男。あととり。
- (23)**衷心**…心の中に抱く本当の気持ち。本心。
- (30)**勅語**…天皇の言葉。
- (31)**朕**…天子・国王の自称。（古い言い方）
- (39)**貞淑**…女性のみさおがかたくしとやかなこと。
- (45)**更迭**…ある地位につく人をかえること、かわること。
- (48)**追悼**…亡き人の生前を偲び死をいたむこと。

(1) 古い時代の**ソゾウ**※が発見される。
(2) **ソウカイ**な気分だ。
(3) 教会の**ソウゴン**※な雰囲気。
(4) **ソウサク**願を出す。
(5) **さし**木と接ぎ木。
(6) 道元の開いた**ソウトウシュウ**。
(7) **も**に服する。
(8) 風呂場の**ヨクソウ**。
(9) 庭にできた**しもばしら**。
(10) 水槽に**も**がはえる。
(11) **ダケツ**により金額が決定する。
(12) **ダラク**※した生活。
(13) 今までの**ダセイ**で続ける。
(14) それは**ダメ**ですよ。
(15) 天下**タイヘイ**。
(16) **センタク**物をとりこむ。
(17) **ただ**し、子供は除く。
(18) **とだな**に物をしまう。
(19) 母は方向**オンチ**だ。

(20) 経過を**チクジ**知らせてほしい。
(21) 社会の**チツジョ**を守る。
(22) 源氏の**チャクリュウ**。
(23) **チュウシン**から友の死を惜しむ。
(24) **ケイチョウ**※の作法。
(25) **チョウハツ**に乗らない。
(26) 相手に論争を**いどむ**。
(27) **チョウボウ**抜群の部屋。
(28) **つり**を楽しむ。
(29) 悪人を**こら**しめる。
(30) **チョクメイ**※により編集した歌集。
(31) **チン**は天皇の自称。
(32) **かいづか**は貴重な遺跡だ。
(33) お**チャづけ**に梅干し。
(34) 家の**たてつぼ**を調査する。
(35) 景品を**シンテイ**します。
(36) **チョウテイ**への貢ぎ物。
(37) **ゴウテイ**に住む。
(38) **テイシュ**関白。

(39) **テイジョ**は両夫にまみえず。
(40) **テイシン**※という業務。
(41) 少年**タンテイ**団。
(42) 湾内に**カンテイ**が集結する。
(43) ささいな事に**コウデイ**※する。
(44) 顔に**どろ**をぬる。
(45) 大臣が**コウテツ**された。
(46) 要求を**カンテツ**※する。
(47) 前言を**テッカイ**する。
(48) **アイトウ**の意を表す。
(49) 航空機の**トウジョウ**券。
(50) 外科**ビョウトウ**に入院する。

(1) **ソゾウ**…粘土や石こうで作った像。
(3) **ソウゴン**…おごそかでいかめしいこと。
(12) **ダラク**…品行の修まらないこと。零落。
(24) **ケイチョウ**…よろこび祝う事と悲しみとむらう事。
(30) **チョクメイ**…天皇の命令。
(40) **テイシン**…郵便と電信等の事務。
(43) **コウデイ**…あることに気持ちがとらわれること。こだわること。
(46) **カンテツ**…行動や考えをつらぬきとおすこと。

準2級

1 次の漢字の部首を（　）に、部首名を〔　〕に書きなさい。

(1) 曹（　）〔　〕
(2) 喪（　）〔　〕
(3) 泰（　）〔　〕
(4) 衷（　）〔　〕
(5) 弔（　）〔　〕
(6) 朕（　）〔　〕
(7) 貞（　）〔　〕
(8) 艇（　）〔　〕

2 次の読みをひらがなで書きなさい。

(1)
㋐ 死を**悼**む。（　）
㋑ 犠牲者を**追悼**する式。（　）

(2)
㋐ **喪**に服している。（　）
㋑ 記憶を**喪失**する。（　）

(3)
㋐ **泥酔**状態になる。（　）
㋑ 転んで**泥**だらけになる。（　）

3 次の文中の誤字を正しい漢字で書きなさい。

(1) 被告を徴役五年に処する。（　）（　）
(2) 彼は探貞をしている。（　）（　）
(3) 昨日は撤夜で勉強した。（　）（　）
(4) 水曹に魚を入れる。（　）（　）
(5) 塔乗券を購入する。（　）（　）

4 次の——線のところにあてはまる送りがなを書きなさい。

(1) 落とし物を**捜**——。（　）
(2) 花瓶に花を**挿**——。（　）
(3) **但**——書きを読む。（　）
(4) 敵に**挑**——。（　）
(5) 魚を**釣**——。（　）
(6) きゅうりを**漬**——。（　）

5 次の熟語の構成は、後のA～Cのどれにあたるか、記号で答えなさい。

(1) **霜柱**（　）
(2) **徹夜**（　）
(3) **慶弔**（　）

A 反対の意味を重ねたもの。（例…贈答）
B 上の字が下の字を修飾しているもの。（例…楽勝）
C 下の字が上の字の目的・対象などを示すもの。（例…提案）

6 次の太字を漢字で書きなさい。

(1)
㋐ それが**ダ**当な線だろう。（　）
㋑ 怠**ダ**な生活をおくる。（　）
㋒ **ダ**賃をもらう。（　）

(2)
㋐ **ソウ**索願いを出す。（　）
㋑ 一字**ソウ**入する。（　）
㋒ 海**ソウ**類を食べる。（　）

(3)
㋐ **チョウ**発に乗らない。（　）
㋑ **チョウ**望が素晴らしい。（　）

準2級 トウ〜ヘン 6

漢字	読み	部首・画数	筆順	用例
筒	トウ つつ	竹 12	⺮ 竺 筒 筒 筒 筒	封筒《フウトウ》 水筒《スイトウ》 竹筒《たけづつ》
謄	トウ	言 17	月 胖 胖 胖 謄 謄 謄	謄写版《トウシャバン》 謄本《トウホン》
騰	トウ	馬 20	月 胖 胖 胖 騰 騰 騰	沸騰《フットウ》 暴騰《ボウトウ》
洞	ドウ ほら	氵 9	氵 汌 汈 洞 洞 洞	空洞《クウドウ》 洞察《ドウサツ》 洞穴《ほらあな》《ドウケツ》
督	トク	目 13	上 土 才 叔 督 督	監督《カントク》 督促《トクソク》
凸	トツ	凵 5	丨 凵 凸	凹凸《オウトツ》 凸版《トッパン》 (凸凹《でこぼこ》)
屯	トン	屮 4	一 匚 屯	駐屯《チュウトン》 屯田兵《トンデンヘイ》
軟	ナン やわらか やわらかい	車 11	亘 車 軟 軟 軟 軟	軟弱《ナンジャク》 軟禁《ナンキン》 軟《やわ》らかい口調
尼	ニ あま	尸 5	コ 尸 尸 尼	尼僧《ニソウ》 尼寺《あまでら》
妊	ニン	女 7	く 女 女 妊 妊 妊	懐妊《カイニン》 妊婦《ニンプ》 不妊《フニン》 妊娠《ニンシン》
忍	ニン しのぶ しのばせる	心 7	フ 刀 刃 刃 忍 忍 忍	忍者《ニンジャ》 忍耐《ニンタイ》 忍《しの》び足

漢字	読み	部首・画数	筆順	用例
寧	ネイ	宀 14	宀 宓 寧 寧 寧 寧	丁寧《テイネイ》 寧日《ネイジツ》 安寧《アンネイ》
把	ハ	扌 7	一 十 才 扌 把 把 把	把握《ハアク》 把手《ハシュ》 一把《イチワ》 十把《ジッパ》
覇	ハ	襾 19	襾 覀 覇 覇 覇	覇気《ハキ》 覇権《ハケン》 覇者《ハシャ》 制覇《セイハ》
廃	ハイ すたれる すたる	广 12	广 庐 庐 廃 廃 廃	廃物《ハイブツ》 撤廃《テッパイ》 はやり廃《すた》り
培	バイ つちかう	土 11	土 圹 圹 培 培 培	培養《バイヨウ》 栽培《サイバイ》 向上心《コウジョウシン》を培《つちか》う
媒	バイ	女 12	女 如 媒 媒 媒	媒介《バイカイ》 媒体《バイタイ》 触媒《ショクバイ》
賠	バイ	貝 15	目 貝 賠 賠 賠	賠償《バイショウ》
伯	ハク	亻 7	ノ イ 伯 伯 伯 伯	伯仲《ハクチュウ》 画伯《ガハク》 (伯父《おじ》 伯母《おば》)
舶	ハク	舟 11	舟 舟 舶 舶 舶	舶来《ハクライ》 船舶《センパク》
漠	バク	氵 13	氵 汁 漠 漠 漠	砂漠《サバク》 漠然《バクゼン》 広漠《コウバク》
肌	はだ	月（にくづき） 6	丿 月 月 月 肌 肌	肌着《はだぎ》 地肌《ジはだ》 肌色《はだいろ》

漢字	読み	部首・画数	筆順	用例
鉢	ハチ ハツ	金 13	金 釒 針 鉢 鉢	植木鉢《うえきバチ》 鉢巻《ハチま》き
閥	バツ	門 14	門 門 閥 閥 閥	財閥《ザイバツ》 学閥《ガクバツ》 派閥《ハバツ》 門閥《モンバツ》
煩	ハン ボン わずらう わずらわす	火 13	火 灯 煩 煩 煩	煩雑《ハンザツ》 煩悩《ボンノウ》 手を煩《わずら》わす
頒	ハン	頁 13	分 分 頒 頒 頒	頒布《ハンプ》 頒価《ハンカ》
妃	ヒ	女 6	く 女 女 妃 妃	王妃《オウヒ》 妃殿下《ヒデンカ》
披	ヒ	扌 8	一 十 扌 披 披 披	披露《ヒロウ》 披見《ヒケン》
扉	ヒ とびら	戸 12	戸 戸 扉 扉 扉	門扉《モンピ》 開扉《カイヒ》 扉《とびら》を開ける
罷	ヒ	罒 15	罒 罒 罷 罷 罷	罷免《ヒメン》 罷業《ヒギョウ》
猫	ビョウ ねこ	犭 11	ノ 犭 猫 猫 猫	愛猫《アイビョウ》 猫背《ねこゼ》 猫《ねこ》に小判《コバン》
賓	ヒン	貝 15	宀 宀 賓 賓 賓	来賓《ライヒン》 賓客《ヒンキャク》《ヒンカク》 主賓《シュヒン》
頻	ヒン	頁 17	止 步 頻 頻 頻	頻出《ヒンシュツ》 頻度《ヒンド》 頻発《ヒンパツ》 頻繁《ヒンパン》
瓶	ビン	瓦 11	丷 并 瓶 瓶 瓶	花瓶《カビン》 瓶詰《ビンづめ》 魔法瓶《マホウビン》
扶	フ	扌 7	一 十 扌 扶 扶	扶養《フヨウ》 扶助《フジョ》 扶育《フイク》

漢字	読み	部首・画数	筆順	用例
附	フ	阝 8	７ 了 阝 附 附 附	附属《フゾク》 寄附《キフ》
譜	フ	言 19	言 訁 譜 譜 譜	楽譜《ガクフ》 年譜《ネンプ》 系譜《ケイフ》
侮	ブ あなどる	亻 8	ノ イ 仁 侮 侮 侮	侮辱《ブジョク》 相手を侮《あなど》る
沸	フツ わく わかす	氵 8	丶 氵 氵 沸 沸 沸	煮沸《シャフツ》 沸点《フッテン》 沸《わ》き上がる
雰	フン	雨 12	雨 雨 雰 雰 雰	雰囲気《フンイキ》
憤	フン いきどおる	忄 15	忄 忄 憤 憤 憤	憤慨《フンガイ》 憤然《フンゼン》 汚職に憤《いきどお》る
丙	ヘイ	一 5	一 丆 丙 丙 丙	甲乙丙丁《コウオツヘイテイ》
併	ヘイ あわせる	亻 8	ノ イ 併 併 併	合併《ガッペイ》 併合《ヘイゴウ》 両案を併《あわ》せる
塀	ヘイ	土 12	土 圹 塀 塀 塀	土塀《ドベイ》
幣	ヘイ	巾 15	丶 丷 尚 幣 幣	貨幣《カヘイ》 紙幣《シヘイ》
弊	ヘイ	廾 15	尚 敝 弊 弊	弊害《ヘイガイ》 語弊《ゴヘイ》 旧弊《キュウヘイ》 疲弊《ヒヘイ》
偏	ヘン かたよる	亻 11	亻 仁 偏 偏 偏	偏見《ヘンケン》 偏食《ヘンショク》 食事が偏《かたよ》る
遍	ヘン	辶 12	戸 扁 遍 遍	普遍《フヘン》 遍歴《ヘンレキ》 一遍《イッペン》

準2級

(1) 手紙を**封筒**に入れる。（　）
(2) **謄写版**で印刷する。（　）
(3) お湯が**沸騰**する。（　）
(4) 中が**空洞**になっている木。（　）
(5) 野球部の**監督**。（　）
(6) 表面の**凹凸**をなぞる。（　）
(7) 自衛隊の**駐屯**地。（　）
(8) **軟弱**な地盤。（　）
(9) 修道院の**尼僧**。（　）
(10) 妻が**懐妊**する。（　）
(11) 甲賀流の**忍者**。（　）
(12) **丁寧**なあいさつをする。（　）
(13) 状況を**把握**する。（　）
(14) **覇気**※に富む。（　）
(15) **廃物**を利用する。（　）
(16) 流行が**廃**れる。（　）
(17) 細菌を**培養**する。（　）
(18) ハエが**媒介**※する病気。（　）
(19) 損害を**賠償**する。（　）

(20) 実力が**伯仲**※している。（　）
(21) **舶来**の絵の具。（　）
(22) **砂漠**に住むトカゲ。（　）
(23) **肌着**を洗う。（　）
(24) **植木鉢**に花の苗を植える。（　）
(25) **財閥**の御曹子。（　）
(26) **煩雑**※な手続き。（　）
(27) わが子の行く末を**煩**う。（　）
(28) 無料で**頒布**する。（　）
(29) 国王と**王妃**。（　）
(30) 結婚**披露宴**。（　）
(31) 鉄の**門扉**。（　）
(32) 裁判官を**罷免**※する。（　）
(33) **猫**の手も借りたいほど忙しい。（　）
(34) **来賓**のあいさつ。（　）
(35) 試験に**頻出**する英単語。（　）
(36) **花瓶**にいけた草花。（　）
(37) 家族を**扶養**する父。（　）
(38) 大学の**附属**病院。（　）

(39) **楽譜**を見て演奏する。（　）
(40) 相手を**侮辱**する言葉。（　）
(41) **煮沸**消毒。（　）
(42) 良い**雰囲気**が漂う。（　）
(43) 邪魔をされ**憤慨**※する。（　）
(44) **甲乙丙丁**。（　）
(45) 市と町が**合併**する。（　）
(46) 古都の**土塀**。（　）
(47) **貨幣**の価値が変動する。（　）
(48) 開発には**弊害**が伴う。（　）
(49) **偏見**※をとり除く。（　）
(50) **普遍**※の真理。（　）

(14) **覇気**…あふれんばかりの意気。
(18) **媒介**…なかだちをすること。
(20) **伯仲**…よく似ていて優劣のないこと。
(26) **煩雑**…めんどうでこみいっていること。
(32) **罷免**…職務をやめさせること。
(43) **憤慨**…ひどく腹を立てること。
(49) **偏見**…かたよった見解。
(50) **普遍**…すべてのものに共通してある（あてはまる）こと。

(1) **スイトウ**に水を入れる。
(2) 戸籍の**トウホン**。
(3) 株価が**ボウトウ**する。
(4) **ほらあな**の探検。
(5) 返済を**トクソク**する。
(6) **オウトツ**のある土地。
(7) 北海道の**トンデン**兵。
(8) 自宅に**ナンキン**される。
(9) **あまでら**で修行する。
(10) **ニンプ**の定期健康診断。
(11) **ニンタイ**が大事だ。
(12) 多忙のため※**ネイジツ**がない。
(13) ※**ハシュ**をつかむ。
(14) 大国の**ハケン**主義。
(15) 不平等条約の**テッパイ**。
(16) 町が**すたれる**。
(17) 植物を**サイバイ**する。
(18) コミュニケーションの※**バイタイ**。
(19) ※**バイショウ**金を支払う。
(20) 有名な**ガハク**の絵。
(21) 航行中の**センパク**。
(22) **バクゼン**とした答え方。
(23) **ジはだ**に直接はる薬。
(24) ねじり**ハチ**巻きをしてがんばる。
(25) **ハバツ**争い。
(26) ※**ボンノウ**を断つ。
(27) 先生の手を**わずら**わす。
(28) 会員だけの※**ハンプ**会。
(29) **オウヒ**と皇太子。
(30) 襲名を**ヒロウ**する。
(31) **とびら**を開ける。
(32) 同盟**ヒギョウ**とはストライキのこと。
(33) **ねこぜ**をなおす。
(34) 招待した※**ヒンキャク**。
(35) 試験に出る**ヒンド**の高い問題。
(36) **マホウビン**に入れたお茶。
(37) 相互に**フジョ**する制度。
(38) 福祉団体に**キフ**する。
(39) 作家の**ネンプ**を調べる。
(40) 相手を**あなどる**。
(41) 水の**フッテン**は百度だ。
(42) **フンイキ**をこわす言葉。
(43) 汚職に**いきどおり**を感じる。
(44) 甲乙**ヘイテイ**。
(45) 両国を**ヘイゴウ**する。
(46) **ドベイ**によりかかる。
(47) **シヘイ**を硬貨に交換する。
(48) ※**ゴヘイ**のある言い方。
(49) **ヘンショク**は体に悪い。
(50) 全国各地を**ヘンレキ**する。

(12) **ネイジツ**…心の安らぐ日。平穏無事な日。
(13) **ハシュ**…器物の、手で握り持つための突き出た部分。
(18) **バイタイ**…情報を伝える手段。
(19) **バイショウ**…損害をつぐなうこと。
(26) **ボンノウ**…人につきまとって悩ますすべての欲望。
(28) **ハンプ**…多くの人に配り与えること。
(34) **ヒンキャク**…客。客人。
(48) **ゴヘイ**…不適切な言い方による誤解。

準2級

1 次の漢字の部首を（　）に、部首名を〔　〕に書きなさい。

(1) **謄**（　）〔　〕
(2) **督**（　）〔　〕
(3) **凸**（　）〔　〕
(4) **屯**（　）〔　〕
(5) **肌**（　）〔　〕
(6) **賓**（　）〔　〕
(7) **瓶**（　）〔　〕
(8) **丙**（　）〔　〕

2 次の太字を漢字で書きなさい。

(1)
㋐ スポーツ大会の**ハ**者。（　）
㋑ 大雑**パ**な計算。（　）

(2)
㋐ 事故の**ヒン**発する場所。（　）
㋑ 国**ヒン**待遇。（　）

(3)
㋐ **ヘン**差値を重視する。（　）
㋑ 諸国を**ヘン**歴する。（　）

3 次の文中の誤字を正しい漢字で書きなさい。

(1) 物価が暴謄する。（　）
(2) 結婚被露宴に出席する。（　）
(3) 語幣の生じやすい言い方。（　）
(4) 国家が倍償する。（　）
(5) 退排的な文化。（　）

4 次の熟語の対義語を下から選び、漢字で書きなさい。

(1) 強硬↔軟（　）
(2) 粗雑↔丁（　）
(3) 国産↔（　）来
(4) 野生↔栽（　）

バイ・ハク
ネイ・ジャク

5 次の――線のところにあてはまる送りがなを書きなさい。

(1) 思い**煩**――。（　）
(2) 相手を**侮**――。（　）
(3) 湯が**沸**――。（　）
(4) **憤**――を感じる。（　）
(5) **併**――持つ。（　）
(6) 栄養が**偏**――。（　）

6 次の語の読みをひらがなで書きなさい。

(1)
㋐ 前の**扉**から出入りする。（　）
㋑ **門扉**を開ける。（　）

(2)
㋐ 優れた**洞察**力。（　）
㋑ **洞穴**で冬眠する熊。（　）

(3)
㋐ はやり**廃**りのある品物。（　）
㋑ 従来の制度を**廃止**する。（　）

(4)
㋐ 朝顔の**栽培**。（　）
㋑ 公徳心を**培**う。（　）

(5)
㋐ **柔軟**性のある体。（　）
㋑ **軟**らかなまんじゅう。（　）

準2級
ホウ～ワク
7

漢字	泡	俸	褒	剖	紡	朴	僕	撲	堀	奔	麻
読み	ホウ あわ	ホウ	ホウ ほめる	ボウ	ボウ つむぐ	ボク	ボク	ボク	ほり	ホン	マ あさ
部首・画数	氵 8	亻 10	衣 15	刂 10	糸 10	木 6	亻 14	扌 15	土 11	大 8	麻 11
筆順	丶 冫 氵 氵' 汋 泃 泃 泡	亻 仁 仨 仹 倖 倖 俸	亠 衣 衣 衣 褒 褒 褒 褒	亠 亡 立 产 音 音 剖 剖	幺 糸 糸 糸 紡 紡 紡 紡	一 十 才 木 朴 朴	亻 亻 亻 亻 僕 僕 僕 僕	扌 扌 扌 扌 撲 撲 撲 撲	扌 扌 扌 扌 堀 堀 堀 堀	一 大 大 奔 奔 奔 奔 奔	广 广 广 广 麻 麻 麻 麻
用例	発泡《ハッポウ》 気泡《キホウ》 泡《あわ》立つ	年俸《ネンポウ》 俸給《ホウキュウ》	褒美《ホウビ》 褒賞《ホウショウ》 努力を褒《ほ》める	解剖《カイボウ》	紡績《ボウセキ》 混紡《コンボウ》 糸を紡《つむ》ぐ	素朴《ソボク》 純朴《ジュンボク》	下僕《ゲボク》 公僕《コウボク》	打撲《ダボク》 撲滅《ボクメツ》 撲殺《ボクサツ》（相撲《すもう》）	外堀《そとぼり》 釣堀《つりぼり》	奔走《ホンソウ》 出奔《シュッポン》 奔放《ホンポウ》	麻薬《マヤク》 乱麻《ランマ》 麻《あさ》糸

漢字	摩	磨	抹	岬	銘	妄	盲	耗	厄	愉	諭
読み	マ	マ みがく	マツ	みさき	メイ	モウ ボウ	モウ	モウ コウ	ヤク	ユ	ユ さとす
部首・画数	手 15	石 16	扌 8	山 8	金 14	女 6	目 8	耒 10	厂 4	忄 12	言 16
筆順	广 广 广 麻 摩 摩 摩 摩	广 广 广 广 磨 磨 磨 磨	一 十 才 扌 扌 扌 抹 抹	丨 山 山 山 岬 岬 岬 岬	人 今 金 金 銘 銘 銘 銘	丶 亠 亡 亡 妄 妄	丶 亠 亡 亡 盲 盲 盲 盲	三 丰 耒 耒 耒 耒 耗 耗	一 厂 厄 厄	忄 忄 忄 忄 愉 愉 愉 愉	言 言 言 言 諭 諭 諭 諭
用例	摩擦《マサツ》 摩天楼《マテンロウ》	研磨《ケンマ》 磨滅《マメツ》 磨《みが》き粉《こ》	抹消《マッショウ》 一抹《イチマツ》 抹殺《マッサツ》	岬巡《みさきめぐ》り	感銘《カンメイ》 銘柄《メイがら》 墓碑銘《ボヒメイ》	妄想《モウソウ》 妄信《モウシン》 妄言《ボウゲン モウゲン》	盲腸《モウチョウ》 盲点《モウテン》 盲目《モウモク》	消耗《ショウモウ》 心神耗弱《シンシンコウジャク》	厄年《ヤクどし》 厄介《ヤッカイ》	愉快《ユカイ》 愉悦《ユエツ》	教諭《キョウユ》 説諭《セツユ》 懇懇《コンコン》と諭《さと》す

漢字	癒	唯	悠	猶	裕	融	庸	窯	羅	酪	痢	履	柳
読み	ユ いえる いやす	ユイ イ	ユウ	ユウ	ユウ	ユウ	ヨウ	ヨウ かま	ラ	ラク	リ	リ はく	リュウ やなぎ
部首・画数	疒 18	口 11	心 11	犭 12	ネ 12	虫 16	广 11	穴 15	罒 19	酉 13	疒 12	尸 15	木 9
筆順	广 疒 疒 疒 癒 癒 癒 癒	口 口 口 口 唯 唯 唯 唯	亻 亻 攸 攸 悠 悠 悠 悠	丿 犭 犭 猶 猶 猶 猶	礻 礻 礻 礻 裕 裕 裕 裕	鬲 鬲 鬲 鬲 融 融 融 融	广 广 户 户 庸 庸 庸 庸	宀 宀 宀 窯 窯 窯 窯	罒 罒 罒 罒 羅 羅 羅 羅	酉 酉 酉 酉 酪 酪 酪	广 疒 疒 疒 痢 痢 痢 痢	尸 尸 尸 尸 履 履 履 履	十 才 木 木 柳 柳 柳 柳
用例	癒着《ユチャク》 治癒《チユ》 平癒《ヘイユ》 癒《い》える	唯一《ユイイツ》 唯物《ユイブツ》 唯唯諾諾《イイダクダク》	悠久《ユウキュウ》 悠然《ユウゼン》 悠悠《ユウユウ》 悠長《ユウチョウ》	猶予《ユウヨ》	余裕《ヨユウ》 裕福《ユウフク》 富裕《フユウ》	金融《キンユウ》 融資《ユウシ》 融解《ユウカイ》	中庸《チュウヨウ》 凡庸《ボンヨウ》	窯業《ヨウギョウ》 窯元《かまもと》	羅列《ラレツ》 網羅《モウラ》 羅針盤《ラシンバン》	酪農《ラクノウ》	下痢《ゲリ》 赤痢《セキリ》	履歴《リレキ》 履行《リコウ》 履物《はきもの》	川柳《センリュウ》 柳腰《やなぎごし》

漢字	竜	硫	虜	涼	僚	寮	倫	累	塁	戻	鈴	賄	枠
読み	リュウ たつ	リュウ	リョ	リョウ すずしい すずむ	リョウ	リョウ	リン	ルイ	ルイ	レイ もどす もどる	レイ リン すず	ワイ まかなう	わく
部首・画数	竜 10	石 12	虍 13	氵 11	亻 14	宀 15	亻 10	糸 11	土 12	戸 7	金 13	貝 13	木 8
筆順	亠 立 立 产 音 音 音 竜	石 石 矿 矿 砬 砬 砬 硫	卜 卜 广 广 虍 虜 虜 虜	氵 汁 汁 汸 涼 涼 涼 涼	亻 亻 亻 亻 僚 僚 僚 僚	宀 宀 宀 宀 寮 寮 寮 寮	亻 亻 亻 亻 倫 倫 倫 倫	罒 田 田 田 累 累 累 累	田 田 田 田 塁 塁 塁 塁	一 ョ ョ 戸 戸 戻 戻	人 今 全 金 鈴 鈴 鈴 鈴	目 貝 貝 貝 賄 賄 賄 賄	一 十 才 木 朴 朴 枠 枠
用例	竜頭蛇尾《リュウトウダビ》 竜巻《たつまき》 恐竜《キョウリュウ》	硫酸《リュウサン》 硫化《リュウカ》 硫安《リュウアン》	捕虜《ホリョ》 虜囚《リョシュウ》	清涼《セイリョウ》 納涼《ノウリョウ》 夕涼《ゆうすず》み	同僚《ドウリョウ》 僚友《リョウユウ》 官僚《カンリョウ》	寮歌《リョウカ》 寮生《リョウセイ》 寮母《リョウボ》	倫理《リンリ》 絶倫《ゼツリン》 人倫《ジンリン》	累積《ルイセキ》 累計《ルイケイ》 累進《ルイシン》	塁審《ルイシン》 本塁《ホンルイ》 土塁《ドルイ》	返戻《ヘンレイ》 戻入《レイニュウ》 割り戻《もど》し	本鈴《ホンレイ》 風鈴《フウリン》 鈴《すず》の音	収賄《シュウワイ》 賄賂《ワイロ》 賄《まかな》い	木枠《きわく》 枠内《わくナイ》 窓枠《まどわく》

準2級

(1) 液体から**気泡**が出る。
(2) **年俸**数千万円で契約する。
(3) **褒賞**金をもらう。
(4) 不審な遺体が**剖検**された。
(5) **紡績**工場で働く。
(6) **純朴**※な少年。
(7) **下僕**として雇われる。
(8) ヒザを**打撲**する。
(9) **外堀**を埋める。
(10) 各地を**奔走**する。
(11) **麻薬**の取り締まり。
(12) **摩擦**により熱が起こる。
(13) **研磨**剤を使用する。
(14) 登録から**抹消**※する。
(15) **岬**巡りのバス旅行に参加する。
(16) 名作を読み**感銘**を受ける。
(17) **妄言**※にだまされる。
(18) **盲腸**の手術のため入院する。
(19) 体力を**消耗**する。

(20) **厄年**を迎える。
(21) とても**愉快**な出来事だ。
(22) 高校**教諭**になる。
(23) 心得違いを**諭**す。
(24) 政界と財界の**癒着**。
(25) これは**唯一**の証拠品だ。
(26) **悠久**※の昔に思いをはせる。
(27) 刑の執行が**猶予**される。
(28) **余裕**がある。
(29) **金融**機関に勤める。
(30) 彼は常に**中庸**※だ。
(31) 陶磁器の**窯元**。
(32) 無意味な数字の**羅列**※。
(33) **酪農**を営む。
(34) **下痢**を起こす。
(35) **履歴**書を書く。
(36) 気の利いた**川柳**。
(37) **恐竜**の足跡。
(38) **硫酸**の扱いに注意する。

(39) 敵の**捕虜**となる。
(40) **清涼**飲料水。
(41) **涼**しい顔をする。
(42) 彼は私の**同僚**です。
(43) **寮歌**を大声で歌う。
(44) **倫理**※を求める。
(45) **累積**した赤字。
(46) **本塁**打を打つ。
(47) **返戻**金を受け取る。
(48) **本鈴**が鳴る。
(49) **収賄**※罪で逮捕される。
(50) **木枠**で紙をすく。

(6) **純朴**…素直《すなお》でかざりけがないこと。
(14) **抹消**…消してしまうこと。
(17) **妄言**…いつわりの言葉、うそ。
(26) **悠久**…限りなく長く続いていること。永久。
(30) **中庸**…かたよらず穏当なこと。中正。中道。
(32) **羅列**…ずらりと並ぶこと。
(44) **倫理**…人のふみ行うべき道。道義。モラル。
(49) **収賄**…不正な贈物を受け取ること。

(1) **あわ**の出る風呂に入る。（　）
(2) 月月の**ホウキュウ**。（　）
(3) 努力を**ほめ**られた。（　）
(4) カエルを**カイボウ**する。（　）
(5) 糸を**つむ**ぐ。（　）
(6) **ソボク**な味わい。（　）
(7) 国民の**コウボク**。（　）
(8) 麻薬の**ボクメツ**運動。（　）
(9) **そとぼり**を埋める。（　）
(10) 郷里を**シュッポン**する。（　）
(11) 快刀**ランマ**を断つ。（　）
(12) ニューヨークの**マテンロウ**。（　）
(13) 刃の先が**マメツ**する。（　）
(14) **イチマツ**の不安。（　）
(15) **みさきめぐり**に行く。（　）
(16) 酒の**メイがら**をあてる。（　）
(17) ※**モウソウ**を抱く。（　）
(18) **モウモク**の人。（　）
(19) **ショウモウ**してすり減る。（　）
(20) **ヤッカイ**な仕事だ。（　）
(21) **ユエツ**に浸る。（　）
(22) 懇懇と**セツユ**される。（　）
(23) 弟を静かに**さと**す。（　）
(24) もう完全に**チユ**した。（　）
(25) マルクスの**ユイブツ**論。（　）
(26) **ユウゼン**とした態度。（　）
(27) 一刻の**ユウヨ**もならぬときだ。（　）
(28) **ユウフク**な家庭。（　）
(29) 企業に**ユウシ**する。（　）
(30) ※**ボンヨウ**な人物（　）
(31) **ヨウギョウ**の盛んな村。（　）
(32) すべてを※**モウラ**する。（　）
(33) 北海道の**ラクノウ**家。（　）
(34) **セキリ**菌の保菌者。（　）
(35) 約束を**リコウ**する。（　）
(36) ※**やなぎごし**の女性。（　）
(37) **たつまき**による被害。（　）
(38) ※**リュウカ**水素。（　）
(39) ※**リョシュウ**の辱めを受ける。（　）
(40) **コウリョウ**たる風景。（　）
(41) 縁台で**ゆうすず**み。（　）
(42) 会計課の※**リョウユウ**。（　）
(43) 会社の**リョウ**に入る。（　）
(44) **ジンリン**にもとる行為。（　）
(45) **ルイシン**課税。（　）
(46) 野球の**ルイシン**。（　）
(47) 割り**もどし**金を受け取る。（　）
(48) 軒下に**フウリン**を下げる。（　）
(49) ※**まかな**い付きの下宿。（　）
(50) **わくナイ**に収める。（　）

(17) **モウソウ**…根拠のないことを空想し、事実だと信じこむこと。
(30) **ボンヨウ**…平凡なこと。
(32) **モウラ**…余すところなく揃えること。
(36) **やなぎごし**…細くしなやかなこし。
(38) **リュウカ**…イオウと化合すること。
(39) **リョシュウ**…捕りょ。
(42) **リョウユウ**…同じ仕事等に携わる友人。
(49) **まかな**い…食事を用意して食べさせること。

準2級

1 次の読みをひらがなで書きなさい。

(1)
㋐ **窯**で焼き上げる。（　　）
㋑ **窯業**の生産高。（　　）

(2)
㋐ **風鈴**の音が聞こえる。（　　）
㋑ **予鈴**が鳴る。（　　）

(3)
㋐ 義務の**履行**。（　　）
㋑ **履**き物をそろえる。（　　）

2 次の——線のところにあてはまる送りがなを書きなさい。

(1) ガラスを**磨**——。（　　）
(2) 懇懇と**諭**——。（　　）
(3) とても**涼**——。（　　）
(4) 本を元に**戻**——。（　　）
(5) 弟を**褒**——。（　　）
(6) 全てを**賄**——。（　　）

3 次の漢字の部首を（　）に、部首名を〔　〕に書きなさい。

(1) **磨**（　　）〔　　〕
(2) **盲**（　　）〔　　〕
(3) **厄**（　　）〔　　〕
(4) **麻**（　　）〔　　〕

4 次の（　）に入る字を下から選び、漢字で書きなさい。

(1) （　　）積赤字
(2) 東（　　）西走
(3) 心神（　　）弱
(4) 被害（　　）想

モウ・コウ ホン・ルイ

5 次の熟語の構成は、後のA～Cのどれにあたるか、記号で答えなさい。

(1) **乱麻**（　　）　(2) **融資**（　　）　(3) **研磨**（　　）

A　意味の類似した字を重ねたもの　(例)……清潔
B　上の字が下の字を修飾しているもの　(例)……楽勝
C　下の字が上の字の目的・対象などを示すもの　(例)……提案

6 次の文中の誤字を正しい漢字で書きなさい。

(1) 磨擦で熱が生じる。（　　）
(2) とても諭快な人だ。（　　）
(3) ようやく出累した。（　　）
(4) 撲は高校二年生だ。（　　）
(5) 会社の僚に入る。（　　）

7 次の太字を漢字で書きなさい。

(1)
㋐ **ユウ**然とした態度。（　　）
㋑ **ユウ**予を与える。（　　）
㋒ 金**ユウ**機関。（　　）
㋓ 余**ユウ**しゃくしゃく。（　　）

(2)
㋐ **モウ**想にふける。（　　）
㋑ 体力が消**モウ**する。（　　）

準2級　模擬試験

60分

／200点

(一) 次の――線の読みをひらがなで記せ。〈30点〉

1 相手を威嚇する。（　）
2 作品の巧拙。（　）
3 常軌を逸脱する。（　）
4 当方の管轄ではない。（　）
5 便宜をはかる。（　）
6 嫌悪感をもよおす。（　）
7 示唆に富んだ話。（　）
8 夕飯の献立を考える。（　）
9 壮大な叙事詩。（　）
10 遷都計画を立てる。（　）
11 神の前で宣誓する。（　）
12 安寧な日日を送る。（　）
13 相手を侮る。（　）
14 肯定も否定もしない。（　）
15 世間の常識に疎い。（　）
16 神を崇拝する。（　）
17 ある日突然に逝く。（　）
18 罪を償う。（　）
19 泥のように眠る。（　）
20 食事が極端に偏る。（　）
21 最近彼の表情がとても軟らかになった。（　）
22 柳にとびつくカエル。（　）
23 一瞬のうちに水の泡となる。（　）
24 自分の殻に閉じこもる。（　）
25 事実を偽る。（　）
26 決意を懐深く秘める。（　）
27 できる限り時間を稼ぐ。（　）
28 彼は胸を患ったことがある。（　）
29 暑いのでのどが渇く。（　）
30 ドアに手を挟む。（　）

(二) 次の――線の読みをひらがなで記せ。〈20点〉

1 虚偽の申告をする。（　）
2 偽物をつかまされる。（　）
3 陥没地点を埋め立てる。（　）
4 罪のない人を陥れる。（　）
5 カーテンで遮光する。（　）
6 行く手を遮られる。（　）

7 玄関に脱臭剤を置く。
8 何やら焦げ臭い。
9 酒を醸造する。
10 物議を醸す。
11 親の手を煩わす子供。
12 煩雑な手続き。
13 培った力を発揮する。
14 培養液を使った実験。
15 襟元のネッカチーフ。
16 胸襟を開く。
17 波が砕け散る。
18 敵を粉砕する。
19 歯を矯正する。
20 角を矯めて牛を殺す。

(三) 次の漢字の**部首**を記せ。〈10点〉

〈例〉 快（忄） 列（刂）

1 亜（ ）
2 凹（ ）
3 且（ ）
4 脅（ ）
5 兼（ ）
6 繭（ ）
7 甲（ ）
8 衡（ ）
9 斎（ ）
10 嗣（ ）

(四) 次の（ ）の中に入る適切な語を□の中から選んで**漢字に直して四字熟語**を完成せよ。解答欄に二字書くこと。〈2×10＝20点〉

1 自由（ ）
2 情報（ ）
3 獅子（ ）
4 人気（ ）
5 時期（ ）
6 （ ）浦浦
7 （ ）裁判
8 （ ）西走
9 （ ）神経
10 （ ）自若

ふんじん・しょうそう
ほんぽう・ふっとう
つつ・ちゅうすう
ぶんせき・だんがい
とうほん・たいぜん

(五) 次の――線のところにあてはまる**送りがなをひらがな**で記せ。〈10点〉

1 恭――頭を下げる。
2 見るに堪――ない映像。
3 食料不足で飢――に苦しむ。
4 乗車を拒――たので歩いて行く。
5 盗みを唆――。
6 大学進学を薦――。
7 重要な任務に携――。
8 医者を志――。
9 速――に行動する。
10 とり返しのつかない過――をおかす。

(六) 次の□の中のひらがなを**必ず一度**使って**漢字に直し**、**対義語・類義語**を記せ。

〈2×10＝20点〉

〈対義語〉

1 傑作（　　）
2 実践（　　）
3 贈賄（　　）
4 拾得（　　）
5 盛運（　　）

〈類義語〉

6 頻発（　　）
7 奨励（　　）
8 俊英（　　）
9 封鎖（　　）
10 伝道（　　）

りろん・しゅんしゅう
ふきょう・すいうん
ひんしゅつ・ださく
しゅうわい・いしつ
すいしょう・しゃだん

(七) 次の文中にまちがって使われている**同じ音訓**の漢字が**一字**ずつある。**上に誤字**を、**下に正しい字**を記せ。

〈2×10＝20点〉

1 物体は磨擦によって静止する。（　）（　）
2 彼は少し被害盲想の気がある。（　）（　）
3 書物から観銘を受ける。（　）（　）
4 船が港に停舶する。（　）（　）
5 ようやく十連破をなしとげる。（　）（　）
6 連日撤夜で勉強する。（　）（　）
7 最近情諸が安定している。（　）（　）
8 戸籍騰本を取り寄せる。（　）（　）
9 再選を租止する。（　）（　）
10 このドラマは仮空の話だ。（　）（　）

(八) 次の**カタカナ**の部分を**漢字に直して**記せ。

〈2×20＝40点〉

1 幕府の**チョッカツ**していた土地。（　）
2 おじいさんはもと**ショウイ**。（　）
3 **ユウカイ**事件が発生する。（　）
4 漢詩の**オンイン**を調べる。（　）
5 小人**カンキョ**して不善を為す。（　）
6 **イカン**の意を表明する。（　）
7 この業界はほとんど**カセン**状態だ。（　）
8 いじめ・体罰を**キュウダン**する。（　）
9 結婚式で**シギン**を披露する。（　）
10 彼には**コク**な質問だ。（　）
11 寸借**サギ**が横行する。（　）
12 **ケンビ**鏡で観察する。（　）
13 **カンゲン**楽の夕べ。（　）
14 その件には**シュコウ**できる。（　）
15 **シュギョク**の名編。（　）
16 この後の**コンシン**会に出席する。（　）
17 すべてを**モウラ**するのは難しい。（　）

18 六十歳の**カンレキ**を祝う。（　　）
19 従業員が休んでも機械は**カドウ**している。（　　）
20 道を**ヘダ**てた向こう側。（　　）

(九) 熟語の構成のしかたには次のようなものがある。〈10点〉

ア 同じような意味の字を重ねたもの（清潔）
イ 反対または対応の意味を表す字を重ねたもの（贈答）
ウ 上の字が下の字を修飾しているもの（楽勝）
エ 下の字が上の字の目的語・補語になっているもの（提案）
オ 主語と述語の関係にあるもの（年長）

次の熟語はそのどれにあたるか、記号で記せ。

1 **詳細**（　　）
2 **品質**（　　）
3 **失策**（　　）
4 **鶏鳴**（　　）
5 **避難**（　　）
6 **仏滅**（　　）
7 **有無**（　　）
8 **強硬**（　　）
9 **送迎**（　　）
10 **漸進**（　　）

(十) 次の**カタカナ**の部分を**漢字に直して**記せ。〈2×10＝20点〉

1 多くの中から自由に**センタク**する。（　　）
2 天気がいいので**センタク**をする。（　　）
3 二国間の**コウショウ**。（　　）
4 大変**コウショウ**な話。（　　）
5 **セイジョウ**な状態に戻る。（　　）
6 **セイジョウ**な水で洗い清める。（　　）
7 就職が**ナイテイ**する。（　　）
8 疑わしいので**ナイテイ**させた。（　　）
9 命を**カ**けて戦う。（　　）
10 川に橋を**カ**ける。（　　）

2級 アイ〜キン 1

漢字	読み	部首	画数	用例
挨	アイ	扌	10	挨拶《アイサツ》
曖	アイ	日	17	曖昧《アイマイ》
宛	あてる	宀	8	宛《あ》てる 宛先《あてさき》
嵐	あらし	山	12	嵐《あらし》 砂嵐《すなあらし》
畏	イ おそれる	田	9	畏敬《イケイ》 畏怖《イフ》 畏《おそ》れる
萎	イ なえる	艹	11	萎縮《イシュク》 萎《な》える
椅	イ	木	12	椅子《イス》
彙	イ	彑	13	語彙《ゴイ》
咽	イン	口	9	咽喉《インコウ》
◆淫	イン みだら	氵	11	淫行《インコウ》 淫乱《インラン》 淫《みだ》らだ
唄	うた	口	10	小唄《こうた》 長唄《ながうた》
鬱	ウツ	鬯	29	憂鬱《ユウウツ》 鬱憤《ウップン》
怨	エン オン	心	9	怨恨《エンコン》 怨念《オンネン》
艶	エン つや	色	19	妖艶《ヨウエン》 色艶《いろつや》
旺	オウ	日	8	旺盛《オウセイ》
臆	オク	月	17	臆説《オクセツ》 臆測《オクソク》 臆病《オクビョウ》
俺	おれ	亻	10	俺《おれ》
苛	カ	艹	8	苛酷《カコク》 苛烈《カレツ》
◆牙	ガ ゲ きば	牙	4	牙城《ガジョウ》 歯牙《シガ》 象牙《ゾウゲ》 牙《きば》
瓦	ガ かわら	瓦	5	瓦解《ガカイ》 瓦屋根《かわらやね》
楷	カイ	木	13	楷書《カイショ》
潰	カイ つぶす つぶれる	氵	15	潰瘍《カイヨウ》 潰《つぶ》す 潰《つぶ》れる
諧	カイ	言	16	俳諧《ハイカイ》
崖	ガイ がけ	山	11	断崖《ダンガイ》 崖下《がけした》
蓋	ガイ ふた	艹	13	頭蓋骨《ズガイコツ》《トウガイコツ》 火蓋《ひぶた》
骸	ガイ	骨	16	形骸化《ケイガイカ》 死骸《シガイ》
柿	かき	木	9	柿《かき》 干《ほ》し柿《がき》
顎	ガク あご	頁	18	顎関節《ガクカンセツ》 顎《あご》
◆葛	カツ くず	艹	12	葛藤《カットウ》 葛湯《くずゆ》
釜	かま	金	10	釜飯《かまめし》
鎌	かま	金	18	鎌倉《かまくら》時代
韓	カン	韋	18	韓国《カンコク》
玩	ガン	王	8	玩具《ガング》 愛玩《アイガン》
伎	キ	亻	6	歌舞伎《カブキ》
亀	キ かめ	亀	11	亀裂《キレツ》 亀《かめ》
毀	キ	殳	13	毀損《キソン》 毀誉《キヨ》
畿	キ	田	15	畿内《キナイ》 近畿《キンキ》
臼	キュウ うす	臼	6	臼歯《キュウシ》 脱臼《ダッキュウ》 石臼《いしうす》
◆嗅	キュウ かぐ	口	13	嗅覚《キュウカク》 嗅《か》ぐ
巾	キン	巾	3	頭巾《ズキン》 雑巾《ゾウキン》
◆僅	キン わずか	亻	13	僅差《キンサ》 僅《わず》かだ
錦	キン にしき	金	16	錦秋《キンシュウ》 錦絵《にしきえ》

2級の漢字の中で、◆については、P.123を参照ください。

(1) 朝の**挨拶**。
(2) 説明が**曖昧**だ。
(3) 手紙に**宛先**を書く。
(4) **砂嵐**が吹き荒れる。
(5) **畏敬**の念を抱く。
(6) 神を**畏**れる。
(7) 人前で**萎縮**する。（元気がなくなること）
(8) **椅子**に腰かける。
(9) 英語の**語彙**を増やす。
(10) 耳鼻**咽喉**科に通う。
(11) **淫行**を規制する。
(12) 祖母の**長唄**を聴く。
(13) **憂鬱**な気分になる。
(14) **怨恨**による犯行。（うらむこと）
(15) **怨念**を抱く。（深くうらみに思う気持ち）
(16) **妖艶**な魅力の女優。（あやしいほどになまめかしく美しいこと）
(17) **色艶**に欠ける話。
(18) 食欲が**旺盛**だ。
(19) **臆病**な性格。
(20) **俺**の意見を聞け。
(21) **苛酷**な環境に耐える。
(22) 敵の**牙城**に迫る。（ある組織や勢力などの中心となる場所）
(23) **牙**を鳴らす。
(24) 幕府体制が**瓦解**する。
(25) **瓦**屋根の家。
(26) **楷書**で氏名を書く。
(27) 胃**潰瘍**で入院する。
(28) 面目を**潰**す。
(29) **俳諧**を志す。（日本文学の一形式で、俳諧連歌の略）
(30) **断崖**絶壁。
(31) **天蓋**付きのベッド。
(32) 臭いものに**蓋**をする。
(33) 動物の**死骸**。
(34) **柿**の実を食う。
(35) **顎**が痛い。
(36) 親子の**葛藤**を描く。（人と人が対立し、いがみあうこと）
(37) 同じ**釜**の飯を食う。
(38) **鎌**で草を刈る。
(39) **韓国**を旅する。
(40) 子に**玩具**を与える。
(41) **歌舞伎**の歴史を学ぶ。
(42) 関係に**亀裂**が生じる。
(43) 名誉**毀損**で訴える。（体面、利益などをそこなうこと）
(44) **近畿**地方の郷土料理。
(45) 肩を**脱臼**する。
(46) **嗅覚**が発達する。
(47) 防災**頭巾**を作る。
(48) **僅差**で試合に敗れる。
(49) **僅**かに難を逃れた。
(50) **錦絵**を飾る。

まめトライ

問 医学関係の言葉の漢字を読んでみよう。

○脱臼
○頭蓋骨
○顎関節

答 だっきゅう・ずがいこつ・がくかんせつ

(1) 朝の**アイサツ**。
(2) 説明が**アイマイ**だ。
(3) 手紙に**あてさき**を書く。
(4) **すなあらし**が吹き荒れる。
(5) **イケイ**の念を抱く。
崇高なものとしておそれうやまうこと
(6) 神を**おそれ**る。
(7) 人前で**イシュク**する。
(8) **イス**に腰かける。
(9) 英語の**ゴイ**を増やす。
ある言語、地域、人などに用いられる語の全体
(10) 耳鼻**インコウ**科に通う。
(11) **インコウ**を規制する。
(12) 祖母の**ながうた**を聴く。
(13) **ユウウツ**な気分になる。
(14) **エンコン**による犯行。
(15) **オンネン**を抱く。
(16) **ヨウエン**な魅力の女優。
(17) **いろつや**に欠ける話。
(18) 食欲が**オウセイ**だ。
(19) **オクビョウ**な性格。

(20) **おれ**の意見を聞け。
(21) **カコク**な環境に耐える。
無慈悲であまりにもむごいさま
(22) 敵の**ガジョウ**に迫る。
(23) **きば**を鳴らす。
(24) 幕府体制が**ガカイ**する。
一部のくずれから全体がこわれること
(25) **かわら**屋根の家。
(26) **カイショ**で氏名を書く。
(27) 胃**カイヨウ**で入院する。
(28) 面目を**つぶ**す。
(29) **ハイカイ**を志す。
(30) **ダンガイ**絶壁。
けわしく切り立ったがけのこと
(31) **テンガイ**付きのベッド。
(32) 臭いものに**ふた**をする。
(33) 動物の**シガイ**。
(34) **かき**の実を食う。
(35) **あご**が痛い。
(36) 親子の**カットウ**を描く。
(37) 同じ**かま**の飯を食う。
(38) **かま**で草を刈る。

(39) **カンコク**を旅する。
(40) 子に**ガング**を与える。
おもちゃ
(41) **カブキ**の歴史を学ぶ。
(42) 関係に**キレツ**が生じる。
割れ目、ひび割れ
(43) 名誉**キソン**で訴える。
(44) **キンキ**地方の郷土料理。
(45) 肩を**ダッキュウ**する。
(46) **キュウカク**が発達する。
(47) 防災**ズキン**を作る。
(48) **キンサ**で試合に敗れる。
わずかの差
(49) **わず**かに難を逃れた。
(50) **にしきエ**を飾る。

まめトライ

㊫ □に漢字を入れて四字熟語を完成させよう。

□《か》斂《れん》誅《ちゅう》□《きゅう》　税金などをきびしく取り立てること。また、そのような苛酷《かこく》な政治をいう。

□《き》毛《もう》兎《と》□《かく》　亀《かめ》の毛と兎《うさぎ》の角の意で、あるはずのない物事のたとえ。

□《あい》昧《まい》□《も》糊《こ》　物事がはっきりせず、ぼんやりしているさまをいう。

熟《じゅく》□《どく》□《がん》味《み》　文章の内容をよく理解し、深く味わうこと。

㊟ 苛・求、亀・角、曖・模、読・玩

2級

2級 グ～シュウ 2

漢字	読み	部首・画数	用例
◆惧	グ	忄 11	危惧《キグ》
串	くし	丨 7	串刺《くしざ》し　串焼《くしや》き
窟	クツ	穴 13	巣窟《ソウクツ》　洞窟《ドウクツ》
詣	ケイ　もうでる	言 13	参詣《サンケイ》　初詣《はつもうで》　詣《もう》でる
憬	ケイ	忄 15	憧憬《ショウケイ》《ドウケイ》
◆稽	ケイ	禾 15	稽古《ケイコ》　滑稽《コッケイ》
隙	ゲキ　すき	阝 13	間隙《カンゲキ》　隙間《すきま》
桁	けた	木 10	桁違《けたちが》い　橋桁《はしげた》
拳	ケン　こぶし	手 10	拳銃《ケンジュウ》　拳法《ケンポウ》　握《にぎ》り拳《こぶし》
鍵	ケン　かぎ	金 17	鍵盤《ケンバン》　鍵穴《かぎあな》
舷	ゲン	舟 11	舷側《ゲンソク》　右舷《ウゲン》

漢字	読み	部首・画数	用例
股	コ　また	月 8	股間《コカン》　股関節《コカンセツ》　内股《うちまた》　大股《おおまた》
虎	コ　とら	虍 8	虎穴《コケツ》　猛虎《モウコ》　虎《とら》
錮	コ	金 16	禁錮《キンコ》
勾	コウ	勹 4	勾配《コウバイ》　勾留《コウリュウ》
梗	コウ	木 11	心筋梗塞《シンキンコウソク》　脳梗塞《ノウコウソク》
喉	コウ　のど	口 12	喉頭《コウトウ》　咽喉《インコウ》　喉《のど》　喉元《のどもと》
乞	こう	乙 3	乞《こ》うご期待《キタイ》　命乞《いのちご》い
傲	ゴウ	亻 13	傲然《ゴウゼン》　傲慢《ゴウマン》
駒	こま	馬 15	持《も》ち駒《ごま》
頃	ころ	頁 11	頃合《ころあ》い　日頃《ひごろ》
痕	コン　あと	疒 11	痕跡《コンセキ》　血痕《ケッコン》　爪痕《つめあと》　傷痕《きずあと》《ショウコン》

漢字	読み	部首・画数	用例
沙	サ	氵 7	沙汰《サタ》
挫	ザ	扌 10	挫折《ザセツ》　頓挫《トンザ》
采	サイ	釆 8	采配《サイハイ》　喝采《カッサイ》
塞	サイ　ソク　ふさぐ　ふさがる	土 13	要塞《ヨウサイ》　梗塞《コウソク》　閉塞《ヘイソク》　塞《ふさ》ぐ　塞《ふさ》がる
柵	サク	木 9	鉄柵《テッサク》
刹	サツ　セツ	刂 8	古刹《コサツ》　名刹《メイサツ》　刹那《セツナ》
拶	サツ	扌 9	挨拶《アイサツ》
斬	ザン　きる	斤 11	斬殺《ザンサツ》　斬新《ザンシン》　斬《き》る
恣	シ	心 10	恣意的《シイテキ》
摯	シ	手 15	真摯《シンシ》
◆餌	ジ　え　えさ	食 15	好餌《コウジ》　食餌《ショクジ》　餌《えさ》　餌食《えジキ》

漢字	読み	部首・画数	用例
叱	シツ　しかる	口 5	叱責《シッセキ》　叱《しか》る
嫉	シツ	女 13	嫉妬《シット》
腫	シュ　はれる　はらす	月 13	腫瘍《シュヨウ》　筋腫《キンシュ》　肉腫《ニクシュ》　腫《は》れる　腫《は》らす
呪	ジュ　のろう	口 8	呪縛《ジュバク》　呪文《ジュモン》　呪《のろ》う
袖	シュウ　そで	衤 10	領袖《リョウシュウ》　半袖《ハンそで》　袖《そで》
羞	シュウ	羊 11	羞恥心《シュウチシン》
蹴	シュウ　ける	足 19	一蹴《イッシュウ》　蹴《け》る　蹴散《けち》らす

(1) 将来を**危惧**する。 心配しおそれること
(2) うなぎの**串**焼き。
(3) 悪の**巣窟**となる。
(4) 古寺に**参詣**する。 寺や神社におまいりすること
(5) 古寺に**詣**でる。
(6) 若者の**憧憬**の的。
(7) **滑稽**な話をする。 おかしかったりばかばかしかったりすること
(8) **間隙**を突いた攻撃。 時間的・空間的なすきま
(9) 障子から**隙間**風が入る。
(10) **桁**違いの迫力。
(11) **拳銃**を規制する。
(12) 両手で握り**拳**を作る。
(13) ピアノの**鍵盤**。
(14) 事件の**鍵**を握る人物。
(15) 船が**右舷**に傾く。
(16) **大股**で歩いて行く。
(17) **猛虎**の勢いで突き進む。
(18) **虎**の威を借る狐。
(19) **禁錮**刑に処する。

(20) 急**勾配**を登る。 傾斜のこと
(21) **脳梗塞**で倒れる。
(22) **喉頭**がんを患う。
(23) **喉**越しのよいビール。
(24) 命**乞**いをする。
(25) **傲慢**な態度をとる。
(26) 持ち**駒**を使い切る。
(27) 子どもの**頃**の思い出。
(28) **痕跡**をとどめる。 形跡
(29) 戦いの**傷痕**。
(30) 正気の**沙汰**ではない。
(31) 計画が**頓挫**する。 計画や事業などがとちゅうで行き詰まること
(32) **喝采**を浴びる。
(33) **采配**を振る。
(34) **閉塞**した時代。
(35) あいた口が**塞**がらない。
(36) 建物を**鉄柵**で囲う。
(37) **古刹**に詣でる。
(38) **挨拶**を交わす。

(39) **斬新**な色の服。 着想が新しく珍しいさま
(40) **恣意**的な解釈。 思いつきで気ままな考え
(41) **真摯**に努力する。
(42) 悪人の**餌食**にされる。
(43) 上司に**叱責**される。 しかりとがめること
(44) 才能に**嫉妬**する。
(45) 悪性**腫瘍**ができる。
(46) **呪文**を唱える。
(47) **半袖**の服を着る。
(48) **羞恥心**を感じる。
(49) 敵を**一蹴**する。 簡単に相手を負かすこと
(50) 敵を**蹴**散らす。

まめトライ

問 次のことわざの□にあてはまる漢字を書こう。

□穴《けつ》に入《い》らずんば□児《じ》を得《え》ず
※二つの□には同じ漢字が入る。
危険を冒さなければ望んだ成果が得られないことのたとえ。

瓢箪《ひょうたん》から□が出る
冗談半分で言ったことが思いがけず実現することのたとえ。

答 虎、駒

2級

(1) 将来を**キグ**する。
(2) うなぎの**くし**焼き。
(3) 悪の**ソウクツ**となる。 隠れ住む場所
(4) 古寺に**サンケイ**する。
(5) 古寺に**もう**でる。
(6) 若者の**ショウケイ**の的。 あこがれの気持ち
(7) **コッケイ**な話をする。
(8) **カンゲキ**を突いた攻撃。
(9) 障子から**すきま**風が入る。
(10) **けた**違いの迫力。
(11) **ケンジュウ**を規制する。
(12) 両手で握り**こぶし**を作る。
(13) ピアノの**ケンバン**。
(14) 事件の**かぎ**を握る人物。
(15) 船が**ウゲン**に傾く。 船尾から船首に向かい右側の船ばた
(16) **オオマタ**で歩いて行く。
(17) **モウコ**の勢いで突き進む。
(18) **とら**の威を借る狐。
(19) **キンコ**刑に処する。
(20) 急**コウバイ**を登る。
(21) **ノウコウソク**で倒れる。
(22) **コウトウ**がんを患う。
(23) **のど**越しのよいビール。
(24) 命《いのち》**ご**いをする。
(25) **ゴウマン**な態度をとる。 おごりたかぶり人を見下すこと
(26) 持ち**ごま**を使い切る。
(27) 子どもの**ころ**の思い出。
(28) **コンセキ**をとどめる。
(29) 戦いの**きずあと**。
(30) 正気の**サタ**ではない。 行為
(31) 計画が**トンザ**する。
(32) **カッサイ**を浴びる。
(33) **サイハイ**を振る。
(34) **ヘイソク**した時代。 閉ざされてふさがれること
(35) あいた口が**ふさ**がらない。
(36) 建物を**テッサク**で囲う。
(37) **コサツ**に詣でる。 由緒のある古い寺
(38) **アイサツ**を交わす。
(39) **ザンシン**な色の服。
(40) **シイ**的な解釈。
(41) **シンシ**に努力する。 ひたむきでまじめなこと
(42) 悪人の**えジキ**にされる。 欲望や利益のための犠牲となるもの
(43) 上司に**シッセキ**される。
(44) 才能に**シット**する。
(45) 悪性**シュヨウ**ができる。
(46) **ジュモン**を唱える。
(47) **ハン**そでの服を着る。
(48) **シュウチシン**を感じる。
(49) 敵を**イッシュウ**する。
(50) 敵を**け**散らす。

まめ知識

形は似てるが…

「ネ」《しめすへん》は「示」で神の意味があるから、社、祈など。「衤」《ころもへん》は「衣」で衣服の意味があるから、被、袖など。意味の違いをおぼえて迷わないようにしましょう。

2級 ショウ〜ト 3

漢字	読み	部首	画数	用例
憧	ショウ／あこがれる	忄	15	憧憬《ショウケイ／ドウケイ》 憧《あこが》れる
拭	ショク／ふく／ぬぐう	扌	9	払拭《フッショク》 拭《ふ》く 手拭《てぬぐ》い 拭《ぬぐ》う
尻	しり	尸	5	尻《しり》 尻込《しりご》み 目尻《めじり》 尻尾《しっぽ》
芯	シン	艹	7	鉛筆《エンピツ》の芯《シン》
腎	ジン	肉	13	腎臓《ジンゾウ》 肝腎《カンジン》
須	ス	頁	12	必須《ヒッス》
裾	すそ	衤	13	裾《すそ》 裾野《すその》
凄	セイ	冫	10	凄惨《セイサン》 凄絶《セイゼツ》
醒	セイ	酉	16	覚醒《カクセイ》
脊	セキ	肉	10	脊髄《セキズイ》 脊柱《セキチュウ》
戚	セキ	戈	11	親戚《シンセキ》

漢字	読み	部首	画数	用例
◆煎	セン／いる	灬	13	煎茶《センチャ》 煎《い》る 煎《い》り豆《まめ》
羨	セン／うらやむ／うらやましい	羊	13	羨望《センボウ》 羨《うらや》む 羨《うらや》ましい
腺	セン	月	13	前立腺《ゼンリツセン》 涙腺《ルイセン》
◆詮	セン	言	13	詮索《センサク》 所詮《ショセン》
◆箋	セン	竹	14	処方箋《ショホウセン》 便箋《ビンセン》
膳	ゼン	月	16	膳《ゼン》 配膳《ハイゼン》
狙	ソ／ねらう	犭	8	狙撃《ソゲキ》 狙《ねら》う 狙《ねら》い
◆遡	ソ／さかのぼる	辶	14	遡及《ソキュウ》 遡上《ソジョウ》 遡《さかのぼ》る
曽	ソウ／ゾ	日	11	曽祖父《ソウソフ》 曽孫《ソウソン》 未曽有《ミゾウ》
爽	ソウ／さわやか	大	11	爽快《ソウカイ》 爽《さわ》やかだ

漢字	読み	部首	画数	用例
痩	ソウ／やせる	疒	12	痩身《ソウシン》 痩《や》せる
踪	ソウ	𧾷	15	失踪《シッソウ》
捉	ソク／とらえる	扌	10	捕捉《ホソク》 捉《とら》える
◆遜	ソン	辶	14	謙遜《ケンソン》 不遜《フソン》
汰	タ	氵	7	沙汰《サタ》
唾	ダ／つば	口	11	唾液《ダエキ》 唾棄《ダキ》 眉唾《まゆつば》 固唾《かたず》
堆	タイ	土	11	堆積《タイセキ》 堆肥《タイヒ》
戴	タイ	戈	17	戴冠《タイカン》 頂戴《チョウダイ》
誰	だれ	言	15	誰《だれ》
旦	タン／ダン	日	5	一旦《イッタン》 元旦《ガンタン》 旦那《ダンナ》
綻	タン／ほころびる	糸	14	破綻《ハタン》 綻《ほころ》びる
緻	チ	糸	16	緻密《チミツ》 精緻《セイチ》
酎	チュウ	酉	10	焼酎《ショウチュウ》

漢字	読み	部首	画数	用例
貼	チョウ／はる	貝	12	貼付《チョウフ／テンプ》 貼《は》る
◆嘲	チョウ／あざける	口	15	嘲笑《チョウショウ》 自嘲《ジチョウ》 嘲《あざけ》る
◆捗	チョク	扌	10	進捗《シンチョク》
椎	ツイ	木	12	椎間板《ツイカンバン》 脊椎《セキツイ》
爪	つめ／つま	爪	4	爪《つめ》 生爪《なまづめ》 爪先《つまさき》 爪弾《つまび》く
鶴	つる	鳥	21	鶴《つる》 千羽鶴《センばづる》
諦	テイ／あきらめる	言	16	諦観《テイカン》 諦念《テイネン》 諦《あきら》める
◆溺	デキ／おぼれる	氵	13	溺愛《デキアイ》 溺死《デキシ》 溺《おぼ》れる
◆塡	テン	土	13	装塡《ソウテン》 補塡《ホテン》
◆妬	ト／ねたむ	女	8	嫉妬《シット》 妬《ねた》む
賭	ト／かける	貝	16	賭場《トば》 賭博《トバク》 賭《か》ける 賭《か》け

(1) 歌手に**憧**れる。
(2) 不安を**払拭**する。　すべてぬぐい去ること
(3) 思わず**尻込**みする。
(4) **目尻**を下げる。
(5) りんごの**芯**を除く。
(6) **腎臓**病の治療。
(7) 成功の**必須**条件。
(8) 上着の**裾**をつめる。
(9) **凄惨**な事故現場。　いたましい様子
(10) 才能が**覚醒**する。
(11) **脊髄**を損傷する。
(12) 盆に**親戚**が集まる。
(13) **煎茶**を飲む。
(14) **羨望**の的となる。
(15) **涙腺**がゆるむ。
(16) 過去を**詮索**する。　調べ求めること
(17) **所詮**は子供だ。
(18) **便箋**に思いを**綴**る。
(19) 旅館の**配膳**係。
(20) 犯人を**狙撃**する。
(21) 鮭が**遡上**する。　流れをさかのぼっていくこと
(22) **未曽有**の大惨事となる。
(23) **爽快**な気分になる。
(24) 病気で**痩**せ細る。
(25) 容疑者が**失踪**する。
(26) 敵を**捕捉**する。　つかまえること
(27) **謙遜**した話し方。
(28) 地獄の**沙汰**も金次第。
(29) **眉唾**ものの話だ。　だまされぬよう用心する
(30) 火山灰が**堆積**する。
(31) 品物を**頂戴**する。
(32) **誰**かに助けを求める。
(33) **一旦**休憩しよう。
(34) 経営が**破綻**する。　物事が修復できない状態に陥ること
(35) **緻密**な作業。
(36) **焼酎**を飲む。
(37) 切手を**貼付**する。
(38) 皆の**嘲笑**を買う。　あざわらうこと
(39) 作業が**進捗**する。　物事がはかどること
(40) **脊椎**を傷める。
(41) **爪**に火をともす。　非常にけちなことのたとえ
(42) **鶴**が飛来する。
(43) 時代を**諦観**する。　本質をしっかりと見極めること
(44) 登頂を**諦**める。
(45) 子を**溺愛**する。
(46) 海で**溺**れる。
(47) 損失を**補塡**する。　不足、欠損部分を補ってうめること
(48) **嫉妬**深い性格。
(49) 人の才能を**妬**む。
(50) **賭博**罪に問われる。

まめトライ

問 □に共通してあてはまる漢字を答えよう。

・**□岡八幡宮**
神奈川県鎌倉市にある神社。

・**□は千年亀は万年**
寿命が長くてめでたいこと。祝いの言葉としていう。

・**□の一声**
大勢で議論して決まらなかったことを、即座に決めてしまうような権力者や権威者の一言。

答 鶴

(1) 歌手に**あこが**れる。
(2) 不安を**フッショク**する。
(3) 思わず**しりご**みする。
(4) **めじり**を下げる。
(5) りんごの**シン**を除く。
(6) **ジンゾウ**病の治療。
(7) 成功の**ヒッス**条件。
(8) 上着の**すそ**をつめる。
(9) **セイサン**な事故現場。
(10) 才能が**カクセイ**する。 目を覚ますこと
(11) **セキズイ**を損傷する。
(12) 盆に**シンセキ**が集まる。
(13) **センチャ**を飲む。
(14) **センボウ**の的となる。 人をうらやましく思うこと
(15) **ルイセン**がゆるむ。
(16) 過去を**センサク**する。
(17) **ショセン**は子供だ。
(18) **ビンセン**に思いを綴る。
(19) 旅館の**ハイゼン**係。

(20) 犯人を**ソゲキ**する。
(21) 鮭が**ソジョウ**する。
(22) **ミゾウ**の大惨事となる。 今まで一度もなかったようなこと
(23) **ソウカイ**な気分になる。
(24) 病気で**やせ**細る。
(25) 容疑者が**シッソウ**する。 行方をくらますこと
(26) 敵を**ホソク**する。
(27) **ケンソン**した話し方。 へりくだること
(28) 地獄の**サタ**も金次第。
(29) **まゆつば**ものの話だ。
(30) 火山灰が**タイセキ**する。
(31) 品物を**チョウダイ**する。
(32) **だれ**かに助けを求める。
(33) **イッタン**休憩しよう。
(34) 経営が**ハタン**する。
(35) **チミツ**な作業。 細かいところまで手落ちがないこと
(36) **ショウチュウ**を飲む。
(37) 切手を**チョウフ**する。
(38) 皆の**チョウショウ**を買う。

(39) 作業が**シンチョク**する。
(40) **セキツイ**を傷める。
(41) **つめ**に火をともす。
(42) **つる**が飛来する。
(43) 時代を**テイカン**する。
(44) 登頂を**あきらめ**る。
(45) 子を**デキアイ**する。 むやみにかわいがること
(46) 海で**おぼ**れる。
(47) 損失を**ホテン**する。
(48) **シット**深い性格。
(49) 人の才能を**ねたむ**。
(50) **トバク**罪に問われる。

まめトライ

問 次の言葉のなかで誤って使われている同じ読みの漢字を一字見つけ、正しい漢字に直してみよう。

○心筋梗促　誤□→正□
○前立線　誤□→正□
○経営破端　誤□→正□
○自張気味　誤□→正□
○失走事件　誤□→正□

答 促→塞、線→腺、端→綻、張→嘲、走→踪

2級

2級 トウ～ユ 4

漢字	読み	部首	画数	用例
藤	トウ ふじ	艹	18	葛藤《カットウ》 藤《ふじ》 藤色《ふじいろ》
瞳	ドウ ひとみ	目	17	瞳孔《ドウコウ》 瞳《ひとみ》
頓	トン	頁	13	頓着《トンチャク／トンジャク》 整頓《セイトン》
貪	ドン むさぼる	貝	11	貪欲《ドンヨク》 貪《むさぼ》る
丼	どんぶり どん	丶	5	丼《どんぶり》 丼飯《どんぶりめし》 牛丼《ギュウどん》 天丼《テンどん》
那	ナ	阝	7	刹那《セツナ》 旦那《ダンナ》
◆謎	なぞ	言	17	謎解《なぞと》き
鍋	なべ	金	17	鍋《なべ》 鍋料理《なべリョウリ》
匂	におう	勹	4	匂《にお》う 匂《にお》い
虹	にじ	虫	9	虹色《にじいろ》
捻	ネン	扌	11	捻挫《ネンザ》 捻出《ネンシュツ》

漢字	読み	部首	画数	用例
罵	バ ののしる	罒	15	罵声《バセイ》 罵倒《バトウ》 罵《ののし》る
◆剝	ハク はがす はぐ はがれる はげる	刂	10	剝製《ハクセイ》 剝奪《ハクダツ》 剝《は》がす 剝《は》ぐ 剝《は》がれる 剝《は》げる
◆箸	はし	⺮	15	箸置《はしお》き
氾	ハン	氵	5	氾濫《ハンラン》
汎	ハン	氵	6	汎用《ハンヨウ》
斑	ハン	文	12	斑点《ハンテン》 斑状組織《ハンジョウソシキ》
眉	ビ ミ まゆ	目	9	眉目《ビモク／ミめ》 焦眉《ショウビ》 眉間《ミケン／ビカン》 眉毛《まゆげ》
膝	ひざ	月	15	膝掛《ひざか》け 膝頭《ひざがしら》
肘	ひじ	月	7	肘鉄砲《ひじデッポウ》 肘掛《ひじか》け
訃	フ	言	9	訃報《フホウ》

漢字	読み	部首	画数	用例
◆蔽	ヘイ	艹	15	隠蔽《インペイ》
◆餅	ヘイ もち	飠	15	煎餅《センベイ》 尻餅《しりもち》
璧	ヘキ	玉	18	完璧《カンペキ》 双璧《ソウヘキ》
蔑	ベツ さげすむ	艹	14	蔑視《ベッシ》 軽蔑《ケイベツ》 蔑《さげす》む
哺	ホ	口	10	哺乳類《ホニュウルイ》
蜂	ホウ はち	虫	13	蜂起《ホウキ》 蜜蜂《ミツばち》
貌	ボウ	豸	14	変貌《ヘンボウ》 美貌《ビボウ》
◆頰	ほお	頁	16	頰《ほお／ほほ》 頰張《ほおば》る
睦	ボク	目	13	親睦《シンボク》 和睦《ワボク》
勃	ボツ	力	9	勃興《ボッコウ》 勃発《ボッパツ》
昧	マイ	日	9	曖昧《アイマイ》 三昧《サンマイ》
枕	まくら	木	8	枕木《まくらぎ》 枕元《まくらもと》
蜜	ミツ	虫	14	蜜豆《ミツまめ》 蜜月《ミツゲツ》 蜂蜜《はちミツ》

漢字	読み	部首	画数	用例
冥	メイ ミョウ	冖	10	冥福《メイフク／ミョウフク》 冥加《ミョウガ》 冥利《ミョウリ》
麺	メン	麦	16	麺類《メンルイ》
冶	ヤ	冫	7	冶金《ヤキン》 陶冶《トウヤ》 鍛冶《かじ／タンヤ》
弥	や	弓	8	弥生《やよい》
闇	やみ	門	17	闇夜《やみよ》 暗闇《くらやみ》
◆喩	ユ	口	12	比喩《ヒユ》 隠喩《インユ》

(1) **葛藤**に苦しむ。
(2) **藤色**の着物を着る。
(3) **瞳孔**が開く。
(4) つぶらな**瞳**。
(5) 服に**頓着**しない。
(6) 机の上を**整頓**する。
(7) 彼は**貪欲**な男だ。
(8) **貪**るように食べた。
(9) 飯を**丼**に盛る。
(10) **天丼**を注文する。
(11) **刹那**的に生きる。
(12) **謎**かけをする。
(13) **鍋**で調理する。
(14) 花の**匂**いがする。
(15) 空に**虹**が架かる。
(16) 費用を**捻出**する。
(17) **罵声**を浴びせる。
(18) 相手を**罵倒**する。（激しくののしること）
(19) 狼の**剥製**。
(20) ポスターを**剥**がす。
(21) **箸**で食事する。
(22) 川が**氾濫**する。
(23) **汎用**機械。
(24) 肌に**斑点**ができる。
(25) **眉間**にしわを寄せる。
(26) **眉毛**をととのえる。
(27) **膝**の関節を傷める。
(28) **肘**掛けにもたれる。
(29) 恩師の**訃報**に接する。（人の死去の知らせ）
(30) 事実を**隠蔽**する。（事の真相などをおおい隠すこと）
(31) **尻餅**をつく。
(32) **完璧**な出来栄え。
(33) **軽蔑**した笑い。
(34) 怠け者の弟を**蔑**む。
(35) 人間は**哺乳類**だ。
(36) 民衆が**蜂起**する。
(37) 巣を作る**蜜蜂**。
(38) 町の姿が**変貌**する。
(39) 思わず**頬**が緩む。
(40) **親睦**を深める。
(41) 戦争が**勃発**する。
(42) 釣り**三昧**の生活。（そのことに熱中すること）
(43) **枕**を高くして眠る。
(44) 甘い**蜜**をすする。
(45) 教師**冥利**に尽きる。
(46) 昼食は**麺類**にする。
(47) 人格を**陶冶**する。（性質や能力を引き出し育てること）
(48) **弥生**時代の遺跡。
(49) **暗闇**に潜む。
(50) **比喩**表現を用いる。

まめトライ

問 次の地名を漢字で書こう。

○**きんき**地方
○**なす**高原
○**かまくら**の大仏

答 近畿、那須、鎌倉

(1) **カットウ**に苦しむ。
(2) **ふじいろ**の着物を着る。
(3) **ドウコウ**が開く。
(4) つぶらな**ひとみ**。
(5) 服に**トンチャク**しない。 気にかけてこだわること
(6) 机の上を**セイトン**する。
(7) 彼は**ドンヨク**な男だ。 非常に欲深いこと
(8) **むさぼる**ように食べた。
(9) 飯を**どんぶり**に盛る。
(10) **テンどん**を注文する。
(11) **セツナ**的に生きる。 きわめて短い時間のこと
(12) **なぞ**かけをする。
(13) **なべ**で調理する。
(14) 花の**にお**いがする。
(15) 空に**にじ**が架かる。
(16) 費用を**ネンシュツ**する。 やりくりして時間や費用を都合すること
(17) **バセイ**を浴びせる。
(18) 相手を**バトウ**する。
(19) 狼の**ハクセイ**。
(20) ポスターを**はが**す。
(21) **はし**で食事する。
(22) 川が**ハンラン**する。 洪水になること
(23) **ハンヨウ**機械。 広くいろいろな方面に用いること
(24) 肌に**ハンテン**ができる。
(25) **ミケン**にしわを寄せる。
(26) **まゆげ**をととのえる。
(27) **ひざ**の関節を傷める。
(28) **ひじ**掛けにもたれる。
(29) 恩師の**フホウ**に接する。
(30) 事実を**インペイ**する。
(31) **しりもち**をつく。
(32) **カンペキ**な出来栄え。
(33) **ケイベツ**した笑い。
(34) 怠け者の弟を**さげすむ**。
(35) 人間は**ホニュウルイ**だ。
(36) 民衆が**ホウキ**する。 大勢がいっせいに行動を起こすこと
(37) 巣を作る**ミツばち**。
(38) 町の姿が**ヘンボウ**する。
(39) 思わず**ほお**が緩む。
(40) **シンボク**を深める。 仲良くすること
(41) 戦争が**ボッパツ**する。 事件などが突然起こる様子
(42) 釣り**ザンマイ**の生活。
(43) **まくら**を高くして眠る。
(44) 甘い**ミツ**をすする。
(45) 教師**ミョウリ**に尽きる。 立場や境遇において受ける恩恵
(46) 昼食は**メン**類にする。
(47) 人格を**トウヤ**する。
(48) **やよい**時代の遺跡。
(49) **くらやみ**に潜む。
(50) **ヒユ**表現を用いる。

まめトライ

㊐ 対義語になるように□に漢字を書こう。

○ **尊敬** ↕ **軽**□
○ **抗争** ↕ **親**□
○ **明確** ↕ **曖**□
○ **散乱** ↕ **整**□

㊍蔑、睦、昧、頓

漢字	読み	部首・画数	用例
湧	ユウ わく	氵 12	湧水《ユウスイ》 湧出《ユウシュツ》 湧《わ》く
妖	ヨウ あやしい	女 7	妖怪《ヨウカイ》 妖艶《ヨウエン》 妖《あや》しい
瘍	ヨウ	疒 14	潰瘍《カイヨウ》 腫瘍《シュヨウ》
沃	ヨク	氵 7	肥沃《ヒヨク》
拉	ラ	扌 8	拉致《ラチ》
辣	ラツ	辛 14	辣腕《ラツワン》 辛辣《シンラツ》
藍	ラン あい	艹 18	出藍《シュツラン》 藍色《あいいろ》《ランショク》 藍染《あいぞ》め
璃	リ	王 14	浄瑠璃《ジョウルリ》 瑠璃色《るりいろ》
慄	リツ	忄 13	慄然《リツゼン》 戦慄《センリツ》
侶	リョ	亻 9	僧侶《ソウリョ》 伴侶《ハンリョ》
瞭	リョウ	目 17	明瞭《メイリョウ》

2級 5 ユウ～ワキ

(1) 温泉が**湧出**する。（　　）
(2) 日本古来の**妖怪**。（　　）
(3) **腫瘍**を取り除く。（　　）
(4) **肥沃**な土地。（　　）
(5) 邦人が**拉致**される。（　　）
(6) **辣腕**を振るう。 すご腕なこと（　　）
(7) **辛辣**な批評。（　　）
(8) **出藍**の誉れ。（　　）
(9) **藍染**めの着物。（　　）
(10) 人形**浄瑠璃**をみる。（　　）
(11) 事の重大さに**慄然**とする。（　　）
(12) **戦慄**が走る。 おそろしさで体が震えること（　　）
(13) 人生の**伴侶**を得る。 一緒に連れ立っていく者（　　）
(14) 発音が**明瞭**だ。（　　）
(15) **瑠璃色**の地球。（　　）
(16) 熱い**風呂**に入る。（　　）
(17) **語呂**がいい言葉。（　　）
(18) **賄賂**を贈る。 不正な目的のために贈る金品などのこと（　　）
(19) 人を**愚弄**する。（　　）
(20) 敵を**翻弄**する。 手玉に取ること（　　）
(21) **籠城**作戦をとる。（　　）
(22) 買い物**籠**を持って行く。（　　）
(23) 富士**山麓**の町。（　　）
(24) **脇腹**を傷める。（　　）
(25) 荷物を**両脇**に抱える。（　　）

まめトライ

問 次の身近な言葉の漢字を書こう。

①てぬぐい ②めいし
③はし ④やかん
⑤ふろ ⑥どんぶり
⑦きゅうす ⑧ふろしき

答 ①手拭(い) ②名刺 ③箸(箸) ④薬缶 ⑤風呂 ⑥丼 ⑦急須 ⑧風呂敷

漢字	読み	部首・画数	筆順	用例
瑠	ル	王 14	… 瑠	浄瑠璃《ジョウルリ》　瑠璃色《ルリいろ》
呂	ロ	口 7	… 呂	風呂《フロ》　語呂《ゴロ》
賂	ロ	貝 13	… 賂	賄賂《ワイロ》
弄	ロウ　もてあそぶ	廾 7	… 弄	愚弄《グロウ》　翻弄《ホンロウ》　弄《もてあそ》ぶ
籠	ロウ　かご　こもる	竹 22	… 籠	籠城《ロウジョウ》　籠《かご》　籠《こ》もる
麓	ロク　ふもと	木 19	… 麓	山麓《サンロク》　麓《ふもと》
脇	わき	月 10	… 脇	脇腹《わきばら》　両脇《リョウわき》

(1) 温泉が**ユウシュツ**する。　わきでること

(2) 日本古来の**ヨウカイ**。

(3) **シュヨウ**を取り除く。

(4) **ヒヨク**な土地。　農作物がよく育つ肥えた土地

(5) 邦人が**ラチ**される。

(6) **ラツワン**を振るう。

(7) **シンラツ**な批評。

(8) **シュツラン**の誉れ。　弟子が師匠より優れること

(9) **あいぞめ**の着物。

(10) 人形**ジョウルリ**をみる。

(11) 事の重大さに**リツゼン**とする。

(12) **センリツ**が走る。

(13) 人生の**ハンリョ**を得る。

(14) 発音が**メイリョウ**だ。

(15) **ルリいろ**の地球。

(16) 熱い**フロ**に入る。

(17) **ゴロ**がいい言葉。

(18) **ワイロ**を贈る。

(19) 人を**グロウ**する。　あなどり、からかうこと

(20) 敵を**ホンロウ**する。

(21) **ロウジョウ**作戦をとる。　城などにたてこもること

(22) 買い物**かご**を持って行く。

(23) 富士**サンロク**の町。

(24) **わきばら**を傷める。

(25) 荷物を**リョウわき**に抱える。

○◆のついた次に掲げる漢字は、いずれも［網掛け］の漢字の許容字体です。

P.110	P.110	P.110	P.113	P.116	P.116	P.116	P.116	P.116	P.119	P.119	P.119	P.119
淫	葛	僅	稽	煎	箋	遜	捗	塡	謎	箸	餅	喩
淫	葛	僅	稽	煎	箋	遜	捗	填	謎	箸	餅	喻

P.110	P.110	P.113	P.113	P.116	P.116	P.116	P.116	P.116	P.119	P.119	P.119
牙	嗅	惧	餌	詮	遡	嘲	溺	賭	剝	蔽	頰
牙	嗅	惧	餌	詮	遡	嘲	溺	賭	剥	蔽	頬

2級 模擬試験

60分　／200点

(一) 次の――線の読みをひらがなで記せ。〈30点〉

1 風呂敷を広げる。
2 理念は形骸化している。
3 筆を弄ぶ。
4 刹那的な快楽。
5 出藍の誉れ。
6 加害者に対して怨念を抱く。
7 恣意的な解釈。
8 妖しい魅力にとりつかれる。
9 防災頭巾をかぶった。
10 日光を遮蔽する。
11 気力が萎える。
12 富士の裾野。
13 悪者の餌食になる。
14 神社に詣でる。
15 もはや詮方ない。
16 香水の種類を嗅ぎ分ける。
17 眉間にしわを寄せる。
18 時代を諦観する。
19 ギターを爪弾く。
20 踪跡をくらます。
21 漫画を読んで時間を潰した。
22 世間で取り沙汰する。
23 傲然と構える。
24 尻尾を出す。
25 禁錮三年。
26 役者冥利に尽きる。
27 臆測でものを言うべきではない。
28 相手を蔑む。
29 凄惨な光景。
30 事業が頓挫する。

(二) 次の――線の読みをひらがなで記せ。〈20点〉

1 痛恨の極み。
2 台風の爪痕。
3 未曽有の災害。
4 曽祖父と暮らす。
5 畏敬の念をもつ。
6 神を畏れる。

7 両手を広げて行く手を塞ぐ。（ ）
8 閉塞した時代。（ ）
9 払拭しきれない不信感。（ ）
10 ハンカチで汗を拭う。（ ）
11 僅差で負けた。（ ）
12 残りはあと僅かだ。（ ）
13 焦眉の急。（ ）
14 眉につばを塗る。（ ）
15 車と車の間隙をぬって進む。（ ）
16 油断も隙もない。（ ）
17 貪欲に知識を吸収する。（ ）
18 本を貪り読む。（ ）
19 牙を鳴らす。（ ）
20 敵軍の牙城に迫る。（ ）

(三) 次の漢字の**部首**を記せ。〈10点〉

〈例〉 快（忄） 列（刂）

1 羞（ ）
2 顎（ ）
3 戴（ ）
4 毀（ ）
5 麓（ ）
6 串（ ）
7 拳（ ）
8 罵（ ）
9 爽（ ）
10 塞（ ）

(四) 次の（ ）の中に入る適切な語を□の中から選んで**漢字に直して四字熟語を完成せよ**。解答欄に二字書くこと。〈2×10＝20点〉

1 朝三（ ）
2 一挙（ ）
3 晴耕（ ）
4 一獲（ ）
5 千客（ ）
6 （ ）西走
7 （ ）未聞
8 （ ）点睛
9 （ ）暮改
10 （ ）四温

さんかん・ばんらい
いちどう・せんきん
ぼし・がりょう
ぜんだい・うどく
とうほん・ちょうれい

(五) 次の□の中のひらがなを**必ず一度**使って**漢字に直し、対義語・類義語**を記せ。〈2×10＝20点〉

〈対義語〉
1 潤沢（ ）
2 快諾（ ）
3 飽食（ ）
4 不足（ ）
5 堕落（ ）

〈類義語〉
6 突如（ ）
7 核心（ ）
8 譲歩（ ）
9 容赦（ ）
10 折衝（ ）

こうせい・ふい
こかつ・きが
こうしょう・かんべん
こじ・ちゅうすう
かじょう・だきょう

(六) 次の**カタカナ**の部分を**漢字に直して**記せ。　〈2×20＝40点〉

1 読書家で**ゴイ**の豊かな人だ。（　）
2 **ミツバチ**は作物の受粉に役立つ。（　）
3 **イス**に座って休んだ。（　）
4 目もくらむような**ダンガイ**だ。（　）
5 **ラチ**された要人が救出された。（　）
6 廊下に**ゾウキン**がけをする。（　）
7 執筆のため家に**こ**もる。（　）
8 **ヤミクモ**に走って逃げた。（　）
9 業務の**シンチョク**状況を伝える。（　）
10 今朝は気分が**ソウカイ**だ。（　）
11 年表を**ゴロ**合わせで覚える。（　）
12 履歴書に写真を**チョウフ**する。（　）
13 論文の文意を**ハソク**する。（　）
14 **ネンザ**した足首を冷やす。（　）
15 今でも**セキジツ**の面影を残す。（　）
16 **ゲンソク**から水平線を眺める。（　）
17 彼は**フウサイ**が上がらない。（　）
18 身内で**セイゼツ**な争いになる。（　）
19 検診で**キンシュ**が見つかった。（　）
20 町の姿が**ヘンボウ**する。（　）

(七) 熟語の構成のしかたには次のようなものがある。　〈2×10＝20点〉

ア 同じような意味の字を重ねたもの（清潔）
イ 反対または対応の意味を表す字を重ねたもの（贈答）
ウ 上の字が下の字を修飾しているもの（楽勝）
エ 下の字が上の字の目的語・補語になっているもの（提案）
オ 上の字が下の字の意味を打ち消しているもの（不眠）

次の熟語はそのどれにあたるか、記号で記せ。

1 苛酷（　）
2 消火（　）
3 悲哀（　）
4 無視（　）
5 去来（　）
6 栄枯（　）
7 新築（　）
8 握手（　）
9 河川（　）
10 非凡（　）

(八) 次の**カタカナ**の部分を**漢字に直して**記せ。　〈2×10＝20点〉

1 **コウトウ**がんが見つかる。（　）
2 地価が**コウトウ**する。（　）
3 **ハンラン**軍に対抗する。（　）
4 豪雨で川が**ハンラン**する。（　）

5 眼球の中央にあるドウコウ。
6 景気のドウコウを探る。
7 妖エンな魅力の女優。
8 エン恨による傷害事件。
9 カンセイな郊外に住んでいる。
10 カンセイ塔からの指示を待つ。

(九) 次の――線のカタカナを漢字一字と送りがな（ひらがな）で記せ。〈2×10＝20点〉

〈例〉 問題にコタエル。（答える）

1 政界にアワタダシイ動きがある。
2 屋上に看板をカカゲル。
3 処分はマヌカレルだろう。
4 明日モシクハ明後日に伺います。
5 進学をきっぱりとアキラメル。
6 自動車が道路をフサグ。
7 寝不足でまぶたがハレル。
8 本をムサボリ読む。
9 怠け者の弟をサゲスム。
10 アヤシイ魅力にとりつかれる。

同音異字

(1)
㋐ 官職の**イコウ**をひけらかす。
㋑ 相手の**イコウ**を聞く。
㋒ 有名作家の**イコウ**集を読む。

(2)
㋐ 息子に父親の**イシ**を継がせる。
㋑ 彼は見かけによらず**イシ**薄弱だ。
㋒ はっきりと**イシ**表示をする。

(3)
㋐ 彼は**カイシン**の笑みを浮かべた。
㋑ もうすぐ院長の**カイシン**の時間だ。
㋒ 犯人は**カイシン**して罪をつぐなった。

(4)
㋐ 今年は例年より**カンキ**が厳しい。
㋑ 部屋に**カンキ**扇を取りつける。
㋒ がんこな父から**カンキ**をこうむる。
㋓ 「遠足」の報に子供たちは**カンキ**した。

(5)
㋐ 美術展で名画を**カンショウ**する。
㋑ 本場のミュージカルを**カンショウ**する。
㋒ 一人旅で**カンショウ**にひたる。
㋓ 父は私の行動に**カンショウ**する。

(6)
㋐ 芸術は**キセイ**概念を捨てるべきだ。
㋑ このスカートは**キセイ**品だ。
㋒ 接戦に応援団の**キセイ**があがる。
㋓ 明日**キセイ**列車で故郷に帰る。

(7)
㋐ 有名作家の**コウエン**会を聴きに行く。
㋑ 吹奏楽団の定期**コウエン**会を開く。
㋒ 近くの**コウエン**へ散歩に行く。
㋓ ひいき役者の**コウエン**会に入る。

(8)
㋐ 今日は夏休み**サイゴ**の日だ。
㋑ 父の**サイゴ**には間に合わなかった。

(9)
㋐ 今日から愛鳥**シュウカン**だ。
㋑ **シュウカン**誌のグラビアを見る。
㋒ 犬の散歩が**シュウカン**になった。
㋓ 刑が確定して**シュウカン**された被告人。

(10)
㋐ 残飯は家畜の**シリョウ**になる。
㋑ この縄文式土器は貴重な**シリョウ**だ。
㋒ 埋もれた事件の**シリョウ**を探す。

(11)
㋐ 過去を**セイサン**して再出発する。
㋑ 乗り越し料金を**セイサン**する。
㋒ この地方は米の**セイサン**高日本一だ。

(12)
㋐ **ゼッタイ**多数で彼の再選が決まる。
㋑ **ゼッタイ**絶命になった夢を見た。

(13)
㋐ 交渉決裂の**ゼンゴ**策を講ずる。
㋑ 私の席の**ゼンゴ**は男の子だ。

(14)
㋐ 記念すべき**ソウカン**号に執筆する。
㋑ 人命救助により警視**ソウカン**賞を受ける。
㋒ 牛が百頭も集まると**ソウカン**だ。

(15)
㋐ マスゲームでピラミッドの**タイケイ**を組む。
㋑ 西洋哲学を**タイケイ**的にまとめる。

(16)
㋐ 彼は大人になったら**タイセイ**するだろう。
㋑ 軍による政治独裁**タイセイ**の国。
㋒ 九回裏を迎えて守備の**タイセイ**につく。

(17)
㋐ ゴミを不法に**トウキ**していた業者。
㋑ 昔から家にある**トウキ**のつぼ。
㋒ 土地、建物の**トウキ**所へ行く。
㋓ 来年は物価が**トウキ**しそうだという。

(18)
㋐ 彼女は男性**フシン**におちいった。
㋑ 体の具合が悪くて食欲**フシン**だ。
㋒ 物かげから**フシン**な男が見ている。

(19)
㋐ 母の長いぐちには**ヘイコウ**した。
㋑ 話し合いはついに**ヘイコウ**線をたどった。
㋒ **ヘイコウ**感覚が鋭い。

(20)
㋐ 彼のまじめさは私が**ホショウ**する。
㋑ 工場火災による損害を**ホショウ**する。
㋒ 社会**ホショウ**が充実している北欧の国々。

(21)
㋐ 大義**メイブン**を悪用してはならない。
㋑ 彼の自伝はなかなかの**メイブン**である。
㋒ 憲法に**メイブン**化されていることを守る。
㋓ 銅剣に彫られていた**メイブン**を解読する。

(22)
㋐ 銀行から**ユウシ**を受ける。
㋑ 富士山がその**ユウシ**を現す。
㋒ **ユウシ**以来の出来事が起こる。

(23)
㋐ 今年で会社の社長を**ユウタイ**する。
㋑ 映画試写会の**ユウタイ**券をもらう。

(24)
㋐ 問題文の**ヨウシ**をまとめる。
㋑ **ヨウシ**端麗な人物を選ぶ。
㋒ 念願の**ヨウシ**縁組が決まる。

(25)
㋐ 収入の**ルイケイ**額を算出する。
㋑ あの人は**ルイケイ**的な人物だ。

同訓異字

(1)
㋐ 彼とは意見が**あ**う。
㋑ 彼と**あ**う約束の時刻だ。
㋒ にわか雨に**あ**ってずぶ濡れだ。

(2)
㋐ 研究の結果を書物として**あらわ**す。
㋑ 彼は満面で喜びを**あらわ**す。
㋒ 逃げ場を失って、男は姿を**あらわ**した。

(3)
㋐ 扱いが乱暴で洋服が**いた**む。
㋑ 朝からおなかがキリキリと**いた**む。
㋒ 今は亡き恩師を**いた**む。

(4)
㋐ 棚が落ちそうなので釘を**う**つ。
㋑ 官軍が反乱軍を**う**つ。
㋒ 銀行強盗が天井に向けて銃を**う**つ。

(5)
㋐ 彼の肺は結核菌に**おか**されていた。
㋑ ふとした気の迷いで罪を**おか**す。
㋒ A国がB国の領土を**おか**した。

(6)
㋐ クラブの部費を**おさ**める。
㋑ 彼の出演で大成功を**おさ**める。
㋒ 大学で専門学科を**おさ**める。

(7)
㋐ 出張を終えて家に**かえ**る。
㋑ 酔いがさめて正気に**かえ**る。

(8)
㋐ 風**かお**る五月。
㋑ ほのかに**かお**る、バラの花。

(9)
㋐ この材木は、**かた**いので土台にする。
㋑ **かた**い石を使った彫刻。
㋒ 祖父は頭が**かた**いので話が合わない。

(10)
㋐ ついに進退**きわ**まった。
㋑ ことの真相を**きわ**める。
㋒ これは**きわ**めて深い意味がある。

(11)
㋐ バラのとげが**さ**さる。
㋑ あの丘を目**ざ**して行こう。
㋒ 握手しようと手を**さ**し出す。
㋓ この本は**さ**し絵がすばらしい。

(12)
㋐ 体を**しず**めてあたりをうかがう。
㋑ 心を**しず**めて経を読む。
㋒ ゲリラの反乱を**しず**める。

(13)
㋐ 父の会社へ入ることを**すす**める。
㋑ 警官の指示で車を**すす**める。
㋒ 彼を候補者として**すす**める。

(14)
㋐ 手術のあとの痛みに**た**える。
㋑ 珍しい鳥の種が**た**える。
㋒ 彼の負けた姿は見るに**た**えない。

(15)
㋐ アリの進入路を薬で**た**つ。
㋑ 彼との交際を**た**つ。
㋒ 画用紙を週刊誌の大きさに**た**つ。
㋓ 来年度の見通しが**た**つ。

(16)
㋐ 父は市役所に**つと**めている。
㋑ いまはただ絵の完成に**つと**める。
㋒ 会議で議長を**つと**める。

(17)
㋐ 父の怒りが**と**ける。
㋑ 砂糖が水に**と**ける。

(18)
㋐ 思いきり手足を**の**ばす。
㋑ 雨のため出発を**の**ばす。

(19)
㋐ 父は就職の便宜を**はか**ってくれた。
㋑ 毎日体重を**はか**る。
㋒ 首相の暗殺を**はか**る。
㋓ ズボンのウエストのサイズを**はか**る。
㋔ マラソンのタイムを**はか**る。
㋕ 教育問題を審議会に**はか**る。

(20)
㋐ ライターの**ひ**を借りる。
㋑ うすぐらい**ひ**の下で本を読む。
㋒ 旅行の**ひ**を決める。

(21)
㋐ 長話をしていて夜も**ふ**ける。
㋑ 役者は役によっては十歳も**ふ**ける。

(22)
㋐ 事業が**ふる**わず、経営が苦しい。
㋑ 彼は声を**ふる**わせて怒っていた。
㋒ 大会には皆さん**ふる**って参加ください。

(23)
㋐ この土地を去って数年を**へ**た。
㋑ すっかりおなかが**へ**った。

(24)
㋐ 国立劇場で歌舞伎を**み**る。
㋑ 患者の脈拍を**み**る。

(25)
㋐ 今は失業中だが**もと**は社長だ。
㋑ 規則に**もと**づいて処理する。
㋒ 現在の状況の**もと**では困難だ。
㋓ **もと**を正せば彼が悪いのだ。

(26)
㋐ 医者になる夢が**やぶ**れる。
㋑ 決勝戦で惜しくも**やぶ**れる。

(27)
㋐ 彼は小さいとき目を**わずら**った。
㋑ 都会の**わずら**わしさから逃れる。

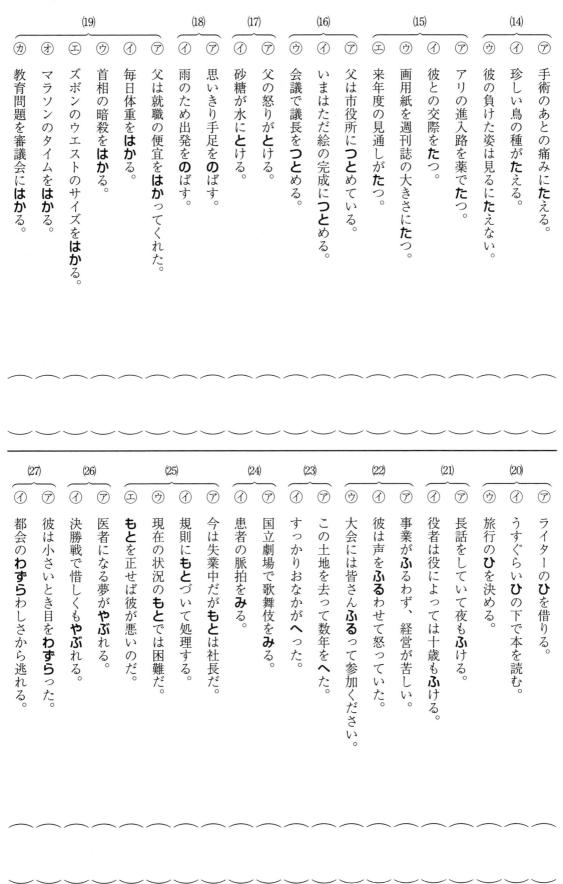

(28)
㋐ 的に**あ**たる。
㋑ 建築費に**あ**てる。
㋒ 恩師に**あ**てて手紙を書く。

(29)
㋐ 車輪の**あと**。
㋑ 傷**あと**が痛む。

(30)
㋐ 空模様が**あや**しい。
㋑ **あや**しい魅力。

(31)
㋐ 次の日図書館へ**い**った。
㋑ 多くの人に惜しまれながら**い**った。

(32)
㋐ 美しい**うた**声が響く。
㋑ 小**うた**の師匠。

(33)
㋐ 死を**おそ**れる。
㋑ 師を**おそ**れ敬う。

(34)
㋐ 小説を**か**く。
㋑ 油絵を**か**く。

(35)
㋐ 野菜を**き**る。
㋑ 世相を**き**る。

(36)
㋐ 案内を**こ**う。
㋑ **こ**うご期待。

(37)
㋐ 正確に**こた**える。
㋑ 期待に**こた**える。

(38)
㋐ 電車が**こ**む。
㋑ 考え**こ**む。

(39)
㋐ 米を**つく**る。
㋑ 庭園を**つく**る。
㋒ 画期的な商品を**つく**り出す。

(40)
㋐ この会社は彼には**つと**まらない。
㋑ 主役は**つと**まらないだろう。

(41)
㋐ 犯人を**と**らえる。
㋑ 文章の要点を**とら**える。

(42)
㋐ 梅の花の**にお**い。
㋑ 生ごみが**にお**う。

(43)
㋐ 出発の期日を**の**べる。
㋑ 手を**の**べて助け起こす。

(44)
㋐ 出発時間が**はや**まる。
㋑ 回転のスピードが**はや**まる。

(45)
㋐ テントを**は**る。
㋑ ポスターを**は**る。

(46)
㋐ 思いの**ほか**に到着が早かった。
㋑ この**ほか**に用意するものはあるか。

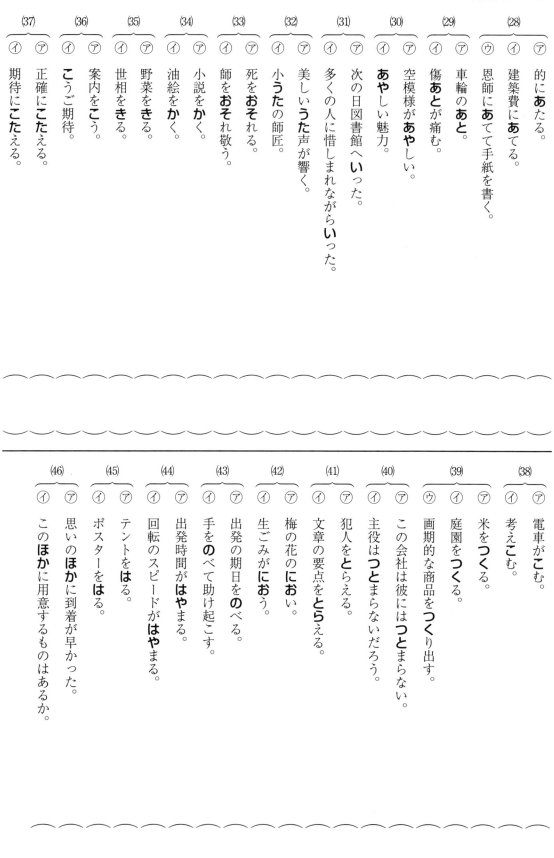

類義語・対義語

1 類義語

次の熟語の読みを（　）にひらがなで書き、その類義語を後から選び漢字に直して□に書きなさい。

(1)
㋐ 任務をまっとうする。
㋑ これは架空の話である。
㋒ じっと我慢をする。
㋓ 彼の安否を心配する。
㋔ もっと機敏に行動しよう。
㋕ 科学の発展に寄与する。
㋖ 厳粛な雰囲気。
㋗ ご随意にお持ち下さい。
㋘ 技術が飛躍的に向上する。
㋙ 彼女の気持ちを推察する。

シメイ・ニンタイ・ソウゴン・ジンソク・ニンイ
キョコウ・スイリョウ・コウケン・シンポ・ケネン

(2)
㋐ 彼のやる気のなさに失望する。
㋑ 自動車の変遷をたどる。
㋒ 綿密な計画を立てる。
㋓ 中東の緊迫した情勢。
㋔ 模型づくりに没頭する。
㋕ 食費を節約する。
㋖ 道徳的な判断をする。
㋗ 市場を専有する。
㋘ 入念に手入れをする。
㋙ 両者のちがいは歴然としている。

ハンゼン・セッパク・リンリ・ラクタン・センネン
ドクセン・セイミツ・エンカク・ケンヤク・タンネン

(3)
㋐ 最愛の友が他界した。
㋑ 暫時は口もきけなかった。
㋒ 突然の質問に狼狽する。
㋓ すべてを考慮する。
㋔ 無理やりに納得させられる。
㋕ 不朽の名作。
㋖ 店頭に陳列する。
㋗ 図書館の閲覧室。
㋘ 無用な品物を除去する。

テンジ・リョウカイ・テッキョ・エイミン・スンジ
シュウショウ・シアン・ジュウラン・フメツ

2 対義語

次の熟語の読みを（　）にひらがなで書き、その対義語を後から選び漢字に直して□に書きなさい。

(1)
㋐ ようやく**許可**される。
㋑ **虚偽**の証言をする。
㋒ 山の上は空気が**希薄**である。
㋓ その提案は**却下**する。
㋔ 細かく**具体**的に説明する。
㋕ **原則**的にそれは認められない。
㋖ **巧妙**な手口で人をだます。
㋗ あまり**高価**なので手が出ない。
㋘ **記憶**が薄れる。
㋙ **素人**のど自慢。

レイガイ・チュウショウ・セツレツ・ジュリ・レンカ・キンシ・クロウト・シンジツ・ボウキャク・ノウコウ

(2)
㋐ **自然**食品を食べる。
㋑ **一般**の人は入れない。
㋒ **自立**心の強い若者。
㋓ **淡白**な味つけ。
㋔ 不必要なものを**削除**する。
㋕ 時間を**延長**する。
㋖ 雨で試合は**中止**された。
㋗ **複雑**な問題を解く。
㋘ **穏健**な思想。
㋙ **軽率**な行動はつつしむ。

カゲキ・タンシュク・トクシュ・ジンコウ・ノウコウ・タンジュン・シンチョウ・ケイゾク・テンカ・イライ

(3)
㋐ **独創**的なアイデアを出す。
㋑ 成分を**分析**する。
㋒ 彼の考え方は**保守**的だ。
㋓ 将来を**悲観**して悩む。
㋔ **偶然**に道で彼女に会った。
㋕ 物を**理論**的に考える。
㋖ あの子は年のわりに**幼稚**だ。
㋗ 多いか少ないかは**相対**的なことだ。
㋘ 事の**概略**を述べる。
㋙ 連盟から**脱退**する。

ラッカン・カクシン・モホウ・ショウサイ・ヒツゼン・ジッセン・ゼッタイ・カニュウ・ソウゴウ・ロウレン

三字熟語

次の三字熟語を完成させ、読みを（　）にひらがなで書きなさい。

(1) 青二□　若くて経験の浅い男を軽蔑して言う言葉。（　　）
(2) 悪□環　悪い影響を与え合って、どんどん悪くなること。（　　）
(3) 意□地　つまらないことに意地を張ること。（　　）
(4) 衣□住　生活に欠かせない衣服と食事と住居。（　　）
(5) 一段□　物事に一応のくぎりがつくこと。（　　）
(6) 有□天　喜びで夢中になり、我を忘れること。（　　）
(7) 往□際　死ぬとき。また、あきらめるとき。（　　）
(8) □一的　すべてが一様にそろっていること。（　　）
(9) □渡期　物事が移り変わる不安定な時期。（　　）
(10) 過不□　数量が多すぎることと少なすぎること。（　　）
(11) 紙□重　非常にわずかな違いのたとえ。（　　）
(12) 皮□用　手に入れていない物をあてにして予定を立てる。（　　）
(13) 間一□　ぎりぎりのところ。（　　）
(14) 感□性　物事を感じ取る力。（　　）

(15) 感□量　胸いっぱいにしみじみと感じること。（　　）
(16) 几□面　性格や行動が厳格できちんとしているさま。（　　）
(17) □観的　自分の考えを加えず、ありのままに。（　　）
(18) 金字□　後世に残るような優れた業績。（　　）
(19) 下馬□　第三者のする評判。（　　）
(20) 紅□点　男の中に女が一人だけまじっていること。（　　）
(21) □理化　無駄を省いて能率を上げること。（　　）
(22) 最高□　気持ちや状態が最も高まること。クライマックス。（　　）
(23) 試□石　価値や力量を試す基準となる物事。（　　）
(24) 地□耳　人の秘密を素早く知ること。また、聞いたことを忘れないこと。（　　）
(25) 自□心　自分自身を尊重する心。プライド。（　　）
(26) □交的　進んで人と付き合おうとする様子。（　　）
(27) 集大□　たくさんのものを集めて一つにまとめあげること。（　　）
(28) □観的　自分だけの考えに基づいた。（　　）
(29) □動的　受け身である様子。（　　）
(30) 初一□　最初に心に決めた考えや望み。（　　）
(31) 正□場　ここぞという重要な場面。（　　）

(32) 序破□　雅楽や舞曲での曲の構成。また、物事の順序。（　　）
(33) 真□頂　本来の姿。（　　）
(34) □美眼　美しいものを見分ける力。（　　）
(35) 世間□　人々が自分をどう見るかということ。（　　）
(36) 瀬□際　勝敗や生死などの重大な分かれ目。（　　）
(37) □後策　物事の後をうまく収める方法。（　　）
(38) 先□観　前から持っているものの見方。思い込み。（　　）
(39) 千□眼　遠くの様子や人の心などを見通す力。（　　）
(40) 走□灯　くるくると変わることのたとえ。（　　）
(41) 大□柱　家や団体の中心となる人。（　　）
(42) 高□車　頭から押さえつけるような態度。（　　）
(43) 鉄□皮　ずうずうしいこと。（　　）
(44) 天□山　勝負の分かれ目。（　　）
(45) □竜門　出世や成功のための関門。（　　）
(46) 生半□　中途半端で十分でない様子。（　　）
(47) 二□舌　うそを言うこと。（　　）
(48) □動的　自分から進んで行動する様子。（　　）

---

(49) □一貫　自分の体以外には何もないこと。（　　）
(50) 破□荒　今までだれもしなかったことをすること。（　　）
(51) □観的　物事を悪い方に考える様子。（　　）
(52) 非常□　常識から外れること。（　　）
(53) 必□品　どうしても必要な物。（　　）
(54) 不□避　避けられないこと。（　　）
(55) 不□慎　態度が不まじめなこと。（　　）
(56) 仏□面　機嫌の悪い顔。ふくれっ面。（　　）
(57) □遍的　すべてのことに共通する様子。（　　）
(58) 不本□　本当の気持ちではないこと。（　　）
(59) 無□気　素直で悪い心がないこと。（　　）
(60) 無□蔵　限りなく豊かにあること。（　　）
(61) 無□骨　役に立たない苦労をすること。（　　）
(62) 門外□　専門ではない人。直接関係のない人。（　　）
(63) 役□足　役目が軽過ぎること。（　　）
(64) 楽□的　物事を明るい方に考える様子。（　　）
(65) 理□尽　理屈に合わないこと。（　　）

四字熟語

次の四字熟語を完成させ、読みを（　）にひらがなで書きなさい。

(1) 悪戦苦□　死にもの狂いで戦うこと。苦しみ努力すること。（　　　）

(2) 暗中□索　暗やみで手さぐりするように、いろいろと方法をさぐること。（　　　）

(3) □気消沈　がっかりして元気がなくなること。（　　　）

(4) 意気□合　気持ちや考えがぴったり合うこと。（　　　）

(5) 意気□々　元気よく、得意になる様子。（　　　）

(6) □口同音　多くの人がみな、口をそろえて同じことを言うこと。（　　　）

(7) 以心□心　言葉では説明できない深遠・微妙な事柄を心に伝えわからせること。（　　　）

(8) 一□一会　生涯に一度限りであること。（　　　）

(9) 一日千□　とても待ち遠しいこと。（　　　）

(10) 一□打尽　一度に一味を全部捕らえること。（　　　）

(11) 一喜一□　喜んだり心配したりすること。（　　　）

(12) 一□両得　一つの行為で二つの利益を得ること。（　　　）

(13) 一刻千□　少しの時間にも非常に大きな価値があること。（　　　）

(14) 一□即発　わずかなきっかけで一大事になりそうな様子。（　　　）

(15) 一所懸□　命がけでがんばること。（　　　）

(16) 一進一□　良くなったり悪くなったりすること。（　　　）

(17) 一□不乱　わき目もふらず、一つのことに集中すること。（　　　）

(18) 一□一代　一生に一度しかないこと。（　　　）

(19) 一石二□　一つのことをして二つの利益を同時に得ること。（　　　）

(20) 一朝一□　わずかの時間。（　　　）

(21) 一□一短　長所もあるし短所もあること。（　　　）

(22) 一□両断　物事を思い切って処理すること。（　　　）

(23) 意味□長　言葉の底に深い意味の含まれていること。（　　　）

(24) 有為□変　万物が常に変化してやまないこと。（　　　）

(25) □往左往　うろたえて騒ぐこと。（　　　）

(26) □千山千　経験が豊富で、ずる賢いこと。（　　　）

(27) 雲□霧消　雲や霧が消えてしまうように物事が一度に消えてなくなること。（　　　）

(28) 会者定□　会う者は必ず別れる定めにあるということ。（　　　）

(29) 温□知新　昔の事をたずね求めて、そこから新しい見解・知識を得ること。（　　　）

(30) □刀乱麻　もつれた物事をきっぱり処断・解決すること。（　　　）

(31) 我□引水　物事を、自分の利益になるように引きつけ言ったりしたりすること。（　　　）

⑶² 画竜□睛　事を完成するために最後に加える大切な仕上げ。（　　）

⑶³ 夏□冬扇　夏の火ばち、冬のおうぎのように、時節に合わない無用の物。（　　）

⑶⁴ 感□無量　深く身にしみて感じること。（　　）

⑶⁵ 勧善□悪　善事をすすめ、悪事をこらすこと。（　　）

⑶⁶ 完全無□　全く欠点がないこと。（　　）

⑶⁷ 危機一□　髪一本ほどのわずかの差のところまで危機がせまること。（　　）

⑶⁸ 起□回生　滅亡・崩壊の危機を救って、よい状態にすること。（　　）

⑶⁹ 起□転結　物事の順序・作法。（　　）

⑷⁰ 疑心暗□　疑う心が起こると、何でもない事まで恐ろしくなること。（　　）

⑷¹ 奇想□外　全く思いもよらないような奇抜なこと。（　　）

⑷² 喜怒□楽　人間のさまざまな感情。（　　）

⑷³ 旧態□然　進歩がない様子。（　　）

⑷⁴ 急転直□　事態が急変して解決に向かうこと。（　　）

⑷⁵ 玉石□交　すぐれたもの、つまらないものが、入り混じっていること。（　　）

⑷⁶ 金科□条　この上なく大切にして従うべききまり。（　　）

⑷⁷ 空前□後　今までに一度もなく、これからも起こらないと思われるまれなこと。（　　）

⑷⁸ 牽□付会　自分の都合のよいように無理に理屈をこじつけること。（　　）

⑷⁹ 乾坤□擲　運命をかけて、のるかそるかの勝負をすること。（　　）

⑸⁰ 行雲流□　執着することなく物に応じ、事に従って行動すること。（　　）

⑸¹ 厚顔無□　ずうずうしくて恥知らずなこと。（　　）

⑸² 巧言□色　言葉をうまくかざり、顔色をうまくつくろうこと。（　　）

⑸³ □明正大　公平で正しいこと。（　　）

⑸⁴ 呉越□舟　仲の悪い者同士が一所にいること。（　　）

⑸⁵ 孤立無□　一人きりで助けがないこと。（　　）

⑸⁶ 虎□眈眈　虎が獲物をねらうように、機会をねらって様子をうかがうこと。（　　）

⑸⁷ 五里□中　迷って方針や見込みなどの立たないこと。（　　）

⑸⁸ 言語□断　もっての外であること。（　　）

⑸⁹ 才□兼備　才知と美貌《びぼう》を兼ね備えている女性のこと。（　　）

⑹⁰ 山紫水□　山が日に照りはえ、川が清らかに流れる美しい山水の形容。（　　）

⑹¹ 自画□賛　自分で自分のことをほめること。手前みそ。（　　）

⑹² 四□八苦　ひどく悩み苦しむこと。（　　）

⑹³ 自□自得　自分がしたことの当然の報いを受けること。（　　）

⑹⁴ 時代□誤　時代の傾向に遅れ、合わないこと。（　　）

⑹⁵ 七転八□　転げ回って苦しみもだえる様子。（　　）

(66) 質実□健　飾り気がなくまじめで、心がしっかりしていること。（　　）

(67) 自暴自□　投げやりになること。（　　）

(68) 四□楚歌　助けがなく、まわりが敵・反対者ばかりであること。（　　）

(69) 縦横無□　自由自在。思う存分。（　　）

(70) 終始一□　最初から最後まで筋が通っていること。（　　）

(71) 周□狼狽　あわてふためき、うろたえ騒ぐこと。（　　）

(72) 十人十□　人それぞれ性格などが違うこと。（　　）

(73) 主□転倒　主になるものとそうでないものを取り違えること。（　　）

(74) 取□選択　悪いものを捨て、良いものを選びとること。（　　）

(75) 首□一貫　最初から最後まで一つの考えで通すこと。（　　）

(76) 順風□帆　物事が順調に進む様子。（　　）

(77) □葉末節　どうでもよい細かい部分。（　　）

(78) □肉強食　弱者の犠牲の上に強者が栄えること。（　　）

(79) 初□貫徹　最初に決めたことをやり通すこと。（　　）

(80) 支離□裂　散り散りばらばらになって、筋道の立たないさま。（　　）

(81) 心□一転　あるきっかけですっかり心を入れかえること。（　　）

(82) 神出□没　たちまち現れたり隠れたりして、所在が容易に計り知れないこと。（　　）

(83) 針小□大　針ほどの小さいことを、大げさに言うこと。（　　）

(84) 新進□鋭　新しく進出して勢いが盛んな様子。（　　）

(85) 酔生□死　何も価値のある事をせず、ただ生きていただけの一生を終えること。（　　）

(86) 晴耕□読　晴れた日は畑を耕し、雨の日は家にいて読書すること。（　　）

(87) 青天白□　心にやましいところが全くないこと。（　　）

(88) □廉潔白　心が清らかで、けがれがないこと。（　　）

(89) 切磋琢□　仲間同士が互いに励ましあって向上すること。（　　）

(90) 絶□絶命　逃れようのない困難な場面。（　　）

(91) 千□一遇　千年に一度しか出会えないような、めったにないよい機会であること。（　　）

(92) 千□万別　種種様様にちがうこと。（　　）

(93) 前代未□　今まで聞いたことのない珍しいこと。（　　）

(94) 千変万□　次から次へとめまぐるしく変化すること。（　　）

(95) 大器□成　本当の大人物は、若いころは目立たず後に大成するということ。（　　）

(96) 大□不敵　度胸があり物事を恐れない様子。（　　）

(97) 大同□異　大体同じで細かい点だけが異なること。（　　）

(98) □刀直入　前置きや遠回りなことをせず、直接に要点にはいること。（　　）

(99) 適□適所　才能に応じて人材をふさわしい場所に置くこと。（　　）

(100) 徹頭徹□　最初から最後まで。（　　）

(101) 天□無縫　ごく自然で、飾り気のない様子。（　　）

(102) 電□石火　非常に素早いこと。（　　）

(103) 天変地□　自然界に起こる異変。（　　）

(104) 当□即妙　その場にうまく合うように即座に機転をきかすこと。（　　）

(105) 東奔西□　あちこち忙しくかけまわること。（　　）

(106) 内憂外□　うちわどうしでの心配事と外部から圧迫や攻撃を受ける心配。（　　）

(107) 南□北馬　絶えず方々に旅行すること。（　　）

(108) 日□月歩　休みなく、どんどん進歩すること。（　　）

(109) 二律□反　二つの妥当と思われる原理・考えが、矛盾して両立しないこと。（　　）

(110) □耳東風　人の意見や批評を全く気にかけないで聞き流すこと。（　　）

(111) 八□美人　だれに対してもうまくふるまう人。（　　）

(112) 半信半□　うそか本当かで迷っている様子。（　　）

(113) 美□麗句　うわべだけを飾った言葉。（　　）

(114) 表裏一□　反対に見えても実は密接な関係にあること。（　　）

(115) 不□実行　黙って実行すること。（　　）

(116) 不即不□　つかず離れずの関係を保つこと。（　　）

---

(117) 付和□同　自分にしっかりした考えがなく、むやみに他人に同調すること。（　　）

(118) □骨砕身　力の限り努力すること。（　　）

(119) 傍若□人　自分勝手にふるまうこと。（　　）

(120) 本末転□　大事なこととささいなことを取り違えること。（　　）

(121) 無我□中　一つのことに熱中し、我を忘れること。（　　）

(122) 無□乾燥　味わいやおもしろみがないこと。（　　）

(123) 明□止水　邪念のない、落ち着いた静かな心境。（　　）

(124) 面従□背　表面だけは服従するように見せかけて、内心では反対すること。（　　）

(125) 優柔□断　ぐずぐずしていて物事の決断がおそいこと。（　　）

(126) □名無実　名前だけで実質が伴わないこと。（　　）

(127) 悠々□適　世間のわずらわしさを避け、心静かに暮らすこと。（　　）

(128) □断大敵　気をゆるすことは物事の失敗のもとで、恐ろしい敵であること。（　　）

(129) 用意周□　用意が十分に行き届いていること。（　　）

(130) 羊頭狗□　見せかけだけかざってごまかすこと。（　　）

(131) 理路□然　話や物事の筋が通っていること。（　　）

(132) 臨□応変　場合に臨み、変化に応じて適当な処置をすること。（　　）

(133) 和洋□衷　和風と洋風をうまく取り混ぜること。（　　）

熟語の構成

1 意味のよく似た字を重ねたもの

(1) **ゼンリョウ**な市民。
(2) **ケイハク**な考え。
(3) **ソアク**品に注意する。
(4) 人生の**ヒアイ**を感じる。
(5) **ショウサイ**を報告する。
(6) **キンム**時間は午後五時までだ。
(7) **カレイ**な筆さばき。
(8) **カイガ**の展覧会。
(9) 事務用**キキ**を購入する。
(10) ビルを**ケンセツ**する。

2 反対または対応する字を重ねたもの

(1) 鼎《かなえ》の**ケイチョウ**を問う。
(2) 創造性の**ウム**。
(3) 問題の**ナンイ**度。
(4) **ソウゲイ**用のバス。
(5) 電車の**ハッチャク**時間。
(6) **アイゾウ**相半ばする。
(7) **シンシュク**自在の便利な道具。
(8) **ヒョウリ**は一体である。
(9) ことの**ケイイ**を話す。
(10) **ジュウオウ**無尽に暴れ回る。

3 上の字が下の字を修飾しているもの

(1) 映画館で**ヨウガ**をみる。
(2) **ブッカ**が値上がりする。
(3) 庭は**バンシュウ**の趣だ。
(4) 人命救助の**ビダン**。
(5) **サイシン**の注意をはらう。
(6) 最近にはない**チンジ**。
(7) **ソウジュク**な子供。
(8) 経験者を**ユウグウ**する。
(9) 人口が**キュウゾウ**する。
(10) **ダンテイ**的な言い方。

4 下の字が上の字の目的・対象などを示すもの

(1) 会議の開会が**エンキ**された。
(2) **ゴシン**術を習う。
(3) 国会で不戦を**ケツギ**する。
(4) 事故により**シツメイ**する。

(5) **ボウサイ**訓練。
(6) 雪山で**ソウナン**する。
(7) **シャッキン**を返す。
(8) 大改革を**テイアン**する。
(9) 友人と**アクシュ**する。
(10) **カネツ**してから食べる。

5 上の字が下の字の意味を打ち消しているもの

(1) **フメツ**の業績を残す。
(2) 十八歳**ミマン**は出入禁止。
(3) 可能性は**ムゲン**にある。
(4) 料金は**ミシュウ**です。
(5) **ブレイ**極まる態度。

6 主語・述語の関係にあるもの

(1) **コクリツ**の病院。
(2) **ブツメツ**は日が悪い。
(3) **ジシン**を予知する。
(4) **ジンコウ**衛星。
(5) **ライメイ**が聞こえる。

7 接尾語が下についているもの

(1) 駅で**グウゼン**彼と会った。
(2) 彼女は**ビョウテキ**にやせている。
(3) 検査の結果は**インセイ**だった。
(4) この食べ物は**ショウカ**が悪そうだ。
(5) **ヤセイ**を発揮する。

8 同じ字を重ねたもの

(1) 期限が**コクコク**と迫る。
(2) **ドウドウ**とした態度。
(3) 未来は**ヨウヨウ**と広がる。

9 重箱《ジュウばこ》読み（上の字が音読み、下の字が訓読み）

(1) **ガクぶち**に絵を飾る。
(2) 今日の**コンだて**は何だろう。
(3) 彼女の格好はとても**ハで**だ。

10 湯桶《ゆトウ》読み（上の字が訓読み、下の字が音読み）

(1) これを**おてホン**にがんばる。
(2) どうやら**のジュク**になりそうだ。
(3) 弟の**さしズ**は受けない。

11 三字以上の熟語を省略したもの

(1) 午前九時発の**トッキュウ**《トクベツキュウコウ》に乗る。
(2) **シテツ**《シエイテツドウ》の沿線。
(3) この建築物は**ジュウブン**《ジュウヨウブンカザイ》に指定されている。

熟字訓・当て字

(1) 寝不足で**欠伸**ばかり出る。（　　）
(2) もち米に**小豆**をまぜて赤飯をつくる。（　　）
(3) 冬に**海女**の仕事はたいへんだろう。（　　）
(4) **硫黄**はマッチの原料のひとつだ。（　　）
(5) いつも**意気地**がないと人に言われる。（　　）
(6) 彼は**一言居士**だからと煙たがられている。（　　）
(7) 私の**田舎**は長野県の北部地方だ。（　　）
(8) 生命の**息吹**を感じる。（　　）
(9) **刺青**は江戸時代には罪人のしるしだった。（　　）
(10) 僕は**乳母**に育てられた。（　　）
(11) 僕は**浮気**はしない。（　　）
(12) 母は**海老**を使った料理が得意だ。（　　）
(13) 兄に子供ができて、僕は**叔父**になった。（　　）
(14) 母にだって**乙女**の時代はあったのだ。（　　）
(15) 市民の安全を守るお**巡**りさん。（　　）
(16) 我が家では毎日お**神酒**をあげる。（　　）
(17) **母屋**を新築して二階建てにする。（　　）
(18) お**神楽**に合わせて舞を舞う。（　　）

(19) 父は**河岸**で仲買人をしている。（　　）
(20) 季節の変わり目は**風邪**をひきやすい。（　　）
(21) 最近では**蚊帳**をつっている家は少ない。（　　）
(22) 品物の代金を**為替**で送る。（　　）
(23) **煙管**乗車が見つかって油を絞られた。（　　）
(24) 食後に**果物**を食べたい。（　　）
(25) 年季の入った**玄人**の芸を見せる。（　　）
(26) ここからの**景色**はすばらしい。（　　）
(27) **心地**よい秋晴れの一日。（　　）
(28) 正月に**独楽**まわしをして遊ぶ。（　　）
(29) **早乙女**という言葉も聞かれなくなった。（　　）
(30) 彼のような**雑魚**を相手にしてもだめだ。（　　）
(31) すもうを**桟敷**から観戦する。（　　）
(32) **五月雨**の中を歩く。（　　）
(33) お茶を断っているので**白湯**を飲む。（　　）
(34) 冷たい**時雨**の中を歩く。（　　）
(35) 剣道部に入ったので**竹刀**を買う。（　　）
(36) 十代続いた**老舗**の味を守る。（　　）
(37) 我が家の庭に**芝生**を植える。（　　）
(38) **洒落**のうまい落語家。（　　）

(39) 母の**数珠**はぞうげでできている。
(40) 僕は油絵には全くの**素人**だ。
(41) **師走**になるとあわただしい感じがする。
(42) あの家の離れは**数寄屋**づくりだ。
(43) 芝居の**台詞**を覚える。
(44) 昔はちょうちんや**松明**の光で夜道を歩いた。
(45) 学校を出たのは**黄昏**どきだった。
(46) 華麗な**殺陣**を見せる役者。
(47) 今年の**七夕**の日は雨だった。
(48) お正月は和服に**足袋**で過ごした。
(49) かわいいお**稚児**さんの写真を撮る。
(50) **提灯**を持って歩く。
(51) **土筆**にたんぽぽは春の風物だ。
(52) 今年の**梅雨**明けは昨年より十日早い。
(53) 家の前の道は舗装がはげて**凸凹**だ。
(54) これはかなりの**手練**の者の仕業だ。
(55) 港を**伝馬船**が忙しく行き交う。
(56) 川で**投網**を使って魚をとる。
(57) 本堂には早朝から**読経**の声が響く。
(58) 彼は**友達**を多く持っている。

---

(59) 高校入学のお祝いに**時計**を買ってもらう。
(60) 厳冬の**名残**が感じられる三月。
(61) 春は**雪崩**がおこりやすい季節だ。
(62) 祖父は元気に**野良**仕事を続けている。
(63) 結婚式で**祝詞**をあげる。
(64) 貨物船が**波止場**につながれている。
(65) 今日は絶好の行楽**日和**だ。
(66) **吹雪**のためにスキー旅行は中止になった。
(67) 彼は人前で話をするのが**下手**だ。
(68) 弟がデパートで**迷子**になった。
(69) 海外旅行のお**土産**は何にしよう。
(70) **眼鏡**をやめてコンタクトレンズにする。
(71) 柔道三段の**猛者**が泥棒を投げとばした。
(72) 白い**木綿**のハンカチーフ。
(73) **八百長**試合。
(74) やかんのお湯で**火傷**をした。
(75) **大和**魂だけでは国際試合には勝てない。
(76) **行方**のわからない人がまだ五人いる。
(77) 父と一緒に**寄席**に落語を聞きに行く。
(78) **若人**のための祭典が行われた。

故事成語・ことわざ

1 次の故事成語・ことわざの意味を□から選び記号で答えなさい。

(1)

㋐ 青《あお》は藍《あい》より出《い》でて藍《あい》より青《あお》し（　）

㋑ 虻蜂《あぶはち》取《と》らず（　）

㋒ 雨垂石《あまだれいし》を穿《うが》つ（　）

㋓ 一文吝《いちもんおし》みの百知《ひゃくし》らず（　）

㋔ 井《い》の中《なか》の蛙大海《かわずたいかい》を知《し》らず（　）

㋕ 魚心《うおごころ》あれば水心《みずごころ》（　）

㋖ 有卦《うけ》に入《い》る（　）

A 広い世界のことを知らず身辺の狭い範囲だけでいい気になる。
B 相手が好意を持てば、こちらもそれに応ずる用意があるということ。
C あれもこれもとねらって、結局どれも得られないこと。
D 弟子が師よりもすぐれた人物になること。
E 目前のわずかの銭を惜しんで、後に大損失をすること。
F よい運にめぐり合うことの意。
G 力が弱いものでも、根気よく行えば成功するものである。

(2)

㋐ 独活《うど》の大木《たいぼく》（　）

㋑ 隗《かい》より始《はじ》めよ（　）

㋒ 河童《かっぱ》の川流《かわなが》れ（　）

㋓ 奇貨《きか》居《お》くべし（　）

㋔ 機先《きせん》を制《せい》す（　）

㋕ 九牛《きゅうぎゅう》の一毛《いちもう》（　）

㋖ 窮《きゅう》すれば通《つう》ず（　）

㋗ 琴瑟相和《きんしつあいわ》す（　）

A えがたい機会だから、うまくこれを利用しなければならない。
B 体は大きいが、弱くて役に立たない人のたとえ。
C 他に先んじて事を行い、自分の方を有利にする。
D 事を起こすには、まず自分自身から着手しなさいということ。
E 夫婦仲がよいこと。
F 取るに足りない小事。
G ゆきづまって困ると、かえって活路が見いだされること。
H 達人も時には失敗するということ。

(3)

㋐ 紺屋《こうや》の白袴《しろばかま》（　）

㋑ 鱓《ごまめ》の歯軋《はぎし》り（　）

㋒ 大山鳴動《たいざんめいどう》して鼠一匹《ねずみいっぴき》（　）

㋓ 多多益益弁《たたますますべん》ず（　）

㋔ 天網恢恢疎《てんもうかいかいそ》にして漏《も》らさず（　）

㋕ 蟷螂《とうろう》の斧《おの》（　）

㋖ 虎《とら》の威《い》をかる狐《きつね》（　）

㋗ 生兵法《なまびょうほう》は大怪我《おおけが》のもと（　）

㋘ 人間《にんげん》《じんかん》到《いた》る処青山《ところせいざん》あり（　）

A 故郷だけが墳墓の地とは限らない。人間の活動できるところはどこにでもある。
B 力の及ばない者がくやしがること。
C 多ければ多いほど好都合なこと。
D 天罰を免れることはできない。
E 他人のためにばかり忙しく自分の暇のないこと。
F いいかげんな知識などを頼りに事を起こすと失敗する。
G 自分の力の弱さを知らず敵にはむかうこと。
H 前ぶれの騒ぎは大きく、結果は小さいこと。
I 有力者の権力をかさに着ていばる小人物のこと。

(4)

㋐ 馬脚《ばきゃく》を露《あらわ》す（　）

㋑ 火《ひ》のない所《ところ》に煙《けむり》は立《た》たぬ（　）

㋒ 貧《ひん》すれば鈍《どん》する（　）

㋓ 水清《みずきよ》ければ魚《うお》棲《す》まず（　）

㋔ 三《み》つ子《ご》の魂百《たましいひゃく》まで（　）

㋕ 昔《むかし》とった杵柄《きねづか》（　）

㋖ 病膏肓《やまいこうこう》に入《い》る（　）

㋗ 夜目遠目《よめとおめ》笠《かさ》のうち（　）

㋘ 洛陽《らくよう》の紙価《しか》を高《たか》める（　）

A 貧乏すれば人間がだめになる。
B うわさが出るからには根拠となる事実があるはずだ。
C 女性が実際より美しく見えるということ。
D 幼い時の性質は一生消えない。
E 病気が重くなり回復の見込みがないこと。物事に夢中になること。
F あまりに清廉すぎるとかえって人に親しまれないこと。
G 著書が好評を博してさかんに売れること。
H かくしていた事があらわれる。
I 過去にきたえた腕前。昔、修錬した技量のこと。

2　次の故事成語・ことわざを完成させなさい。

(1)　青菜《あおな》に（　）《しお》　元気がなくしおれるさまの意。

(2)　羹《あつもの》に（　）《こ》りて膾《なます》を吹《ふ》く　一度失敗したことにこりて、用心しすぎることのたとえ。

(3)　案《あん》ずるより産《う》むが（　）《やす》し　あらかじめ心配するよりも、いよいよ実行する段になると、案外たやすいこと。

(4)　一炊《いっすい》の（　）《ゆめ》　人生の栄華ははかないものであるということ。

(5)　（　）《いのち》あっての物種《ものだね》　何事も命があっての上のことだということ。

(6)　韋編《いへん》三《み》たび（　）《た》つ　読書に熱心なこと。

(7)　（　）《おに》の霍乱《かくらん》　いつもは極めて丈夫な人が病気になることのたとえ。

(8)　（　）《おび》に短《みじか》し襷《たすき》に長《なが》し　中途半端で役に立たないこと。

(9)　快刀乱《かいとうらん》（　）《ま》を断《た》つ　物事をうまく処断すること。

(10)　亀《かめ》の（　）《こう》より年《とし》の＊劫《こう》　年長者の経験は貴ぶべきであるということ。（＊劫は功とも書く。）

(11)　眼光紙背《がんこうしはい》に（　）《てっ》す　読書をして、字句の解釈にとどまらず、その深意をきわめること。

(12)　汗馬《かんば》の（　）《ろう》　馬を走らせて戦場で活躍した手柄のこと。

(13)　牛耳《ぎゅうじ》を（　）《と》る　一つの党派・団体の中心になって支配すること。

(14)　逆鱗《げきりん》に（　）《ふ》れる　君子の怒り、または目上の人の怒りにあうこと。

(15)　恒産《こうさん》なき（　）《もの》は恒心《こうしん》なし　定まった財産や生業のない人は定まった正しい心がない。

(16)　黒白《こくびゃく》を（　）《あらそ》う　ことの是非・善悪をはっきりさせること。

(17)　塞翁《さいおう》が（　）《うま》　人生の幸不幸は予測できないものだというたとえ。

(18)　三顧《さんこ》の（　）《れい》　目上の人がある人物を特別に信頼し、厚い礼をもって遇すること。

(19)　三人《さんにん》（　）《よ》れば文殊《もんじゅ》の知恵《ちえ》　三人集まって相談すればよい知恵がでること。

(20)　小人《しょうじん》（　）《かん》居《きょ》して不善《ふぜん》をなす　小人物はひまですることがないと、ろくなことをしない。

(21)　青《せい》（　）《てん》の霹靂《へきれき》　突然に起こる変動。

(22)　他山《たざん》の（　）《いし》　どんなつまらないできごとや批評でも、自分の知徳をみがく助けとなること。

(23)　蓼食《たでく》う（　）《むし》も好《す》き好《ず》き　人の好みはさまざまであること。

(24)　（　）《つの》を矯《た》めて牛《うし》を殺《ころ》す　欠点などを直そうとして執った手段の度が過ぎ、かえってそのものをだめにすること。

(25)　塗炭《とたん》の（　）《くる》しみ　泥にまみれ、火に焼かれるようなひどい苦しみ。

(26)　（　）《なさ》けは人《ひと》の為《ため》ならず　他人に親切にしておけば必ず自分にもよい報いがあること。

(27)　（　）《ぬ》れ手《て》で粟《あわ》　苦労せず利益を得ること。

(28)　能《のう》ある鷹《たか》は爪《つめ》を（　）《かく》す　本当に才能のある者はみだりにそれを現さないこと。

(29)　暖簾《のれん》に（　）《うで》押《お》し　力を入れてやっても、手ごたえがないことのたとえ。

(30)　敗軍《はいぐん》の将《しょう》は（　）《へい》を語《かた》らず　失敗した者は、その事について意見を述べる資格がないということ。

(31)　引《ひ》かれ（　）《もの》の小唄《こうた》　負けおしみで強がりを言うことのたとえ。

(32)　（　）《ふく》水盆《すいぼん》に返《かえ》らず　一度失敗した事は、取り返しがつかないということ。

(33)　刎頸《ふんけい》の（　）《まじ》わり　生死を共にする親しい交際。

(34)　目《め》から（　）《はな》へ抜《ぬ》ける　抜け目がなくすばやい。

(35)　類《るい》は（　）《とも》を呼《よ》ぶ　気のあう友人が自然と集まること。

索引

カ（カタカナ→音読み　ひらがな→訓読み）
下
⑦（級別（❷は準2級））
2（本文ページ）

部首一覧表

へん(偏)

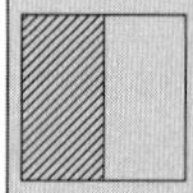

休	にんべん
味	くちへん
地	つちへん
姉	おんなへん
孫	こへん
岐	やまへん
巧	たくみへん
幅	はばへん きんべん
引	ゆみへん
往	ぎょうにんべん
情	りっしんべん
陽	こざとへん
持	てへん
池	さんずい
独	けものへん
旅	ほう ほうへん かたへん
明	ひへん
服	つきへん
腸	にくづき
柱	きへん
残	かばねへん いちたへん がつへん
焼	ひへん
版	かた かたへん
物	うし うしへん
現	おうへん たまへん
社	しめすへん
町	たへん
疎	ひきへん
眼	めへん
知	や やへん
研	いしへん
秋	のぎへん
端	たつへん
複	ころもへん
粉	こめ こめへん
線	いとへん
耕	すきへん らいすき
職	みみへん
船	ふね ふねへん
蚊	むしへん
解	かく つの つのへん
語	ごんべん
貌	むじなへん
財	かいへん
路	あし あしへん
輪	くるまへん
配	とりへん
釈	のごめへん
野	さとへん
銀	かね かねへん
飲 餅	しょくへん
靴	かわへん
駅	うま うまへん
髄	ほね ほねへん
鮮	うお うおへん
齢	は はへん

つくり(旁)

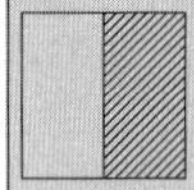

乳	おつ
列	りっとう
巡	かわ
形	さんづくり
部	おおざと
教	のぶん ぼくづくり
新	きん おのづくり
殺	るまた ほこづくり
隷	れいづくり
顔	おおがい

かんむり(冠)

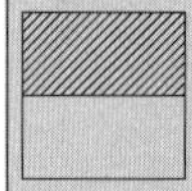

交	なべぶた けいさんかんむり
今	ひとやね
写	わかんむり
家	うかんむり
尚	しょう
彙	けいがしら
営	つかんむり
草	くさかんむり
爵	つめかんむり つめがしら
発	はつがしら
空	あな あなかんむり
置	あみがしら あみめ よこめ
笛	たけ たけかんむり
者	おいかんむり おいがしら
虚	とらがしら とらかんむり
要	にし おおいかんむり
雲	あめ あめかんむり
髪	かみがしら

あし(脚)

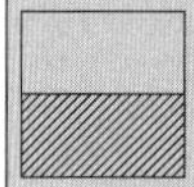

六	は
変	すいにょう ふゆがしら
泰	したみず
弁	こまぬき にじゅうあし
点	れんが れっか
舞	まいあし
恭	したごころ

たれ(垂)

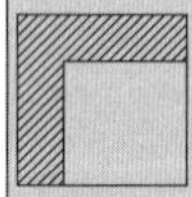

原	がんだれ
店	まだれ
病	やまいだれ
居	かばね しかばね
戻	とだれ とかんむり

にょう(繞)

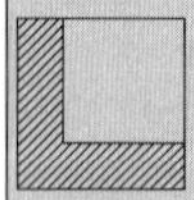

進 遡	しんにょう しんにゅう
延	えんにょう
起	はしる そうにょう
麺	むぎ ばくにょう
魅	おに きにょう

かまえ(構)

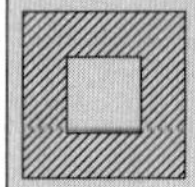

円	どうがまえ けいがまえ まきがまえ
包	つつみがまえ
匠	はこがまえ
医	かくしがまえ
国	くにがまえ
式	しきがまえ
気	きがまえ
街	ぎょう ぎょうがまえ ゆきがまえ
間	もん もんがまえ

その他

一	いち
中	ぼう たてぼう
主	てん
久	の はらいぼう

級別漢字学習

4級～2級

〔解　答〕

東京法令 とうほう

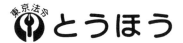

7〜5級―1

◇3ページ◇

(1) いばらき
(2) さいえん
(3) えひめ
(4) しずおか
(5) ひがた
(6) たき
(7) くま
(8) せんこう
(9) ほさ
(10) さいたま
(11) さき
(12) じょう
(13) しか
(14) じょうもん
(15) てんじょう
(16) ちゅうてん
(17) とちぎ
(18) ならく
(19) なし
(20) はんしん
(21) ぎふ
(22) こだち
(23) だいみょう
(24) めんぼ(も)く
(25) まのあたり
(26) こんりゅう
(27) しらは
(28) くおん
(29) きかがく
(30) げし
(31) えこう
(32) えしゃく
(33) げか
(34) はず
(35) まちかど
(36) つの
(37) せけん
(38) ま
(39) しる
(40) ごういん
(41) し
(42) もんこ
(43) こうぞく
(44) あとまわ
(45) おおやけ
(46) まじ
(47) か
(48) あんぎゃ
(49) ゆくえ
(50) こうが

7〜5級―2

◇5ページ◇

(1) かっせん
(2) こま
(3) いっし
(4) みずか
(5) めんく
(6) だんじき
(7) いと
(8) こわいろ
(9) みょうじょう
(10) いっさい
(11) ふうてい
(12) さか(ちゃか)
(13) じきそ
(14) ただ
(15) つや
(16) でし
(17) ずじょう
(18) かしら
(19) けいだい
(20) まご
(21) ふぜい
(22) ごぶ
(23) わけまえ
(24) けんぶん
(25) ぜんだいみもん
(26) ぶあいせい
(27) おかん
(28) けしん
(29) しゅっか
(30) きまつ
(31) さいご
(32) りょかくき
(33) はやわざ
(34) にがわら
(35) けんま
(36) くり
(37) さいわ
(38) きゅうじ
(39) みやづか
(40) しだい
(41) しゅうしゅう
(42) つど
(43) しんちょう
(44) かさ
(45) あきな
(46) しょうぶ
(47) おとこまさ
(48) こうごう
(49) せきじつ
(50) あいそ(う)

7〜5級―3

◇7ページ◇

(1) すみ
(2) いっつい
(3) ととの
(4) じょうせき
(5) つごう
(6) したく
(7) たびかさ
(8) むほん
(9) たんもの
(10) ひさめ
(11) しっぺい
(12) お
(13) はな
(14) じゅみょう
(15) やおもて
(16) しえき
(17) ゆいしょ
(18) うむ
(19) ゆさん
(20) しょうまっせつ
(21) るふ
(22) るろう
(23) ろくしょう
(24) らいさん
(25) おしょう
(26) やわ
(27) なご
(28) みば
(29) さ
(30) うつわ
(31) はたお
(32) たいりょう
(33) せ
(34) ごくひ
(35) かんきわ
(36) ゆ
(37) すこ
(38) れいげ(け)ん
(39) くどく
(40) てんこう
(41) す
(42) そうさい
(43) せっしょう
(44) うぶゆ
(45) うじがみ
(46) こころ
(47) しょうにか
(48) しゅうぎ
(49) かきぞめ
(50) げんしょう

7〜5級―4

◇9ページ◇

(1) じょうじゅ
(2) はぶ
(3) あんせい
(4) じょうみゃく
(5) せつど
(6) ゆうぜい
(7) いくさ
(8) びょうそう
(9) けっそく
(10) ちょうこう
(11) え
(12) はくしき
(13) つい
(14) ぶさほう
(15) くふう
(16) ふんまつ
(17) ひょうごけん
(18) あた
(19) はっと
(20) ほんもう
(21) まったん
(22) ぶじ
(23) き
(24) さ
(25) れんぞく
(26) つら
(27) ふ
(28) よ
(29) いとな
(30) ようい
(31) やさ
(32) ごりやく
(33) けびょう
(34) つうか
(35) あやま
(36) げねつ
(37) こうしど
(38) がく
(39) かいげん
(40) もと
(41) さかだ
(42) きょうかいせん
(43) きょうてん
(44) かんけつ
(45) いさぎよ
(46) けわ
(47) き
(48) かま
(49) ふっこう
(50) さらいねん

7～5級 ― 5

◆11ページ◆

(1) わざわ
(2) みずぎわ
(3) ぞうきばやし
(4) す
(5) えだ
(6) しさ
(7) るいじ
(8) げんち
(9) じゅよ
(10) うけたまわ
(11) とこなつ
(12) せっしょう
(13) しょうじん
(14) ぎょうせき
(15) つ
(16) もう
(17) すで
(18) そっちょく
(19) そこ
(20) しりぞ
(21) はんだん
(22) た
(23) きず
(24) さ
(25) す
(26) ひんぷ
(27) ほうこく
(28) むく
(29) ばくろ
(30) あず
(31) いしつ
(32) は
(33) の
(34) そ
(35) せっかい
(36) かつあい
(37) かんしょう
(38) あや
(39) とうと(たっと)
(40) くよう
(41) ごんぎょう
(42) ごんげ
(43) そうごん
(44) おごそ
(45) こっきしん
(46) ごさ
(47) ふ
(48) はがね
(49) どしゃ
(50) きゅうさい

7～5級 ― 6

◆13ページ◆

(1) た
(2) たんざく
(3) いた
(4) しゅしゃせんたく
(5) じゃっかん
(6) も
(7) じゅりつ
(8) じょうじゅ
(9) しゅじょう
(10) しょうよう
(11) じゅうおう
(12) しゅうしゅく
(13) う
(14) かんしょう
(15) さわ
(16) む
(17) た
(18) お
(19) はんじょう
(20) さか
(21) もっぱ
(22) そ
(23) かな
(24) よそお
(25) あやつ
(26) さかぐら
(27) とうと(たっと)
(28) にな
(29) かつ
(30) さぐ
(31) あたい
(32) いちじる
(33) ひなん
(34) なっとく
(35) なや
(36) なんど
(37) すいとう
(38) はいご
(39) そむ
(40) いな
(41) こうふん
(42) ふる
(43) く
(44) もうじゃ
(45) わけ
(46) すぐ
(47) ほっ
(48) のうり
(49) りちぎ
(50) ほが

5級 ― 模擬試験

◆14～17ページ◆

(一)
1 いろん
2 じが
3 ひかく
4 ぶっかく
5 かつあい
6 いた
7 きょうり
8 はげ
9 げんじゅう
10 ざいげん
11 りこ
12 ほねみ
13 しなん
14 たいじゅ
15 なら
16 いただ
17 かそう
18 そうさ
19 たず
20 しよく

(二)
1 **か・ウ**
2 **け・カ**
3 **う・コ**
4 **こ・キ**
5 **お・イ**

(三)
1 延ばす
2 危うい
3 疑う
4 厳か
5 裁く
6 済ます
7 著す
8 暮らす
9 訪れる
10 優しい

(四)
1 幕
2 探
3 革
4 刻
5 宣
6 座
7 補
8 暮
9 訳
10 否

(五)
1 **10・11**
2 **7・12**
3 **8・9**
4 **4・8**
5 **10・19**

(六)
1 **ア**
2 **ア**
3 **ウ**
4 **ア**
5 **イ**
6 **イ**
7 **ウ**
8 **ウ**
9 **エ**
10 **ウ**

(七)
1 遺
2 厳
3 降
4 収
5 従
6 簡
7 激
8 郷
9 著
10 展

(八)
1 誤
2 謝
3 回収
4 改修
5 就
6 着
7 創造
8 想像
9 検討
10 見当

(九)
1 **ウ**
2 **オ**
3 **ウ**
4 **ア**
5 **エ**
6 **イ**
7 **ア**
8 **エ**
9 **イ**
10 **オ**

(十)
1 **ウ・ケ**
2 **イ・サ**
3 **コ・オ**
4 **カ・エ**
5 **ア・ク**

(十一)
1 全域
2 巻
3 沿
4 拡声
5 深呼吸
6 胸中
7 筋
8 警官
9 劇団
10 射
11 大衆
12 蒸
13 針
14 進展
15 縮

4級―1

◆19ページ◆

(1) あくしゅ (2) あつか (3) いらい (4) けんい (5) むさくい (6) いじん (7) そうい (8) せんい (9) けいい (10) いちまん (11) いもむし (12) いんしつ (13) いんとく (14) さつえい (15) えいり (16) たくえつ (17) えんご (18) しえん (19) えんまく (20) なまり (21) えんこ (22) おてん (23) おういん (24) きょうおう (25) おくそく (26) せいか (27) きゅうか (28) かじょう (29) ふうが (30) かいにゅう (31) ちゅうかい (32) かいりつ (33) かいむ (34) ほうかい (35) かくさ (36) かくとく (37) くさか (38) かんみ (39) かんがん (40) かんぱい (41) かんこく (42) かんたい (43) かんさ (44) そうかん (45) じゅんかん (46) かんじょう (47) かんてい (48) がんゆう (49) きせき (50) きがん

◆20ページ◆

(1) 把握 (2) 扱 (3) 依存 (4) 威力 (5) 行為 (6) 偉大 (7) 違反 (8) 維持 (9) 緯度 (10) 壱(一) (11) 山芋 (12) 木陰 (13) 隠居 (14) 影響 (15) 精鋭 (16) 超越 (17) 援助 (18) 煙突 (19) 土煙 (20) 鉛筆 (21) 縁起 (22) 汚染 (23) 押収 (24) 奥義 (25) 奥地 (26) 記憶 (27) 菓子 (28) 余暇 (29) 箇所 (30) 優雅 (31) 紹介 (32) 訓戒 (33) 皆勤 (34) 破壊 (35) 比較 (36) 捕獲 (37) 獲物 (38) 刈 (39) 甘言 (40) 汗 (41) 乾燥 (42) 勧誘 (43) 歓喜 (44) 監督 (45) 環境 (46) 鑑賞 (47) 含蓄 (48) 含 (49) 奇妙 (50) 祈

◆21ページ◆

1 (1) オ (2) キ (3) カ (4) ア (5) イ (6) エ

2 (1) 歓 (2) 違 (3) 壊 (4) 陰

3 (1) ウ (2) ア (3) エ

4 (1) D (2) C (3) A (4) B

5 (1) 鑑 (2) 偉 (3) 陰

6 (1) める (2) く (3) い (4) う

7 (1) 汚 (2) 獲 (3) 縁 (4) 介

4級―2

◆23ページ◆

(1) きじん(きしん) (2) いくぶん (3) かがや (4) れいぎ (5) ぎきょく (6) なんきつ (7) へんきゃく (8) ぼうきゃく (9) しっきゃく (10) ついきゅう (11) きゅうりょう (12) ろうきゅう (13) きょじん (14) じゅんきょ (15) しょうこ (16) きょり (17) ごしょ (18) きょうさく (19) きょうかん (20) きょうき (21) じっきょう (22) せいきょう (23) へんきょう (24) きょうしゅく (25) はんきょう (26) きょうたん (27) ぎょうてん (28) あおむ (29) くじょ (30) くっし (31) りくつ (32) はっくつ (33) く (34) おんけい (35) けいとう (36) けいしょう (37) そうげい (38) げきたい (39) ひけん (40) けんぎょう (41) しんけん (42) けんすう (43) しゅとけん (44) けんじ (45) こづか (46) げんまい (47) えいこ (48) こだい (49) こぶ (50) こうご

◆24ページ◆

(1) 鬼才 (2) 幾何 (3) 光輝 (4) 儀式 (5) 遊戯 (6) 戯 (7) 詰問 (8) 退却 (9) 脚本 (10) 普及 (11) 砂丘 (12) 不朽 (13) 巨大 (14) 根拠 (15) 距離 (16) 制御 (17) 凶器 (18) 叫 (19) 熱狂 (20) 状況 (21) 狭義 (22) 狭苦 (23) 恐怖 (24) 影響 (25) 驚異 (26) 信仰 (27) 駆使 (28) 不屈 (29) 採掘 (30) 繰 (31) 知恵 (32) 傾斜 (33) 継続 (34) 歓迎 (35) 攻撃 (36) 双肩 (37) 兼用 (38) 剣道 (39) 一軒 (40) 軒並 (41) 圏内 (42) 堅固 (43) 派遣 (44) 玄関 (45) 枯渇 (46) 誇張 (47) 誇 (48) 太鼓 (49) 互角 (50) 互

◆25ページ◆

1 (1) C (2) B (3) D (4) A

2 (1) 凶 (2) 恵 (3) 互 (4) 儀

3 (1) 堅 (2) 遣 (3) 圏 (4) 継 (5) 傾 (6) 況 (7) 響

4 (1) 辶―しんにゅう(しんにょう) (2) 犭―けものへん (3) 尸―かばね(しかばね) (4) 月―にくづき (5) 戈―ほこづくり(ほこがまえ) (6) 彳―ぎょうにんべん

5 (1) 却 (2) 掘 (3) 剣

6 (1) く (2) れる (3) く (4) れる

7 (1) 誇 (2) 兼 (3) 互 (4) 駆 (5) 距 (6) 及

4級—3

◆27ページ◆

(1) こうぎ (2) たいこう (3) こうしゅ (4) こうしん (5) こうじょう (6) こうりょう (7) あらなみ (8) じこう (9) いこう (10) ごうほう (11) こ (12) こんやく (13) こんれい (14) さこく (15) すいさい (16) さいにゅう (17) きさい (18) げざい (19) おそざ (20) ざんぱい (21) ようし (22) うかが (23) ふうし (24) ゆし (25) むらさき (26) しふく (27) めばな (28) しっぴつ (29) しばい (30) しゃめん (31) ぞうに (32) しゃくほう (33) えしゃく (34) さび (35) しゅいろ (36) しおひが (37) しゅこう (38) ひつじゅ (39) ふなうた (40) しゅうさい (41) しゅうらい (42) じゅうなん (43) やわ (44) かいじゅう (45) いっしゅん (46) じゅんかん (47) じゅんさ (48) たて (49) しょうかん (50) おんしょう

◆28ページ◆

(1) 反抗 (2) 攻撃 (3) 水攻 (4) 変更 (5) 恒例 (6) 荒廃 (7) 荒波 (8) 項目 (9) 原稿 (10) 豪華 (11) 豪勢 (12) 人込 (13) 結婚 (14) 閉鎖 (15) 色彩 (16) 彩 (17) 歳末 (18) 連載 (19) 薬剤 (20) 咲 (21) 悲惨 (22) 旨 (23) 伺候 (24) 名刺 (25) 脂肪 (26) 脂身 (27) 紫煙 (28) 雌雄 (29) 固執 (30) 芝生 (31) 傾斜 (32) 煮沸 (33) 解釈 (34) 静寂 (35) 朱肉 (36) 狩猟 (37) 趣味 (38) 需要 (39) 小舟 (40) 優秀 (41) 襲撃 (42) 柔和 (43) 猛獣 (44) 獣道 (45) 瞬間 (46) 上旬 (47) 巡視 (48) 矛盾 (49) 召集 (50) 病床

◆29ページ◆

1 (1) エ (2) ク (3) イ (4) ウ (5) オ (6) カ

2 (1) 抗 (2) 鎖 (3) 雌 (4) 需

3 (1) ウ (2) エ (3) ア

4 (1) B (2) A (3) C (4) D

5 (1) 召 (2) 旨 (3) 剤

6 (1) でた (2) める (3) く (4) る

7 (1) 項 (2) 柔 (3) 煮 (4) 刺

4級—4

◆31ページ◆

(1) ぬまち (2) たいしょう (3) しょうかい (4) みしょう (5) きじょう (6) じょうご (7) ようしょく (8) しゅうしょく (9) かんしょく (10) しんりゃく (11) ふしん (12) しんとう (13) しんぐ (14) ねいき (15) きんしん (16) しんどう (17) たきぎ (18) むじん (19) しゅつじん (20) じんちゅう (21) じんじょう (22) こすい (23) ぜひ (24) どうせい (25) かいせい (26) えんせい (27) じんせき (28) あとめ (29) せんゆう (30) せんす (31) せんど (32) はいそ (33) こうそう (34) しょうそう (35) そうぜん (36) ぞうとう (37) そっこく (38) そっきょう (39) ぞくぶつ (40) たいきゅう (41) だいたい (42) しょうたく (43) かんたく (44) おだく (45) だったい (46) たんせい (47) たんぱく (48) きょうたん (49) せんたん (50) みちばた

◆32ページ◆

(1) 湖沼 (2) 称賛 (賞賛) (3) 紹介 (4) 詳細 (5) 丈夫 (6) 背丈 (7) 畳 (8) 繁殖 (9) 装飾 (10) 接触 (11) 侵 (12) 振動 (13) 振 (14) 浸水 (15) 水浸 (16) 就寝 (17) 慎重 (18) 震 (19) 薪炭 (20) 尽力 (21) 陣地 (22) 尋問 (23) 尋 (24) 吹奏 (25) 吹 (26) 是認 (27) 姓名 (28) 征服 (29) 遺跡 (30) 占領 (31) 扇動 (32) 新鮮 (33) 起訴 (34) 僧侶 (35) 乾燥 (36) 騒動 (37) 寄贈 (38) 即席 (39) 風俗 (40) 忍耐 (41) 交替 (交代) (42) 光沢 (43) 開拓 (44) 濁流 (45) 脱落 (46) 丹念 (47) 冷淡 (48) 淡雪 (49) 感嘆 (50) 極端

◆33ページ◆

1 (1) B (2) A (3) C (4) D

2 (1) 脱 (2) 淡 (3) 濁 (4) 慎

3 (1) 陣 (2) 尽 (3) 殖 (4) 飾 (5) 触 (6) 征 (7) 姓

4 (1) 禾—のぎへん (2) 魚—うお (うおへん) (3) 火—ひへん (4) 貝—かいへん (5) 卩—わりふ (ふしづくり) (6) 艹—くさかんむり

5 (1) エ (2) カ (3) オ (4) ア

6 (1) える (2) しい (3) わる (4) める

7 (1) 端 (2) 寝 (3) 跡 (4) 拓 (5) 耐 (6) 騒

4級—5

◆35ページ◆

(1) だんりょく (2) はじ (3) いっち (4) ちえん (5) ちくせき (6) たくわ (7) ちょうば (8) とくちょう (9) うわず (10) ちんもく (11) ちんちょう (12) ていしょく (13) ぼうはてい (14) てきしゅつ (15) てんてき (16) てんぷ (17) きゅうでん (18) とのがた (19) とろ (20) ぜんと (21) とじょう (22) とべい (23) のうど (24) どせい (25) とうたつ

(26) さっとう (27) とうひ (28) のが (29) だとう (30) からくさ (31) はくとう (32) しんとう (33) とうなん (34) ぶっとう (35) りくとう (36) いなほ (37) とうしゅう (38) かくとう (39) どうぎ (40) とうげじ (41) とつにゅう (42) どんこう (43) くも (44) に (45) ぼんのう (46) のうたん (47) しゅくはい (48) こうはい (49) はくしゃ (50) ていはく

◆36ページ◆

(1) 弾圧 (2) 弾 (3) 恥 (4) 誘致 (5) 遅刻 (6) 貯蓄 (7) 跳躍 (8) 跳 (9) 象徴 (10) 清澄 (11) 沈没 (12) 沈 (13) 珍 (14) 抵抗 (15) 堤防 (16) 指摘 (17) 水滴 (18) 滴 (19) 添加 (20) 御殿 (21) 吐 (22) 途中 (23) 渡航 (24) 奴隷 (25) 激怒 (26) 到着 (27) 逃亡

(28) 傾倒 (29) 唐突 (30) 桃色 (31) 透明 (32) 強盗 (33) 塔 (34) 稲作 (35) 雑踏 (36) 闘争 (37) 胴 (38) 峠道 (39) 突然 (40) 鈍感 (41) 曇天 (42) 弐 (43) 苦悩 (44) 悩 (45) 濃霧 (46) 乾杯 (47) 先輩 (48) 拍手 (49) 拍子 (50) 宿泊

◆37ページ◆

1 (1) エ (4) イ (2) ウ (5) オ (3) ア (6) カ

2 (1) 蓄 (3) 抵 (2) 沈 (4) 輩

3 (1) ア (2) イ (3) ウ

4 (1) D (3) B (2) C (4) A

5 (1) 堤 (2) 胴 (3) 倒

6 (1) しい (3) ます (2) れる (4) る

7 (1) 途 (3) 闘 (2) 致 (4) 沈

4級—6

◆39ページ◆

(1) はくがい (2) はくひょう (3) うすもの (4) ばくだん (5) さんぱつ (6) ばっすい (7) しょばつ (8) ぜんぱん (9) しょはん (10) しはん (11) はんにゅう (12) きはん (13) はんえい (14) しゅうばん (15) かれ (16) きづか (17) ひふく (18) ひしょ (19) しゅび (20) びしょう (21) すうひき (22) そびょう (23) はまべ (24) きびん (25) びんそく

(26) こわ (27) ふりょく (28) ふきゅう (29) やすぶしん (30) とうふ (31) やしき (32) かんぷ (33) てんぷ (34) ぶよう (35) ぜんぷく (36) しはら (37) ふんすい (38) ひとがら (39) しょうへき (40) たいほ (41) と (42) てんぽ (43) かいほう (44) しゅうほう (45) ほうげき (46) ほうせい (47) ぼうさつ (48) しゅくぼう (49) しぼう (50) ぼうとう

◆40ページ◆

(1) 迫力 (2) 軽薄 (3) 薄暮 (4) 爆発 (5) 頭髪 (6) 抜群 (7) 抜 (8) 罰則 (9) 一般 (10) 販売 (11) 運搬 (12) 模範 (13) 繁殖 (14) 地盤 (15) 彼岸 (16) 疲労 (17) 被害 (18) 被 (19) 避難 (20) 尾根 (21) 微妙 (22) 匹敵 (23) 描写 (24) 描 (25) 海浜 (26) 敏感 (27) 恐怖

(28) 浮上 (29) 普通 (30) 腐敗 (31) 敷設（布設） (32) 皮膚 (33) 月賦 (34) 舞台 (35) 肩幅 (36) 払底 (37) 噴火 (38) 横柄 (39) 壁画 (40) 捕獲 (41) 舗装 (42) 抱負 (43) 抱 (44) 連峰 (45) 大砲 (46) 多忙 (47) 忙 (48) 坊主 (49) 脂肪 (50) 冒険

◆41ページ◆

1 (1) D (3) B (2) A (4) C

2 (1) 搬 (3) 普 (2) 範 (4) 壁

3 (1) 避 (5) 取 (2) 被 (6) 尾 (3) 捕 (7) 微 (4) 採

4 (1) 巾—はばへん（きんべん） (2) 疒—やまいだれ (3) 攵—のぶん（ぼくづくり） (4) 忄—りっしんべん (5) 月—にくづき (6) 皿—さら

5 (1) 抱 (2) 迫 (3) 噴

6 (1) う (2) かべる (3) らす (4) ける

7 (1) 冒 (4) 髪 (2) 繁 (5) 描 (3) 膚 (6) 販

4級―7

◇43ページ◇

(1)ぼうせん
(2)だつぼう
(3)ひぼん
(4)ぼんさい
(5)まんせい
(6)まんぜん
(7)こうみょう
(8)びみょう
(9)すいみん
(10)ほこさき
(11)むしょう
(12)まごむすめ
(13)しげ
(14)ゆうもう
(15)もうまく
(16)もくにん
(17)はもん
(18)やくしん
(19)ゆうし
(20)おすいぬ
(21)よとう
(22)えいよ
(23)ようかい
(24)こしぬ
(25)おど
(26)かよう
(27)りょうよく
(28)らいめい
(29)いらい
(30)かみだの
(31)みゃくらく
(32)らんかん
(33)りさん
(34)こめつぶ
(35)はいりょ
(36)りょうよう
(37)りんじん
(38)なみだごえ
(39)れいぞく
(40)ろうれい
(41)うるわ
(42)かんれき
(43)れっせい
(44)ねつれつ
(45)しつれん
(46)ばくろ
(47)よつゆ
(48)ろうとう
(49)めいわく
(50)しゅわん

◇44ページ◇

(1)傍観
(2)傍
(3)帽子
(4)平凡
(5)盆地
(6)我慢
(7)漫画
(8)奇妙
(9)安眠
(10)矛盾
(11)濃霧
(12)霧雨
(13)娘
(14)繁茂
(15)猛烈
(16)網戸
(17)沈黙
(18)指紋
(19)小躍
(20)英雄
(21)関与
(22)名誉
(23)誉
(24)溶岩
(25)腰痛
(26)舞踊
(27)童謡
(28)尾翼
(29)雷雨
(30)信頼
(31)連絡
(32)欄外
(33)離別
(34)粒子
(35)豆粒
(36)遠慮
(37)医療
(38)隣接
(39)感涙
(40)奴隷
(41)年齢
(42)華麗
(43)旧暦
(44)優劣
(45)烈火
(46)恋心
(47)露骨
(48)新郎
(49)惑星
(50)腕力

◇45ページ◇

1 (1)キ (2)カ (3)オ (4)エ (5)ア (6)ウ

2 (1)凡 (2)劣 (3)郎 (4)与 (5)慢 (6)雄

3 (1)イ (2)オ (3)カ (4)ア (5)キ (6)ウ

4 (1)A (2)D (3)C (4)B

5 (1)暦 (2)溶 (3)網

6 (1)む (2)れる (3)しい (4)る

7 (1)惑 (2)麗 (3)傍 (4)猛

4級 — 模擬試験

◆46〜49ページ◆

(一)
1 いふう
2 しんちょう
3 がしゅ
4 かんじゅ
5 きばつ
6 いくた
7 かがや
8 せいぎょ
9 せんく
10 つ
11 しきさい
12 さんじ
13 に
14 しゃくめい
15 またた
16 じゅんかい
17 とうとつ
18 えんじん
19 たず
20 ぜせい
21 あざ
22 はんも
23 へいさ
24 たくわ
25 のが
26 めいよ
27 ぜっぺき
28 そ
29 れっか
30 まど

(二)
1 ク
2 カ
3 イ
4 オ
5 ア

(三)
1 驚
2 姓
3 倒
4 環
5 眠
6 離
7 腕
8 兼
9 祈
10 途

(四)
1 畜・蓄
2 侵・浸
3 迫・泊
4 義・儀
5 映・影
6 穫・獲
7 奮・噴
8 億・憶
9 滴・摘
10 勧・歓

(五)
1 捕らえる
2 傾け
3 迎える
4 載せる
5 柔らかい

(六)
1 鈍
2 乾
3 般
4 及
5 脱
6 釈
7 俗
8 継
9 歳
10 妙

(七)
1 エ
2 イ
3 ウ
4 ア
5 イ
6 エ
7 ウ
8 ウ
9 ア
10 イ

(八)
1 ア
2 イ
3 ウ
4 オ
5 エ
6 エ
7 イ
8 オ
9 ア
10 ウ

(九)
1 オ
2 ア
3 イ
4 オ
5 イ
6 エ
7 ア
8 ウ
9 エ
10 ウ
11 イ
12 エ
13 イ
14 オ
15 ア

(十)
1 握
2 鼓動
3 依然
4 優越
5 禁煙
6 隠
7 押
8 監視
9 範囲
10 脈絡
11 依頼
12 軒
13 風刺
14 執念
15 斜
16 襲
17 躍進
18 振
19 訴
20 即売

3級—1

◆51ページ◆

(1)ひあい (2)いもん (3)ろうえい (4)まんえつ (5)こうえつ (6)えんじょう (7)しゅくえん (8)おうしゅう (9)なぐ (10)おつ (11)おろしね (12)たなおろし (13)おだ (14)かきょう (15)しょか (16)しょうか (17)はなよめ (18)きが (19)きかい (20)くや (21)だんかい (22)ふんがい (23)とうがい (24)がいよう (25)じょうかく

(26)かくり (27)しゅうかく (28)がくふ (29)こころが (30)かっくう (31)かんよう (32)おうかん (33)かんじょう (34)かんてつ (35)かんき (36)かんさん (37)かかん (38)かんきゅう (39)ききょう (40)くわだ (41)きんき (42)じょうき (43)きはん (44)きこん (45)きし (46)ききゃく (47)きば (48)あざむ (49)ぎだ (50)しゅんぎく

◆52ページ◆

(1)哀願 (2)慰労 (3)詠嘆 (4)詠 (5)悦楽 (6)閲覧 (7)炎症 (8)宴会 (9)欧米 (10)殴打 (11)乙 (12)卸売 (13)穏健 (14)佳作 (15)架空 (16)豪華 (17)転嫁 (18)餓死 (19)怪談 (20)後悔 (21)塊 (22)感慨 (23)該当 (24)概念 (25)輪郭 (26)間隔 (27)収穫

(28)山岳 (29)掛 (30)円滑 (31)肝心 (32)栄冠 (33)勘弁 (34)貫通 (35)喚声 (36)交換 (37)勇敢 (38)緩和 (39)緩 (40)企画 (41)一周忌 (42)忌 (43)軌道 (44)既成 (45)将棋 (46)廃棄 (47)騎士 (48)詐欺 (49)犠牲 (50)菊花

◆53ページ◆

1 (1)カ (2)イ (3)エ (4)ア

2 (1)C (2)A (3)B

3 (1)ウ (2)イ (3)ア

4 (1)穏 (2)肝 (3)佳 (4)悦

5 (1)オ (2)エ (3)イ (4)ア (5)カ

6 (1)殴 (2)哀 (3)怪

7 (1)てる (2)らか (3)める (4)てる

3級—2

◆55ページ◆

(1)きっぽう (2)きっさ (3)ざんぎゃく (4)けんきょ (5)こくう (6)かいきょう (7)きょうはく (8)ぎょうし (9)いっきん (10)きんきゅう (11)きんぱく (12)ぐち (13)ぐうぜん (14)ゆうぐう (15)しょけい (16)けいやく (17)はいけい (18)けいよう (19)れんけい (20)しょうけい (21)ようけい (22)くじら (23)せっけん (24)けんめい (25)げんそう

(26)ここう (27)えんこ (28)かいこ (29)かいこ (30)ごらく (31)かいご (32)こうし (33)こうみょう (34)こうおつ (35)たんこう (36)こうりゅう (37)こうがい (38)こうそ (39)あわ (40)こうか (41)こうしゅ (42)こうりょう (43)こうぼ (44)こくめい (45)かんごく (46)かいこん (47)こんいろ (48)せいこん (49)こんでん (50)さいむ

◆56ページ◆

(1)不吉 (2)喫煙 (3)虐待 (4)虐 (5)虚構 (6)峡谷 (7)脅威 (8)凝縮 (9)斤量 (10)緊張 (11)愚劣 (12)偶像 (13)待遇 (14)刑事 (15)契機 (16)啓示 (17)掲示 (18)携帯 (19)携 (20)休憩 (21)鶏 (22)捕鯨 (23)倹約 (24)賢 (25)幻滅 (26)孤独 (27)括弧

(28)雇 (29)顧問 (30)娯楽 (31)覚悟 (32)鼻孔 (33)技巧 (34)甲板 (35)坑道 (36)拘束 (37)近郊 (38)控 (39)恐慌 (40)硬直 (41)絞 (42)手綱 (43)酵素 (44)克服 (45)地獄 (46)恨 (47)濃紺 (48)魂胆 (49)開墾 (50)負債

◆57ページ◆

1 (1)扌—てへん (2)刂—りっとう (3)心—こころ (4)阝—おおざと

2 (1)C (2)D (3)B

3 (1)ウ (2)イ (3)オ (4)ア

4 (1)吉 (2)獄 (3)賢 (4)偶

5 (1)娯 (2)巧 (3)遇 (4)酵 (5)契 (6)魂

6 (1)孤 (2)坑 (3)啓

7 (1)る (2)かす (3)らす (4)む

3級―3

◆59ページ◆

(1) かいさい (2) てんさく (3) あっさく (4) こうさく (5) とくさつ (6) さっか (7) ざんてい (8) ふくし (9) じっし (10) はか (11) じじょ (12) じひ (13) ちじく (14) しっぷう (15) しっそう (16) しつど (17) ようしゃ (18) じゃすい (19) とくしゅ (20) ちょうじゅ (21) しつじゅん (22) じゅんぽう (23) とつじょ (24) じょじょ (25) きょしょう
(26) じょうしょう (27) しょうちゅう (28) がっしょう (29) けっしょう (30) しょうそう (31) しょうげき (32) けいしょう (33) じょうちょう (34) じょう (35) じょうざい (36) じょうほ (37) しょくぼう (38) ぶじょく (39) くっしん (40) しんぼう (41) しんぎ (42) すいはん (43) じゅんすい (44) ろうすい (45) ますい (46) みすい (47) いなほ (48) ずいぶん (49) こつずい (50) かわせ

◆60ページ◆

(1) 催促 (2) 催 (3) 削除 (4) 搾取 (5) 錯覚 (6) 撮影 (7) 摩擦 (8) 暫時 (9) 福祉 (10) 施設 (11) 施 (12) 諮問 (13) 侍従 (14) 慈善 (15) 主軸 (16) 疾患 (17) 多湿 (18) 恩赦 (19) 邪道 (20) 殊勝 (21) 寿命 (22) 利潤 (23) 遵守（順守） (24) 欠如 (25) 徐行 (26) 師匠
(27) 昇格 (28) 掌握 (29) 水晶 (30) 焦点 (31) 衝突 (32) 半鐘 (33) 冗談 (34) 令嬢 (35) 手錠 (36) 分譲 (37) 委嘱 (38) 屈辱 (39) 伸 (40) 辛口 (41) 審判 (42) 炊事 (43) 抜粋 (44) 衰 (45) 心酔 (46) 遂行 (47) 出穂 (48) 随筆 (49) 神髄（真髄） (50) 浅瀬

◆61ページ◆

1 (1) ウ (2) カ (3) エ (4) イ
2 (1) D (2) A (3) C
3 (1) イ (2) イ (3) ア
4 (1) 殊 (2) 施 (3) 軸 (4) 寿
5 (1) ウ (2) エ (3) キ (4) オ (5) ア
6 (1) 徐 (2) 衰 (3) 髄
7 (1) る (2) びる (3) がす (4) い

3級―4

◆63ページ◆

(1) ぎせい (2) はなむこ (3) やすぶしん (4) はいせき (5) いっせき (6) あいせき (7) しょせき (8) せつり (9) せっせい (10) せんすい (11) えいぜん (12) そがい (13) きょそ (14) そや (15) きそ (16) そうほう (17) そうでん (18) そうじ (19) まいそう (20) そうぐう (21) あいぞう (22) そくせい (23) ぞくぐん (24) たいまん (25) じゅたい
(26) かみぶくろ (27) たいほ (28) じゅうたい (29) たきがわ (30) さいたく (31) しょくたく (32) たっきゅう (33) しんたく (34) かいだく (35) だっかい (36) ごうたん (37) たんきん (38) ぶんだん (39) ちせつ (40) かちく (41) ちっそく (42) ちゅうせん (43) かいちゅう (44) ちゅうりゅう (45) ちょうこく (46) ちょうぜん (47) ちょうか (48) ぼうちょう (49) ちんれつ (50) ちんこん

◆64ページ◆

(1) 犠牲 (2) 婿養子 (3) 請求 (4) 斥候 (5) 片言隻句 (6) 惜別 (7) 戸籍 (8) 摂取 (9) 潜在 (10) 修繕 (11) 阻止 (12) 措置 (13) 粗末 (14) 粗 (15) 礎 (16) 双子座 (17) 桑畑 (18) 清掃 (19) 葬式 (20) 遭難 (21) 憎悪 (22) 促進 (23) 盗賊 (24) 怠 (25) 胎児 (26) 有袋類
(27) 逮捕 (28) 滞在 (29) 滝 (30) 選択 (31) 卓越 (32) 委託 (33) 承諾 (34) 奪 (35) 落胆 (36) 鍛練（鍛錬） (37) 花壇 (38) 幼稚 (39) 牧畜 (40) 窒素 (41) 抽象 (42) 鋳造 (43) 鋳型 (44) 駐車 (45) 木彫 (46) 彫像 (47) 超越 (48) 視聴 (49) 陳述 (50) 鎮静

◆65ページ◆

1 (1) 禾―のぎへん (2) 土―つちへん (3) 貝―かいへん (4) 彡―さんづくり
2 (1) A (2) D (3) C
3 (1) エ (2) イ (3) オ (4) イ
4 (1) 婿 (2) 怠 (3) 抽 (4) 鎮
5 (1) 択 (2) 隻 (3) 奪 (4) 籍 (5) 陳 (6) 潜
6 (1) 促 (2) 胆 (3) 牲
7 (1) える (2) る (3) う (4) く

3級—5

◆67ページ◆

(1) しっつい
(2) ていせい
(3) かいてい
(4) ていやく
(5) せんてつ
(6) いっと
(7) とそう
(8) れいとう
(9) とうすい
(10) すいとう
(11) いんとく
(12) きとく
(13) やきぶた
(14) りにょう
(15) ねんちゃく
(16) ろうば
(17) はいき
(18) ばいせき
(19) ほばく
(20) さつばつ
(21) しゅっぱん
(22) ばんそう
(23) かはん
(24) ばくはん
(25) なんばん
(26) ひくつ
(27) ぼひ
(28) ひにょう
(29) おとひめ
(30) ひょうはく
(31) さなえ
(32) おもむ
(33) おんぷ
(34) ふうしょ
(35) そほう
(36) こうふく
(37) てんぷく
(38) ふんしつ
(39) まぎ
(40) ふんぼ
(41) けっぺき
(42) おうぼ
(43) しぼ
(44) ぼき
(45) ほうめい
(46) ほんぽう
(47) いほう
(48) ぶぎょう
(49) どうほう
(50) なら

◆68ページ◆

(1) 墜落
(2) 帝国
(3) 訂正
(4) 締結
(5) 哲学
(6) 北斗
(7) 塗料
(8) 凍結
(9) 陶芸
(10) 天然痘
(11) 匿名
(12) 篤志
(13) 養豚
(14) 尿意
(15) 粘土
(16) 老婆心
(17) 排除
(18) 陪審
(19) 束縛
(20) 伐採
(21) 帆船
(22) 同伴
(23) 湖畔
(24) 藩主
(25) 野蛮
(26) 卑下
(27) 卑
(28) 石碑
(29) 分泌
(30) 姫君
(31) 漂
(32) 種苗
(33) 赴任
(34) 切符
(35) 封印
(36) 起伏
(37) 覆面
(38) 紛争
(39) 紛
(40) 古墳
(41) 口癖
(42) 募集
(43) 慕
(44) 名簿
(45) 芳香
(46) 芳
(47) 邦楽
(48) 奉仕
(49) 細胞
(50) 模倣

◆69ページ◆

1 (1) イ (2) ウ (3) カ

2 (1) エ (2) ア (3) キ (4) ウ (5) オ

3 (1) エ (2) ア (3) ウ

4 (1) エ (2) ア (3) イ

5 (1) 束縛 (2) 野蛮 (3) 排気 (4) 模倣

6 (1) 漂 (2) 紛 (3) 癖

7 (1) める (2) く (3) せる (4) う

3級—6

◆71ページ◆

(1) ほうぎょ
(2) ほうわ
(3) ほうごう
(4) きゅうぼう
(5) さまた
(6) かんぼう
(7) ひとふさ
(8) ぼうこく
(9) ふく
(10) むほん
(11) すいぼく
(12) ぼっとう
(13) ほんい
(14) じゃま
(15) まいぞう
(16) かくまく
(17) またが
(18) みわく
(19) げんめつ
(20) めんじょ
(21) ゆうげん
(22) かんゆう
(23) ゆうしゅう
(24) はつよう
(25) ゆ
(26) ようご
(27) よくせい
(28) らたい
(29) らんぴ
(30) のうり
(31) こうりゅう
(32) りょうかい
(33) きんりょう
(34) りょうけん
(35) ごりょう
(36) ひょうろう
(37) りんもう
(38) げきれい
(39) れいらく
(40) あくりょう
(41) ぶんれつ
(42) せいれん
(43) れんせい
(44) こうろ
(45) はろう
(46) ほうろう
(47) がろう
(48) ろうかく
(49) いろう
(50) わんきょく

◆72ページ◆

(1) 崩壊
(2) 飽
(3) 裁縫
(4) 欠乏
(5) 妨害
(6) 冷房
(7) 某所
(8) 膨大
(9) 陰謀
(10) 墨絵
(11) 没収
(12) 翻訳
(13) 翻
(14) 魔法
(15) 埋
(16) 粘膜
(17) 又
(18) 魅力
(19) 点滅
(20) 免許
(21) 幽霊
(22) 誘惑
(23) 憂慮
(24) 抑揚
(25) 揚
(26) 動揺
(27) 抱擁
(28) 抑圧
(29) 丸裸
(30) 濫用
(31) 官吏
(32) 隆起
(33) 終了
(34) 猟師
(35) 丘陵
(36) 食糧 (食料)
(37) 厘
(38) 励
(39) 零下
(40) 霊験
(41) 決裂
(42) 裂
(43) 廉価
(44) 錬
(45) 暖炉
(46) 浪費
(47) 廊下
(48) 鐘楼
(49) 漏
(50) 湾内

◆73ページ◆

1 (1) カ—ちから (2) 广—まだれ (3) 月—にくづき (4) 氵—さんずい

2 (1) ア (2) エ (3) イ

3 (1) ウ (2) ア (3) オ (4) オ (5) イ (6) ウ

4 (1) 乏 (2) 抑 (3) 没 (4) 廉

5 (1) イ (2) ウ (3) オ (4) キ (5) エ

6 (1) 謀 (2) 零 (3) 裂

7 (1) ます (2) らむ (3) らす (4) れる

3級 ― 模擬試験

◇74～77ページ◇

㈠
1 なぐさ
2 えつらん
3 かいこん
4 がいとう
5 つらぬ
6 まんきつ
7 しょうこん
8 たずさ
9 ほどこ
10 にょじつ
11 そうだつ
12 うなが
13 ちゅうしゅつ
14 ちんあつ
15 ねんちゃく
16 とりょう
17 ちんぷ
18 まぎ
19 しゅうへき
20 まいぼつ
21 あざむ
22 りゅうせい
23 とくじつ
24 ほんやく
25 かんば
26 せっしゅ
27 たいのう
28 ごうか
29 しぼ
30 さくご

㈡
1 **ク**
2 **エ**
3 **イ**
4 **カ**
5 **キ**

㈢
1 無縫
2 勉励
3 一騎
4 孤立
5 果敢
6 粗製
7 滅裂
8 巧言
9 内憂
10 大胆

㈣
1 慨・概
2 獲・穫
3 義・犠
4 狭・峡
5 検・倹
6 雇・顧
7 職・嘱
8 蓄・畜
9 俳・排
10 碑・卑

㈤
1 埋める
2 怠ける
3 揺れる
4 惜しむ
5 憎らしい

㈥
1 邪　6 哲
2 硬　7 催
3 虚　8 譲
4 粋　9 潤
5 匠　10 了

㈦
1 **エ**
2 **イ**
3 **ア**
4 **エ**
5 **エ**
6 **ウ**
7 **ア**
8 **ウ**
9 **イ**
10 **ア**

㈧
1 **ウ**　6 **ア**
2 **エ**　7 **オ**
3 **イ**　8 **イ**
4 **ア**　9 **オ**
5 **エ**　10 **ウ**

㈨
1 **エ**
2 **イ**
3 **ア**
4 **ウ**
5 **ア**
6 **オ**
7 **イ**
8 **ウ**
9 **エ**
10 **ア**
11 **オ**
12 **ウ**
13 **イ**
14 **エ（ア）**
15 **オ**

㈩
1 穏
2 崩
3 冠水
4 既製
5 覚悟
6 撮
7 穂
8 屈辱
9 慈悲
10 凍
11 福祉
12 潜
13 伸
14 国籍
15 基礎
16 託児
17 鍛
18 嫁
19 縛
20 妨害

準2級—1

◇79ページ◇

(1)あえん (2)たいい (3)いつわ (4)こんいん (5)よいん (6)うねどこ (7)うらうら (8)えきびょう (9)えっけん (10)けんえん (11)おうとつ (12)ろうおう (13)おそれ (14)かちゅう (15)かこん (16)せいか (17)かもく (18)かぎょう (19)かせ (20)か (21)ゆうかい (22)かいこ (23)ふところ (24)だんがい (25)しょうがい (26)かきね (27)かくしん (28)ちかく (29)いかく (30)かっこ (31)そうかつ (32)きょうかつ (33)かつぼう (34)かわ (35)かっしょく (36)かんかつ (37)か (38)かんづめ (39)けっかん (40)かんじゃ (41)かんにん (42)かんおけ (43)しゃっかん (44)かんせい (45)かんよう (46)いかん (47)かんげん (48)ぐんかん (49)がんこ (50)きが

◇80ページ◇

(1)亜流 (2)少尉 (3)逸脱 (4)姻族 (5)韻文 (6)畝織 (7)浦風 (8)免疫 (9)拝謁 (10)猿 (11)凹面 (12)老翁 (13)虞 (14)渦潮 (15)禍福 (16)靴 (17)寡占 (18)出稼 (19)稼動(働) (20)蚊 (21)誘拐 (22)懐 (23)懐 (24)弾劾 (25)天涯 (26)石垣 (27)中核 (28)殻 (29)威嚇 (30)総括 (31)一括 (32)喝破 (33)渇水 (34)枯渇 (35)褐色 (36)直轄 (37)且 (38)空缶 (39)陥 (40)患 (41)堪 (42)出棺 (43)定款 (44)閑散 (45)寛大 (46)遺憾 (47)返還 (48)戦艦 (49)頑強 (50)飢

◇81ページ◇

1 (1)㋐かんにん ㋑た (2)㋐けっかん ㋑おとしい (3)㋐かいこ ㋑ふところ ㋒なつ

2 (1)7 (2)7 (3)10 (4)3

3 (1)離 (2)韻 (3)寡 (4)閑

4 (1)氵—さんずい (2)虍—とらがしら(とらかんむり) (3)二—に (4)缶—ほとぎ

5 (1)ぐ (2)る(れる) (3)かしむ (4)う

6 (1)C (2)A (3)B

7 (1)㋐核 ㋑嚇 (2)㋐渦 ㋑禍 (3)㋐括 ㋑喝 ㋒渇 ㋓轄

準2級—2

◇83ページ◇

(1)べんぎ (2)しんぎ (3)ぎおん (4)きゅうだん (5)きゅうち (6)きわ (7)きょひ (8)きょうねん (9)きょうげき (10)うやうや (11)きょうせい (12)ぎょうてん (13)さいきん (14)きんせん (15)きんが (16)きょうきん (17)ぎんみ (18)いちぐう (19)くんしょう (20)くんとう (21)ちかけい (22)けいりゅう (23)けいこう (24)けいちょう (25)けっさく (26)けんお (27)きら (28)ぶんけん (29)けんきょ (30)けんし (31)けんちょ (32)か (33)げんがく (34)ごふく (35)いご (36)ようすこう (37)こうてい (38)しょこう (39)こうずい (40)こうけん (41)そっこう (42)へいこう (43)こうにゅう (44)ごうもん (45)ごうけん (46)ざんこく (47)こんちゅう (48)こんしん (49)しさ (50)そそのか

◇84ページ◇

(1)適宜 (2)偽物 (3)模擬 (4)糾明 (5)窮極 (6)窮 (7)拒絶 (8)享受 (9)挟 (10)恭賀 (11)矯 (12)暁 (13)滅菌 (14)琴 (15)謹慎 (16)襟 (17)詩吟 (18)隅 (19)殊勲 (20)薫風 (21)茎 (22)渓谷 (23)蛍 (24)慶祝 (25)傑出 (26)嫌味 (27)嫌煙 (28)献血 (29)謙譲 (30)繭玉 (31)顕彰 (32)懸念 (33)上弦 (34)呉音 (35)碁盤 (36)江 (37)肯定 (38)侯爵 (39)洪積 (40)貢 (41)溝 (42)均衡 (43)購買 (44)拷問 (45)剛直 (46)冷酷 (47)昆布 (48)懇 (49)示唆 (50)教唆

◇85ページ◇

1 (1)㋐かいきん ㋑えり (2)㋐もっきん ㋑ごと (3)㋐けんお ㋑いやみ ㋒きら

2 (1)7 (2)2 (3)6 (4)8 (5)6 (6)5

3 (1)B (2)C (3)A

4 (1)享 (2)挟 (3)衡 (4)溝

5 (1)ろ (2)ぐ (3)しい (4)な (5)む (6)る

6 (1)㋐呉 ㋑碁 (2)㋐肯 ㋑侯 ㋒洪 (3)㋐勲 ㋑薫

準2級 — 3

◇87ページ◇

(1) さしょう (2) さいせき (3) しゅさい (4) ぼんさい (5) しょさい (6) しさく (7) そうさく (8) さくさん (9) さんばし (10) さんか (11) したい (12) しし (13) おんし (14) たまわ (15) ぎょじ (16) しっき (17) しゃだん (18) じゃぐち (19) く (20) だんしゃく (21) しゅぎょく (22) じゅきょう (23) しゅうじん (24) いしゅう (25) きょうしゅう

(26) ほうしゅう (27) しゅうたい (28) かじゅう (29) じゅうじつ (30) じゅうたい (31) しぶ (32) じゅうせい (33) しゅくぼ(おば) (34) ていしゅく (35) せいしゅく (36) じゅくちょう (37) しゅんそく (38) ひじゅん (39) じゅんし (40) じゅんかん (41) しょみん (42) ゆいしょ (43) はなお (44) じょけい (45) いっしょう (46) しょうほん (47) しょうぞう (48) しょうそう (49) しゅんしょう (50) しょうじょう

◇88ページ◇

(1) 詐欺 (2) 砕 (3) 宰相 (4) 栽培 (5) 斎場 (6) 思索 (7) 捜索 (8) 酢 (9) 桟道 (10) 傘 (11) 前肢 (12) 後嗣 (13) 賜 (14) 御璽 (15) 国璽 (16) 漆 (17) 遮 (18) 蛇 (19) 晩酌 (20) 爵位 (21) 真珠 (22) 儒学 (23) 幽囚 (24) 臭 (25) 哀愁 (26) 応酬 (27) 醜

(28) 汁 (29) 充 (30) 渋 (31) 苦渋 (32) 銃口 (33) 叔父 (34) 私淑 (35) 自粛 (36) 塾 (37) 俊才 (38) 准 (39) 殉職 (40) 因循 (41) 庶務 (42) 情緒 (43) 緒 (44) 叙述 (45) 升 (46) 抄出 (47) 不肖 (48) 高尚 (49) 宵 (50) 炎症

◇89ページ◇

1 (1) ㋐愁 ㋑醜 (2) ㋐肖 ㋑尚 ㋒宵 (3) ㋐酌 ㋑爵

2 (1) 儒 (2) 酌 (3) 栽 (4) 淑

3 (1) 嗣 (2) 酬 (3) 緒 (4) 粛

4 (1) 辶—しんにょう (2) 彳—ぎょうにんべん (3) 肉—にく (4) 疒—やまいだれ (5) 冫—にすい (6) 儿—ひとあし(にんにょう)

5 (1) ㋐あくしゅう ㋑くさ (2) ㋐しっこく ㋑うるし (3) ㋐じゃぐち ㋑ちょうだ ㋒へび

6 (1) C (2) B (3) A

準2級 — 4

◇91ページ◇

(1) はっしょう (2) こうしょう (3) そしょう (4) しょうさん (5) ゆきげしょう (6) しょうちょく (7) しょうれい (8) けんしょう (9) べんしょう (10) あんしょう (11) じょうか (12) かじょう (13) よじょう (14) どじょう (15) じょうぞう (16) しんしん (17) こうしん (18) にんしん (19) しんし (20) しんだん (21) み (22) はもの (23) じんそく (24) じんだい (25) はなは

(26) げんすい (27) すいみん (28) ちゅうすう (29) すうこう (30) す (31) すぎばやし (32) せいしょう (33) せいきょ (34) せいやく (35) ちか (36) ぶんせき (37) ちせつ (38) せっとう (39) せんにん (40) もとせん (41) せんかい (42) じっせん (43) せんと (44) すいせん (45) せんい (46) ぜんでら (47) ぜんじ (48) そぜい (49) かそ (50) うと

◇92ページ◇

(1) 不祥事 (2) 交渉 (3) 訴訟 (4) 硝石 (5) 美粧 (6) 詔 (7) 推奨 (8) 表彰 (9) 償 (10) 岩礁 (11) 浄土 (12) 過剰 (13) 剰余 (14) 土壌 (15) 醸 (16) 興味津津 (17) 唇 (18) 妊娠 (19) 紳士 (20) 打診 (21) 診 (22) 白刃 (23) 奮迅 (24) 幸甚 (25) 甚 (26) 総帥

(27) 熟睡 (28) 枢要 (29) 崇拝 (30) 据 (31) 杉 (32) 一斉 (33) 逝 (34) 宣誓 (35) 誓 (36) 解析 (37) 巧拙 (38) 窃取 (39) 歌仙 (40) 栓抜 (41) 旋風 (42) 実践 (43) 変遷 (44) 薦 (45) 繊細 (46) 座禅 (47) 漸増 (48) 地租 (49) 疎外 (50) 疎

◇93ページ◇

1 (1) ㋐帥 ㋑睡 (2) ㋐仙 ㋑栓 ㋒旋 (3) ㋐訟 ㋑硝 ㋒粧

2 (1) 礁 (2) 彰 (3) 津津 (4) 漸 (5) 壌

3 (1) 析 (2) 償 (3) 遷 (4) 甚

4 (1) 大—だい (2) 石—いしへん (3) 口—くち (4) 刀—かたな (5) 甘—かん(あまい) (6) 巾—はば (7) 足—あしへん (8) 穴—あなかんむり (9) 斉—せい

5 (1) ㋐かそ ㋑うと (2) ㋐ようせい ㋑ゆ(い) (3) ㋐じんだい ㋑はなはだ (4) ㋐せいやく ㋑ちか

6 (1) う (2) める (3) る (4) える

準2級―5

◆95ページ◆

(1) ちょうそ (2) ゆうそう (3) べっそう (4) そうさ (5) そうにゅう (6) ほうそう (7) そうしつ (8) すいそう (9) そうがい (10) かいそう (11) だきょう (12) だらく (13) たいだ (14) むだ (15) あんたい (16) せんたく (17) ただ (18) ほんだな (19) ぐち (20) ちくいち (21) ちつじょ (22) ちゃくなん (23) ちゅうしん (24) ちょうじ (25) ちょうせん (26) いど (27) ちょうぼう (28) ちょうか (29) ちょうえき (30) ちょくご (31) ちん (32) かいづか (33) つけもの (34) たてつぼ (35) ろてい (36) きゅうてい (37) ていたく (38) りょうてい (39) ていしゅく (40) ていげん (41) ていさつ (42) そうかいてい (43) うんでい (44) どろぼう (45) こうてつ (46) てってい (47) てっきょ (48) ついとう (49) とうさい (50) べつむね

◆96ページ◆

(1) 塑像 (2) 壮快 (3) 荘厳 (4) 捜索 (5) 挿 (6) 曹洞宗 (7) 喪 (8) 浴槽 (9) 霜柱 (10) 藻 (11) 妥結 (12) 堕落 (13) 惰性 (14) 駄目 (15) 泰平 (16) 洗濯 (17) 但 (18) 戸棚 (19) 音痴 (20) 逐次 (21) 秩序 (22) 嫡流 (23) 衷心 (24) 慶弔 (25) 挑発 (26) 挑 (27) 眺望 (28) 釣 (29) 懲 (30) 勅命 (31) 朕 (32) 貝塚 (33) 茶漬 (34) 建坪 (35) 進呈 (36) 朝廷 (37) 豪邸 (38) 亭主 (39) 貞女 (40) 逓信 (41) 探偵 (42) 艦艇 (43) 拘泥 (44) 泥 (45) 更迭 (46) 貫徹 (47) 撤回 (48) 哀悼 (49) 搭乗 (50) 病棟

◆97ページ◆

1 (1) 曰―ひらび（いわく） (2) ロ―くち (3) 氺―したみず (4) 衣―ころも (5) 弓―ゆみ (6) 月―つきへん (7) 貝―かい（こがい） (8) 舟―ふねへん

2 (1) ㋐いた ㋑ついとう (2) ㋐も ㋑そうしつ (3) ㋐でいすい ㋑どろ

3 (1) 懲 (2) 偵 (3) 徹 (4) 槽 (5) 搭

4 (1) す (2) す (3) し (4) む (5) る (6) ける

5 (1) B (2) C (3) A

6 (1) ㋐妥 ㋑惰 ㋒駄 (2) ㋐捜 ㋑挿 ㋒藻 (3) ㋐挑 ㋑眺

準2級―6

◆99ページ◆

(1) ふうとう (2) とうしゃばん (3) ふっとう (4) くうどう (5) かんとく (6) おうとつ (7) ちゅうとん (8) なんじゃく (9) にそう (10) かいにん (11) にんじゃ (12) ていねい (13) はあく (14) はき (15) はいぶつ (16) すた (17) ばいよう (18) ばいかい (19) ばいしょう (20) はくちゅう (21) はくらい (22) さばく (23) はだぎ (24) うえきばち (25) ざいばつ (26) はんざつ (27) わずら (28) はんぷ (29) おうひ (30) ひろうえん (31) もんぴ (32) ひめん (33) ねこ (34) らいひん (35) ひんしゅつ (36) かびん (37) ふよう (38) ふぞく (39) がくふ (40) ぶじょく (41) しゃふつ (42) ふんいき (43) ふんがい (44) へいてい (45) がっぺい (46) どべい (47) かへい (48) へいがい (49) へんけん (50) ふへん

◆100ページ◆

(1) 水筒 (2) 謄本 (3) 暴騰 (4) 洞穴 (5) 督促 (6) 凹凸 (7) 屯田 (8) 軟禁 (9) 尼寺 (10) 妊婦 (11) 忍耐 (12) 寧日 (13) 把手 (14) 覇権 (15) 撤廃 (16) 廃 (17) 栽培 (18) 媒体 (19) 賠償 (20) 画伯 (21) 船舶 (22) 漠然 (23) 地肌 (24) 鉢 (25) 派閥 (26) 煩悩 (27) 煩 (28) 頒布 (29) 王妃 (30) 披露 (31) 扉 (32) 罷業 (33) 猫背 (34) 賓客 (35) 頻度 (36) 魔法瓶 (37) 扶助 (38) 寄附 (39) 年譜 (40) 侮 (41) 沸点 (42) 雰囲気 (43) 憤 (44) 丙丁 (45) 併合 (46) 土塀 (47) 紙幣 (48) 語弊 (49) 偏食 (50) 遍歴

◆101ページ◆

1 (1) 言―げん (2) 目―め (3) 凵―うけばこ (4) 屮―てつ (5) 月―にくづき (6) 貝―かい（こがい） (7) 瓦―かわら (8) 一―いち

2 (1) ㋐覇 ㋑把 (2) ㋐頻 ㋑賓 (3) ㋐偏 ㋑遍

3 (1) 騰 (2) 披 (3) 弊 (4) 賠 (5) 廃

4 (1) 弱 (2) 寧 (3) 舶 (4) 培

5 (1) う (2) る (3) く (4) り (5) せ (6) る

6 (1) ㋐とびら ㋑もんぴ (2) ㋐どうさつ ㋑ほらあな (3) ㋐すた ㋑はいし (4) ㋐さいばい ㋑つちか (5) ㋐じゅうなん ㋑やわ

準2級 — 7

◇103ページ◇

(1) きほう
(2) ねんぽう
(3) ほうしょう
(4) ぼうけん
(5) ぼうせき
(6) じゅんぼく
(7) げぼく
(8) だぼく
(9) そとぼり
(10) ほんそう
(11) まやく
(12) まさつ
(13) けんま
(14) まっしょう
(15) みさき
(16) かんめい
(17) ぼ(も)うげん
(18) もうちょう
(19) しょうもう
(20) やくどし
(21) ゆかい
(22) きょうゆ
(23) さと
(24) ゆちゃく
(25) ゆいいつ
(26) ゆうきゅう
(27) ゆうよ
(28) よゆう
(29) きんゆう
(30) ちゅうよう
(31) かまもと
(32) られつ
(33) らくのう
(34) げり
(35) りれき
(36) せんりゅう
(37) きょうりゅう
(38) りゅうさん
(39) ほりょ
(40) せいりょう
(41) すず
(42) どうりょう
(43) りょうか
(44) りんり
(45) るいせき
(46) ほんるい
(47) へんれい
(48) ほんれい
(49) しゅうわい
(50) きわく

◇104ページ◇

(1) 泡
(2) 俸給
(3) 褒
(4) 解剖
(5) 紡
(6) 素朴
(7) 公僕
(8) 撲滅
(9) 外堀
(10) 出奔
(11) 乱麻
(12) 摩天楼
(13) 磨滅
(14) 一抹
(15) 岬巡
(16) 銘柄
(17) 妄想
(18) 盲目
(19) 消耗
(20) 厄介
(21) 愉悦
(22) 説諭
(23) 諭
(24) 治癒
(25) 唯物
(26) 悠然
(27) 猶予
(28) 裕福
(29) 融資
(30) 凡庸
(31) 窯業
(32) 網羅
(33) 酪農
(34) 赤痢
(35) 履行
(36) 柳腰
(37) 竜巻
(38) 硫化
(39) 虜囚
(40) 荒涼
(41) 夕涼
(42) 僚友
(43) 寮
(44) 人倫
(45) 累進
(46) 塁審
(47) 戻
(48) 風鈴
(49) 賄
(50) 枠内

◇105ページ◇

1
(1) ㋐かま ㋑ようぎょう
(2) ㋐ふうりん ㋑よれい
(3) ㋐りこう ㋑は

2
(1) く (2) す (3) しい (4) す (5) める (6) う

3
(1) 石—いし (2) 目—め (3) 厂—がんだれ (4) 麻—あさ

4
(1) 累 (2) 奔 (3) 耗 (4) 妄

5
(1) B (2) C (3) A

6
(1) 摩 (2) 愉 (3) 塁 (4) 僕 (5) 寮

7
(1) ㋐悠 ㋑猶 ㋒融 ㋓裕
(2) ㋐妄 ㋑耗

準2級—模擬試験

◇106～109ページ◇

(一)
1 いかく
2 こうせつ
3 いつだつ
4 かんかつ
5 べんぎ
6 けんお
7 しさ
8 こんだて
9 じょじ
10 せんと
11 せんせい
12 あんねい
13 あなど
14 こうてい
15 うと
16 すうはい
17 ゆ(い)
18 つぐな
19 どろ
20 かたよ
21 やわ
22 やなぎ
23 あわ
24 から
25 いつわ
26 ふところ
27 かせ
28 わずら
29 かわ
30 はさ

(二)
1 きょぎ
2 にせもの
3 かんぼつ
4 おとしい
5 しゃこう
6 さえぎ
7 だっしゅう
8 くさ
9 じょうぞう
10 かも
11 わずら
12 はんざつ
13 つちか
14 ばいよう
15 えりもと
16 きょうきん
17 くだ
18 ふんさい
19 きょうせい
20 た

(三)
1 二　6 糸
2 凵　7 田
3 一　8 行
4 肉　9 斉
5 八　10 口

(四)
1 奔放
2 分析
3 奮迅
4 沸騰
5 尚早
6 津津
7 弾劾
8 東奔
9 中枢
10 泰然

(五)
1 しく
2 え
3 え
4 まれ
5 す
6 める
7 わる
8 す
9 やか
10 ち

(六)
1 駄作
2 理論
3 収賄
4 遺失
5 衰運
6 頻出
7 推奨
8 俊秀
9 遮断
10 布教

(七)
1 磨・摩
2 盲・妄
3 観・感
4 舶・泊
5 破・覇
6 撤・徹
7 諸・緒
8 騰・謄
9 租・阻
10 仮・架

(八)
1 直轄
2 少尉
3 誘拐
4 音韻
5 閑居
6 遺憾
7 寡占
8 糾弾
9 詩吟
10 酷
11 詐欺
12 顕微
13 管弦
14 首肯
15 珠玉
16 懇親
17 網羅
18 還暦
19 稼動(働)
20 隔

(九)
1 **ア**　6 **オ**
2 **ウ**　7 **イ**
3 **エ**　8 **ア**
4 **オ**　9 **イ**
5 **エ**　10 **ウ**

(十)
1 選択
2 洗濯
3 交渉
4 高尚
5 正常
6 清浄
7 内定
8 内偵
9 懸
10 架

2級—1

◆111ページ◆

(1) あいさつ
(2) あいまい
(3) あてさき
(4) すなあらし
(5) いけい
(6) おそ
(7) いしゅく
(8) いす
(9) ごい
(10) いんこう
(11) いんこう
(12) ながうた
(13) ゆううつ
(14) えんこん
(15) おんねん
(16) ようえん
(17) いろつや
(18) おうせい
(19) おくびょう
(20) おれ
(21) かこく
(22) がじょう
(23) きば
(24) がかい
(25) かわら
(26) かいしょ
(27) かいよう
(28) つぶ
(29) はいかい
(30) だんがい
(31) てんがい
(32) ふた
(33) しがい
(34) かき
(35) あご
(36) かっとう
(37) かま
(38) かま
(39) かんこく
(40) がんぐ
(41) かぶき
(42) きれつ
(43) きそん
(44) きんき
(45) だっきゅう
(46) きゅうかく
(47) ずきん
(48) きんさ
(49) わず
(50) にしきえ

◆112ページ◆

(1) 挨拶
(2) 曖昧
(3) 宛先
(4) 砂嵐
(5) 畏敬
(6) 畏
(7) 萎縮
(8) 椅子
(9) 語彙
(10) 咽喉
(11) 淫行 （淫行）
(12) 長唄
(13) 憂鬱
(14) 怨恨
(15) 怨念
(16) 妖艶
(17) 色艶
(18) 旺盛
(19) 臆病
(20) 俺
(21) 苛酷
(22) 牙城 （牙城）
(23) 牙（牙）
(24) 瓦解
(25) 瓦
(26) 楷書
(27) 潰瘍
(28) 潰
(29) 俳諧
(30) 断崖
(31) 天蓋
(32) 蓋
(33) 死骸
(34) 柿
(35) 顎
(36) 葛藤 （葛藤）
(37) 釜
(38) 鎌
(39) 韓国
(40) 玩具
(41) 歌舞伎
(42) 亀裂
(43) 毀損
(44) 近畿
(45) 脱臼
(46) 嗅覚 （嗅覚）
(47) 頭巾
(48) 僅差 （僅差）
(49) 僅（僅）
(50) 錦絵

2級—2

◆114ページ◆

(1) きぐ
(2) くし
(3) そうくつ
(4) さんけい
(5) もう
(6) しょうけい （どうけい）
(7) こっけい
(8) かんげき
(9) すきま
(10) けた
(11) けんじゅう
(12) こぶし
(13) けんばん
(14) かぎ
(15) うげん
(16) おおまた
(17) もうこ
(18) とら
(19) きんこ
(20) こうばい
(21) のうこうそく
(22) こうとう
(23) のど
(24) ご
(25) ごうまん
(26) ごま
(27) ころ
(28) こんせき
(29) きずあと
(30) さた
(31) とんざ
(32) かっさい
(33) さいはい
(34) へいそく
(35) ふさ
(36) てっさく
(37) こさつ
(38) あいさつ
(39) ざんしん
(40) しい
(41) しんし
(42) えじき
(43) しっせき
(44) しっと
(45) しゅよう
(46) じゅもん
(47) はんそで
(48) しゅうちしん
(49) いっしゅう
(50) け

◆115ページ◆

(1) 危惧 （危惧）
(2) 串
(3) 巣窟
(4) 参詣
(5) 詣
(6) 憧憬
(7) 滑稽 （滑稽）
(8) 間隙
(9) 隙間
(10) 桁
(11) 拳銃
(12) 拳
(13) 鍵盤
(14) 鍵
(15) 右舷
(16) 大股
(17) 猛虎
(18) 虎
(19) 禁錮
(20) 勾配
(21) 脳梗塞
(22) 喉頭
(23) 喉
(24) 乞
(25) 傲慢
(26) 駒
(27) 頃
(28) 痕跡
(29) 傷痕
(30) 沙汰
(31) 頓挫
(32) 喝采
(33) 采配
(34) 閉塞
(35) 塞
(36) 鉄柵
(37) 古刹
(38) 挨拶
(39) 斬新
(40) 恣意
(41) 真摯
(42) 餌食 （餌食）
(43) 叱責
(44) 嫉妬
(45) 腫瘍
(46) 呪文
(47) 半袖
(48) 羞恥心
(49) 一蹴
(50) 蹴

2級—3

◇117ページ◇

(1)あこが (2)ふっしょく (3)しりご (4)めじり (5)しん (6)じんぞう (7)ひっす (8)すそ (9)せいさん (10)かくせい (11)せきずい (12)しんせき (13)せんちゃ (14)せんぼう (15)るいせん (16)せんさく (17)しょせん (18)びんせん (19)はいぜん (20)そげき (21)そじょう (22)みぞう (23)そうかい (24)や (25)しっそう

(26)ほそく (27)けんそん (28)さた (29)まゆつば (30)たいせき (31)ちょうだい (32)だれ (33)いったん (34)はたん (35)ちみつ (36)しょうちゅう (37)ちょうふ(てんぷ) (38)ちょうしょう (39)しんちょく (40)せきつい (41)つめ (42)つる (43)ていかん (44)あきら (45)できあい (46)おぼ (47)ほてん (48)しっと (49)ねた (50)とばく

◇118ページ◇

(1)憧 (2)払拭 (3)尻込 (4)目尻 (5)芯 (6)腎臓 (7)必須 (8)裾 (9)凄惨 (10)覚醒 (11)脊髄 (12)親戚 (13)煎茶（煎茶） (14)羨望 (15)涙腺 (16)詮索（詮索） (17)所詮（所詮） (18)便箋（便箋） (19)配膳 (20)狙撃 (21)遡上（遡上） (22)未曽有

(23)爽快 (24)痩 (25)失踪 (26)捕捉 (27)謙遜（謙遜） (28)沙汰 (29)眉唾 (30)堆積 (31)頂戴 (32)誰 (33)一旦 (34)破綻 (35)緻密 (36)焼酎 (37)貼付 (38)嘲笑（嘲笑） (39)進捗（進捗） (40)脊椎 (41)爪 (42)鶴 (43)諦観 (44)諦 (45)溺愛（溺愛）

(46)溺（溺） (47)補塡（補填） (48)嫉妬 (49)妬 (50)賭博（賭博）

2級—4

◇120ページ◇

(1)かっとう (2)ふじいろ (3)どうこう (4)ひとみ (5)とんちゃく（とんじゃく） (6)せいとん (7)どんよく (8)むさぼ (9)どんぶり (10)てんどん (11)せつな (12)なぞ (13)なべ (14)にお (15)にじ (16)ねんしゅつ (17)ばせい (18)ばとう (19)はくせい (20)は (21)はし (22)はんらん (23)はんよう (24)はんてん (25)みけん

(26)まゆげ (27)ひざ (28)ひじ (29)ふほう (30)いんぺい (31)しりもち (32)かんぺき (33)けいべつ (34)さげす (35)ほにゅうるい (36)ほうき (37)みつばち (38)へんぼう (39)ほお（ほほ） (40)しんぼく (41)ぼっぱつ (42)ざんまい (43)まくら (44)みつ (45)みょうり (46)めん (47)とうや (48)やよい (49)くらやみ (50)ひゆ

◇121ページ◇

(1)葛藤（葛藤） (2)藤色 (3)瞳孔 (4)瞳 (5)頓着 (6)整頓 (7)貪欲 (8)貪 (9)丼 (10)天丼 (11)刹那 (12)謎（謎） (13)鍋 (14)匂 (15)虹 (16)捻出 (17)罵声 (18)罵倒 (19)剝製（剥製） (20)剝（剥） (21)箸（箸） (22)氾濫 (23)汎用 (24)斑点 (25)眉間

(26)眉毛 (27)膝 (28)肘 (29)訃報 (30)隠蔽（隠蔽） (31)尻餅（尻餅） (32)完璧 (33)軽蔑 (34)蔑 (35)哺乳類 (36)蜂起 (37)蜜蜂 (38)変貌 (39)頰（頬） (40)親睦 (41)勃発 (42)三昧 (43)枕 (44)蜜 (45)冥利 (46)麺 (47)陶冶 (48)弥生 (49)暗闇 (50)比喩（比喩）

2級—5

◆122ページ◆

(1)ゆうしゅつ
(2)ようかい
(3)しゅよう
(4)ひよく
(5)らち
(6)らつわん
(7)しんらつ
(8)しゅつらん
(9)あいぞ
(10)じょうるり
(11)りつぜん
(12)せんりつ
(13)はんりょ
(14)めいりょう
(15)るりいろ
(16)ふろ
(17)ごろ
(18)わいろ
(19)ぐろう
(20)ほんろう
(21)ろうじょう
(22)かご
(23)さんろく
(24)わきばら
(25)りょうわき

◆123ページ◆

(1)湧出
(2)妖怪
(3)腫瘍
(4)肥沃
(5)拉致
(6)辣腕
(7)辛辣
(8)出藍
(9)藍染
(10)浄瑠璃
(11)慄然
(12)戦慄
(13)伴侶
(14)明瞭
(15)瑠璃色
(16)風呂
(17)語呂
(18)賄賂
(19)愚弄
(20)翻弄
(21)籠城
(22)籠
(23)山麓
(24)脇腹
(25)両脇

2級 — 模擬試験

◇124～127ページ◇

(一)
1 ふろしき
2 けいがいか
3 もてあそ
4 せつな
5 しゅつらん
6 おんねん
7 しい
8 あや
9 ずきん
10 しゃへい
11 な
12 すその
13 えじき
14 もう
15 せんかた
16 か
17 みけん
18 ていかん
19 つま
20 そうせき
21 つぶ
22 ざた
23 ごうぜん
24 しっぽ
25 きんこ
26 みょうり
27 おくそく
28 さげす
29 せいさん
30 とんざ

(二)
1 つうこん
2 つめあと
3 みぞう
4 そうそふ
5 いけい
6 おそ
7 ふさ
8 へいそく
9 ふっしょく
10 ぬぐ
11 きんさ
12 わず
13 しょうび
14 まゆ
15 かんげき
16 すき
17 どんよく
18 むさぼ
19 きば
20 がじょう

(三)
1 羊　6 丨
2 頁　7 手
3 戈　8 罒
4 殳　9 大
5 木　10 土

(四)
1 暮四
2 一動
3 雨読
4 千金
5 万来
6 東奔
7 前代
8 画竜
9 朝令
10 三寒

(五)
1 枯渇
2 固辞
3 飢餓
4 過剰
5 更生
6 不意
7 中枢
8 妥協
9 勘弁
10 交渉

(六)
1 語彙
2 蜜蜂
3 椅子
4 断崖
5 拉致
6 雑巾
7 籠
8 闇雲
9 進捗（進捗）
10 爽快
11 語呂
12 貼付
13 把捉
14 捻挫
15 昔日
16 舷側
17 風采
18 凄絶
19 筋腫
20 変貌

(七)
1 **ア**　6 **イ**
2 **エ**　7 **ウ**
3 **ア**　8 **エ**
4 **オ**　9 **ア**
5 **イ**　10 **オ**

(八)
1 喉頭
2 高騰
3 反乱
4 氾濫
5 瞳孔
6 動向
7 艶
8 怨
9 閑静
10 管制

(九)
1 慌ただしい
2 掲げる
3 免れる
4 若しくは
5 諦める
6 塞ぐ
7 腫れる
8 貪り
9 蔑む
10 妖しい

同音異字

◆128・129ページ◆

(1) ㋐威光 ㋑意向 ㋒遺稿
(2) ㋐遺志 ㋑意志 ㋒意思
(3) ㋐会心 ㋑回診 ㋒改心
(4) ㋐寒気 ㋑換気 ㋒勘気 ㋓歓喜
(5) ㋐鑑賞 ㋑観賞 ㋒感傷 ㋓干渉
(6) ㋐既成 ㋑既製 ㋒気勢 ㋓帰省
(7) ㋐講演 ㋑公演 ㋒公園 ㋓後援
(8) ㋐最後 ㋑最期
(9) ㋐週間 ㋑週刊 ㋒習慣 ㋓収監
(10) ㋐飼料 ㋑史料 ㋒資料
(11) ㋐清算 ㋑精算 ㋒生産
(12) ㋐絶対 ㋑絶体
(13) ㋐善後 ㋑前後
(14) ㋐創刊 ㋑総監 ㋒壮観
(15) ㋐体形 ㋑体系
(16) ㋐大成 ㋑体制 ㋒態勢
(17) ㋐投棄 ㋑陶器 ㋒登記 ㋓騰貴
(18) ㋐不信 ㋑不振 ㋒不審
(19) ㋐閉口 ㋑平行 ㋒平衡
(20) ㋐保証 ㋑補償 ㋒保障
(21) ㋐名分 ㋑名文 ㋒明文 ㋓銘文
(22) ㋐融資 ㋑雄姿 ㋒有史
(23) ㋐勇退 ㋑優待
(24) ㋐要旨 ㋑容姿 ㋒養子
(25) ㋐累計 ㋑類型

同訓異字

◆130〜132ページ◆

(1) ㋐合 ㋑会 ㋒遭
(2) ㋐著 ㋑表 ㋒現
(3) ㋐傷 ㋑痛 ㋒悼
(4) ㋐打 ㋑討 ㋒撃
(5) ㋐冒 ㋑犯 ㋒侵
(6) ㋐納 ㋑収 ㋒修
(7) ㋐帰 ㋑返
(8) ㋐薫 ㋑香
(9) ㋐堅 ㋑硬 ㋒固
(10) ㋐窮 ㋑究 ㋒極
(11) ㋐刺 ㋑指 ㋒差 ㋓挿
(12) ㋐沈 ㋑静 ㋒鎮
(13) ㋐勧 ㋑進 ㋒薦
(14) ㋐耐 ㋑絶 ㋒堪
(15) ㋐断 ㋑絶 ㋒裁 ㋓立
(16) ㋐勤 ㋑努 ㋒務
(17) ㋐解 ㋑溶
(18) ㋐伸 ㋑延
(19) ㋐図 ㋑量 ㋒謀 ㋓測 ㋔計 ㋕諮
(20) ㋐火 ㋑灯 ㋒日
(21) ㋐更 ㋑老
(22) ㋐振 ㋑震 ㋒奮
(23) ㋐経 ㋑減
(24) ㋐観 ㋑診
(25) ㋐元 ㋑基 ㋒下 ㋓本
(26) ㋐破 ㋑敗
(27) ㋐患 ㋑煩
(28) ㋐当 ㋑充 ㋒宛
(29) ㋐跡 ㋑痕
(30) ㋐怪 ㋑妖
(31) ㋐行 ㋑逝
(32) ㋐歌 ㋑唄
(33) ㋐恐 ㋑畏
(34) ㋐書 ㋑描
(35) ㋐切 ㋑斬
(36) ㋐請 ㋑乞
(37) ㋐答 ㋑応
(38) ㋐混 ㋑込
(39) ㋐作 ㋑造 ㋒創
(40) ㋐勤 ㋑務
(41) ㋐捕 ㋑捉
(42) ㋐匂 ㋑臭
(43) ㋐延 ㋑伸
(44) ㋐早 ㋑速
(45) ㋐張 ㋑貼
(46) ㋐外 ㋑他

類義語・対義語

◆133・134ページ◆

1

(1)
㋐にんむ　使命
㋑かくう　虚構
㋒がまん　忍耐
㋓しんぱい　懸念
㋔きびん　迅速
㋕きよ　貢献
㋖げんしゅく荘厳
㋗ずいい　任意
㋘こうじょう進歩
㋙すいさつ　推量

㋓こうりょ　思案
㋔なっとく　了解
㋕ふきゅう　不滅
㋖ちんれつ　展示
㋗えつらん　縦覧
㋘じょきょ　撤去

(2)
㋐しつぼう　落胆
㋑へんせん　沿革
㋒めんみつ　精密
㋓きんぱく　切迫
㋔ぼっとう　専念
㋕せつやく　倹約
㋖どうとく　倫理
㋗せんゆう　独占
㋘にゅうねん丹念
㋙れきぜん　判然

(3)
㋐たかい　永眠
㋑ざんじ　寸時
㋒ろうばい　周章

2

(1)
㋐きょか　禁止
㋑きょぎ　真実
㋒きはく　濃厚
㋓きゃっか　受理
㋔ぐたい　抽象
㋕げんそく　例外
㋖こうみょう拙劣
㋗こうか　廉価
㋘きおく　忘却
㋙しろうと　玄人

㋓ひかん　楽観
㋔ぐうぜん　必然
㋕りろん　実践
㋖ようち　老練
㋗そうたい　絶対
㋘がいりゃく詳細
㋙だったい　加入

(2)
㋐しぜん　人工
㋑いっぱん　特殊
㋒じりつ　依頼
㋓たんぱく　濃厚
㋔さくじょ　添加
㋕えんちょう短縮
㋖ちゅうし　継続
㋗ふくざつ　単純
㋘おんけん　過激
㋙けいそつ　慎重

(3)
㋐どくそう　模倣
㋑ぶんせき　総合
㋒ほしゅ　革新

三字熟語

◆135・136ページ◆

(1) 才 あおにさい
(2) 循 あくじゅんかん
(3) 固 いこじ
(4) 食 いしょくじゅう
(5) 落 いちだんらく
(6) 頂 うちょうてん
(7) 生 おうじょうぎわ
(8) 画 かくいつてき
(9) 過 かとき
(10) 足 かふそく
(11) 一 かみひとえ
(12) 算 かわざんよう
(13) 髪 かんいっぱつ
(14) 受 かんじゅせい
(15) 無 かんむりょう
(16) 帳 きちょうめん
(17) 客 きゃっかんてき
(18) 塔 きんじとう
(19) 評 げばひょう
(20) 一 こういってん
(21) 合 ごうりか
(22) 潮 さいこうちょう
(23) 金 しきんせき
(24) 獄 じごくみみ
(25) 尊 じそんしん
(26) 社 しゃこうてき
(27) 成 しゅうたいせい
(28) 主 しゅかんてき
(29) 受 じゅどうてき
(30) 念 しょいちねん
(31) 念 しょうねんば

---

(32) 急 じょはきゅう
(33) 骨 しんこっちょう
(34) 審 しんびがん
(35) 体 せけんてい
(36) 戸 せとぎわ
(37) 善 ぜんごさく
(38) 入 せんにゅうかん
(39) 里 せんりがん
(40) 馬 そうまとう
(41) 黒 だいこくばしら
(42) 飛 たかびしゃ
(43) 面 てつめんぴ
(44) 王 てんのうざん
(45) 登 とうりゅうもん
(46) 可 なまはんか
(47) 枚 にまいじた
(48) 能 のうどうてき
(49) 裸 はだかいっかん
(50) 天 はてんこう
(51) 悲 ひかんてき
(52) 識 ひじょうしき
(53) 需 ひつじゅひん
(54) 可 ふかひ
(55) 謹 ふきんしん
(56) 頂 ぶっちょうづら
(57) 普 ふへんてき
(58) 意 ふほんい
(59) 邪 むじゃき
(60) 尽 むじんぞう
(61) 駄 むだぼね
(62) 漢 もんがいかん
(63) 不 やくぶそく
(64) 観 らっかんてき
(65) 不 りふじん

四字熟語

◆137～140ページ◆

(1) 闘　あくせんくとう
(2) 模　あんちゅうもさく
(3) 意　いきしょうちん
(4) 投　いきとうごう
(5) 揚　いきようよう
(6) 異　いくどうおん
(7) 伝　いしんでんしん
(8) 期　いちごいちえ
(9) 秋　いちじつせんしゅう
(10) 網　いちもうだじん
(11) 憂　いっきいちゆう
(12) 挙　いっきょりょうとく
(13) 金　いっこくせんきん
(14) 触　いっしょくそくはつ
(15) 命　いっしょけんめい
(16) 退　いっしんいったい
(17) 心　いっしんふらん
(18) 世　いっせいちだい
(19) 鳥　いっせきにちょう
(20) 夕　いっちょういっせき
(21) 長　いっちょういったん
(22) 刀　いっとうりょうだん
(23) 深　いみしんちょう
(24) 転　ういてんぺん
(25) 右　うおうさおう
(26) 海　うみせんやません
(27) 散　うんさんむしょう
(28) 離　えしゃじょうり
(29) 故　おんこちしん
(30) 快　かいとうらんま
(31) 田　がでんいんすい

---

(32) 点　がりょうてんせい
(33) 炉　かろとうせん
(34) 慨　かんがいむりょう
(35) 懲　かんぜんちょうあく
(36) 欠　かんぜんむけつ
(37) 髪　ききいっぱつ
(38) 死　きしかいせい
(39) 承　きしょうてんけつ
(40) 鬼　ぎしんあんき
(41) 天　きそうてんがい
(42) 哀　きどあいらく
(43) 依　きゅうたいいぜん
(44) 下　きゅうてんちょっか
(45) 混　ぎょくせきこんこう
(46) 玉　きんかぎょくじょう
(47) 絶　くうぜんぜつご
(48) 強　けんきょうふかい
(49) 一　けんこんいってき
(50) 水　こううんりゅうすい
(51) 恥　こうがんむち
(52) 令　こうげんれいしょく
(53) 公　こうめいせいだい
(54) 同　ごえつどうしゅう
(55) 援　こりつむえん
(56) 視　こしたんたん
(57) 霧　ごりむちゅう
(58) 道　ごんごどうだん
(59) 色　さいしょくけんび
(60) 明　さんしすいめい
(61) 自　じがじさん
(62) 苦　しくはっく
(63) 業　じごうじとく
(64) 錯　じだいさくご
(65) 倒　しちてんばっとう

(66) 剛　しつじつごうけん
(67) 棄　じぼうじき
(68) 面　しめんそか
(69) 尽　じゅうおうむじん
(70) 貫　しゅうしいっかん
(71) 章　しゅうしょうろうばい
(72) 色　じゅうにんといろ
(73) 客　しゅかくてんとう
(74) 捨　しゅしゃせんたく
(75) 尾　しゅびいっかん
(76) 満　じゅんぷうまんぱん
(77) 枝　しようまっせつ
(78) 弱　じゃくにくきょうしょく
(79) 志　しょしかんてつ
(80) 滅　しりめつれつ
(81) 機　しんきいってん
(82) 鬼　しんしゅつきぼつ

(83) 棒　しんしょうぼうだい
(84) 気　しんしんきえい
(85) 夢　すいせいむし
(86) 雨　せいこううどく
(87) 日　せいてんはくじつ
(88) 清　せいれんけっぱく
(89) 磨　せっさたくま
(90) 体　ぜったいぜつめい
(91) 載　せんざいいちぐう
(92) 差　せんさばんべつ
(93) 聞　ぜんだいみもん
(94) 化　せんぺんばんか
(95) 晩　たいきばんせい
(96) 胆　だいたんふてき
(97) 小　だいどうしょうい
(98) 単　たんとうちょくにゅう
(99) 材　てきざいてきしょ

---

(100) 尾　てっとうてつび
(101) 衣　てんいむほう
(102) 光　でんこうせっか
(103) 異　てんぺんちい
(104) 意　とういそくみょう
(105) 走　とうほんせいそう
(106) 患　ないゆうがいかん
(107) 船　なんせんほくば
(108) 進　にっしんげっぽ
(109) 背　にりつはいはん
(110) 馬　ばじとうふう
(111) 方　はっぽうびじん
(112) 疑　はんしんはんぎ
(113) 辞　びじれいく
(114) 体　ひょうりいったい
(115) 言　ふげんじっこう
(116) 離　ふそくふり

(117) 雷　ふわらいどう
(118) 粉　ふんこつさいしん
(119) 無　ぼうじゃくぶじん
(120) 倒　ほんまつてんとう
(121) 夢　むがむちゅう
(122) 味　むみかんそう
(123) 鏡　めいきょうしすい
(124) 腹　めんじゅうふくはい
(125) 不　ゆうじゅうふだん
(126) 有　ゆうめいむじつ
(127) 自　ゆうゆうじてき
(128) 油　ゆだんたいてき
(129) 到　よういしゅうとう
(130) 肉　ようとうくにく
(131) 整　りろせいぜん
(132) 機　りんきおうへん
(133) 折　わようせっちゅう

熟語の構成

◇141・142ページ◇

1
(1) 善良
(2) 軽薄
(3) 粗悪
(4) 悲哀
(5) 詳細
(6) 勤務
(7) 華麗
(8) 絵画
(9) 機器
(10) 建設

2
(1) 軽重
(2) 有無
(3) 難易
(4) 送迎
(5) 発着
(6) 愛憎
(7) 伸縮
(8) 表裏
(9) 経緯
(10) 縦横

3
(1) 洋画
(2) 物価
(3) 晩秋
(4) 美談
(5) 細心
(6) 珍事
(7) 早熟
(8) 優遇
(9) 急増
(10) 断定

4
(1) 延期
(2) 護身
(3) 決議
(4) 失明
(5) 防災
(6) 遭難
(7) 借金
(8) 提案
(9) 握手
(10) 加熱

5
(1) 不滅
(2) 未満
(3) 無限
(4) 未収
(5) 無礼

6
(1) 国立
(2) 仏滅
(3) 地震
(4) 人工
(5) 雷鳴

7
(1) 偶然
(2) 病的
(3) 陰性
(4) 消化
(5) 野性

8
(1) 刻刻
(2) 堂堂
(3) 洋洋

9
(1) 額縁
(2) 献立
(3) 派手

10
(1) 手本
(2) 野宿
(3) 指図

11
(1) 特急
(2) 私鉄
(3) 重文

熟字訓・当て字

◆143・144ページ◆

(1) あくび
(2) あずき
(3) あま
(4) いおう
(5) いくじ
(6) いちげんこじ
(7) いなか
(8) いぶき
(9) いれずみ
(10) うば
(11) うわき
(12) えび
(13) おじ
(14) おとめ
(15) まわ
(16) みき
(17) おもや
(18) かぐら
(19) かし
(20) かぜ
(21) かや
(22) かわせ
(23) きせる
(24) くだもの
(25) くろうと
(26) けしき
(27) ここち
(28) こま
(29) さおとめ
(30) ざこ
(31) さじき
(32) さみだれ
(33) さゆ
(34) しぐれ
(35) しない
(36) しにせ
(37) しばふ
(38) しゃれ
(39) じゅず
(40) しろうと
(41) しわす
(42) すきや
(43) せりふ
(44) たいまつ
(45) たそがれ
(46) たて
(47) たなばた
(48) たび
(49) ちご
(50) ちょうちん
(51) つくし
(52) つゆ
(53) でこぼこ
(54) てだれ
(55) てんません
(56) とあみ
(57) どきょう
(58) ともだち
(59) とけい
(60) なごり
(61) なだれ
(62) のら
(63) のりと
(64) はとば
(65) ひより
(66) ふぶき
(67) へた
(68) まいご
(69) みやげ
(70) めがね
(71) もさ
(72) もめん
(73) やおちょう
(74) やけど
(75) やまと
(76) ゆくえ
(77) よせ
(78) わこうど

故事成語・ことわざ

◆145・146ページ◆

1

(1) ㋐D ㋑C ㋒G ㋓E ㋔A ㋕B ㋖F

(2) ㋐B ㋑D ㋒H ㋓A ㋔C ㋕F ㋖G ㋗E

(3) ㋐E ㋑B ㋒H ㋓C ㋔D ㋕G ㋖I ㋗F ㋘A

(4) ㋐H ㋑B ㋒A ㋓F ㋔D ㋕I ㋖E ㋗C ㋘G

2

(1) 塩 (2) 懲 (3) 易 (4) 夢 (5) 命 (6) 絶 (7) 鬼 (8) 帯 (9) 麻 (10) 甲 (11) 徹 (12) 労 (13) 執 (14) 触 (15) 者 (16) 争 (17) 馬

(18) 礼 (19) 寄 (20) 閑 (21) 天 (22) 石 (23) 虫 (24) 角 (25) 苦 (26) 情 (27) 濡 (28) 隠 (29) 腕 (30) 兵 (31) 者 (32) 覆 (33) 交 (34) 鼻 (35) 友

年　　組　　番	
年　　組　　番	
年　　組　　番	

A1XM

1回 漢字の読み①

組　番　名前

月　日

/20 点アップ!

次の——線の**漢字の読み**を**ひらがな**で書きなさい。（2点×10問）

① 大切な部分に**傍線**を引く。〔　　〕

② 地面が**隆起**する。〔　　〕

③ 道路の**凍結**を防ぐ工夫。〔　　〕

④ **福祉**施設を見学する。〔　　〕

⑤ レンズの**焦点**を調節する。〔　　〕

⑥ 午後の会議への参加を**促**す。〔　　す〕

⑦ 勢いよく水蒸気が**噴出**する。〔　　〕

⑧ 相手の要求を**受諾**する。〔　　〕

⑨ 橋の**欄干**に手をかける。〔　　〕

⑩ **憩**いの場を提供する。〔　　い〕

2回 漢字の読み②

組　番　名前

月　日

／20 点アップ!

次の――線の**漢字の読み**を**ひらがな**で書きなさい。（2点×10問）

① 都内**某所**の喫茶店。〔　　〕

② **野蛮**な行いを批判する。〔　　〕

③ 看板を真っ赤に**塗**る。〔　　る〕

④ **欧州**を巡る旅がしたい。〔　　〕

⑤ 自分に有利な**契約**を結ぶ。〔　　〕

⑥ 彼はいつも面白い**冗談**を言う。〔　　〕

⑦ **最先端**の技術を用いる。〔　　〕

⑧ 彼女は日本**舞踊**を習っている。〔　　〕

⑨ 大きな**壁**を乗り越える。〔　　〕

⑩ 新規事業を**企**てる。〔　　てる〕

3回 漢字の書き①

組　　番　　名前

月　　日

／20 点アップ!

次の――線の**太字**を**漢字**に直しなさい。（2点×10問）

① **くり**返し練習する。〔　　　り〕

② **レンカ**版の商品を買う。〔　　　〕

③ 大阪の**イド**と経度。〔　　　〕

④ 屋根を**シュウゼン**する。〔　　　〕

⑤ **あさせ**で泳ぐ。〔　　　〕

⑥ 学校に**チコク**する。〔　　　〕

⑦ 雑草が**ハンモ**する。〔　　　〕

⑧ 巨大な**セキヒ**を発見する。〔　　　〕

⑨ **ショクタク**に花を飾る。〔　　　〕

⑩ 感動して**なみだ**を流す。〔　　　〕

4回　漢字の書き②

組　番　名前

月　日

／20 点アップ!

次の――線の**太字**を**漢字**に直しなさい。（2点×10問）

① 大気中の**チッソ**の割合。（　　）

② 少量の**センザイ**を使う。（　　）

③ 長い**ロウカ**を歩く。（　　）

④ **いなサク**の歴史を知る。（　　）

⑤ 事実を**コチョウ**して話す。（　　）

⑥ **まぼろし**のような城だ。（　　）

⑦ 音楽会を**カイサイ**する。（　　）

⑧ **ハクシュ**で新入生を迎える。（　　）

⑨ 暑いので**ボウシ**を脱ぐ。（　　）

⑩ 町の**コウガイ**に家を建てる。（　　）

5回

漢字の部首・部首名

組　番　名前

月　日

/20 点アップ!

次の漢字の**部首**を（　）に、**部首名**を〔　〕に書きなさい。（各完答2点×10問）

	部首	部首名
① 覆	（　）	〔　〕
② 微	（　）	〔　〕
③ 邦	（　）	〔　〕
④ 盤	（　）	〔　〕
⑤ 秀	（　）	〔　〕
⑥ 匿	（　）	〔　〕
⑦ 殿	（　）	〔　〕
⑧ 越	（　）	〔　〕
⑨ 療	（　）	〔　〕
⑩ 藩	（　）	〔　〕

6回 熟語の構成

組　　番　名前

月　　日　　／20 点アップ！

★熟語の構成のしかたには次のようなものがある。

ア 同じような意味の漢字を重ねたもの。（例…**豊富**）

イ 反対または対応の意味を表す字を重ねたもの。（例…**開閉**）

ウ 上の字が下の字を修飾しているもの。（例…**速報**）

エ 下の字が上の字の目的語、補語になっているもの。（例…**読書**）

オ 主語と述語の関係にあるもの。（例…**人造**）

次の熟語は右の**ア**～**オ**のどれにあたるか、**記号**で答えなさい。（2点×10問）

① 貯蓄　□

② 雷鳴　□

③ 徐行　□

④ 搾乳　□

⑤ 緩急　□

⑥ 乾杯　□

⑦ 喜怒　□

⑧ 即答　□

⑨ 日没　□

⑩ 慈愛　□

7回　対義語・類義語①

組　番　名前

月　日

/20 点アップ!

あとの□の中のひらがなを**漢字**に直して、**対義語・類義語**を書きなさい。□の中のひらがなは一度だけ使い、漢字一字を書きなさい。（2点×10問）

対義語

① 急性 ― □性

② 恒星 ― □星

③ 美食 ― □食

④ 過激 ― □健

⑤ 豊富 ― 欠□

類義語

⑥ 処罰 ― 懲□

⑦ 着実 ― □実

⑧ 架空 ― □構

⑨ 借金 ― 負□

⑩ 鼓舞 ― 激□

わく・けん・かい・きょ・れい
まん・ぼう・さい・そ・おん

① □　② □　③ □　④ □　⑤ □

⑥ □　⑦ □　⑧ □　⑨ □　⑩ □

8回 対義語・類義語②

組　番　名前

月　日　／20 点アップ!

あとの□の中のひらがなを**漢字**に直して、**対義語・類義語**を書きなさい。□の中のひらがなは一度だけ使い、漢字一字を書きなさい。（2点×10問）

対義語

① 吉報―□報
② 専業―□業
③ 合憲―□憲
④ 守備―攻□
⑤ 濃厚―希□

類義語

⑥ 名案―□案
⑦ 節約―□約
⑧ 功績―手□
⑨ 大意―□要
⑩ 技量―手□

けん・けん・げき・い・わん
がい・みょう・きょう・はく・がら

① □
② □
③ □
④ □
⑤ □
⑥ □
⑦ □
⑧ □
⑨ □
⑩ □

9回　三字熟語

組　番　名前

月　日

／20 点アップ!

次の□にあてはまる**三字熟語**をあとの□から選び、**漢字**で書きなさい。（2点×10問）

① □から一言、言わせてもらう。
意味　気を遣って必要以上に世話を焼く気持ち。

② 新知事の□な試みが成功する。
意味　誰もしなかったことをする様子。

③ 受付時間に□間に合った。
意味　時間や事態が非常に差し迫っていること。

④ 資源は□にあるわけではない。
意味　限りなくあること。

⑤ これは□の商人が心を入れ替える物語だ。
意味　財を蓄えるのに熱心な、けちな人。

⑥ 上司とはいえ□な言い方をすべきではない。
意味　押さえつけ、おどすような様子。

⑦ この試験は一流料理人への□だ。
意味　出世や成功のための関門。

⑧ まるで□のような美しい風景だ。
意味　俗世間を離れた理想の地。

⑨ 現代文学の□となる作品だ。
意味　後世に残る、大きく優れた仕事。

⑩ 戦国時代は□の世の中だ。
意味　下位の者が上位の者をしのぎ、勢力をふるうこと。

カンイッパツ　ゲコクジョウ　ロウバシン　キンジトウ
シュセンド　ムジンゾウ　トウリュウモン　イタケダカ
ハテンコウ　トウゲンキョウ

10回 四字熟語①

組　番　名前

月　日

/20 点アップ!

次の□にあてはまる**四字熟語**をあとの□から選び、**漢字**で書きなさい。（2点×10問）

① □の地で休暇を過ごす。
意味 自然の景色が美しいこと。

② □な文章に飽きる。
意味 趣やおもしろみにかけること。

③ □な日々に感謝する。
意味 おだやかでかわりのないこと。

④ 優勝チームが□と行進する。
意味 得意で元気いっぱいな様子。

⑤ 議案が□で可決した。
意味 その場の全員の意見が同じになること。

⑥ 多数派に□する傾向がある。
意味 やたら他人の意見に同調すること。

⑦ □の彼の行動が笑いを誘う。
意味 自由自在に現れたり隠れたりすること。

⑧ 勝ち負けに□しない。
意味 状況により喜んだり悲しんだりすること。

⑨ 悲しい時でも□な行動は慎むべきだ。
意味 自分を粗末にし、投げやりになること。

⑩ 彼は□な人柄で慕われている。
意味 おだやかでやさしく、誠実なこと。

オンコウトクジツ
フワライドウ
ムミカンソウ
サンシスイメイ
ヘイオンブジ
イキヨウヨウ
マンジョウイッチ
シンシュツキボツ
ジボウジキ
イッキイチユウ

11回

四字熟語②

組　番　名前

月　日

／20 点アップ!

次の□にあてはまる**四字熟語**をあとの□から選び、**漢字**で書きなさい。（2点×10問）

① 彼の話に□する。
意味 はらをかかえて大笑いすること。

② 目的達成のため□に飛び回る。
意味 こつこつと苦労を重ね努力すること。

③ 話が□で訳がわからない。
意味 まとまりがなくめちゃくちゃなこと。

④ 研究の道は□である。
意味 やり方が多すぎて迷ってしまうこと。

⑤ 情報を□して、発表用にまとめる。
意味 良いものはえらび、悪いものはすてること。

⑥ 敵をおびき寄せて□にする。
意味 一度に一味のものを全部とらえること。

⑦ □の島に探検隊が入る。
意味 人がまだ足をふみいれたことがないこと。

⑧ 平家の□の物語。
意味 さかえたりおとろえたりすること。

⑨ このコンクールは□の好機になる。
意味 めったにないよい機会。

⑩ 彼の□な態度に、皆眉をひそめた。
意味 周囲を気にせず、勝手にふるまうこと。

タキボウヨウ　ホウフクゼットウ　リュウリュウシンク
イチモウダジン　ボウジャクブジン　センザイイチグウ
エイコセイスイ　シュシャセンタク　ジンセキミトウ
シリメツレツ

12回 送りがな①

組　番　名前

月　日

／20 点アップ！

次の――線のカタカナを**漢字一字と送りがな（ひらがな）**で書きなさい。（2点×10問）

① 砂糖入りの**アマイ**紅茶を飲む。〔　　〕

② 参加者は百人を**コエル**。〔　　〕

③ 品物を大切に**アツカウ**。〔　　〕

④ 容器から水が**モレル**。〔　　〕

⑤ 汗をかき、服が**シメル**。〔　　〕

⑥ エプロンを油で**ヨゴス**。〔　　〕

⑦ 大統領が夫人を**トモナウ**。〔　　〕

⑧ 古くなった時計が**コワレル**。〔　　〕

⑨ 会議の進行を**サマタゲル**。〔　　〕

⑩ 楽器の音が**クルウ**。〔　　〕

13回 送りがな②

組　番　名前

月　日

/20 点アップ!

次の――線のカタカナを漢字一字と送りがな（ひらがな）で書きなさい。（2点×10問）

① 人員不足で作業がトドコオル。〔　　〕

② 交番で道順をタズネル。〔　　〕

③ 去年より売り上げがノビル。〔　　〕

④ 古いベンチがカタムク。〔　　〕

⑤ 池の水がニゴル。〔　　〕

⑥ 後輩をハゲマス。〔　　〕

⑦ 新聞に広告をノセル。〔　　〕

⑧ イルカはカシコイ動物だ。〔　　〕

⑨ 猫のひげをサワル。〔　　〕

⑩ マギラワシイ言い方を避ける。〔　　〕

14回 同音異字①

組　番　名前

月　日

/20 点アップ!

次の——線のカタカナを漢字に直しなさい。（2点×10問）

① **キョ**大な岩を登る。〔　　〕

② 駅までの**キョ**離を測る。〔　　〕

③ 氏名と年**レイ**を記入する。〔　　〕

④ **レイ**下三十度を記録する。〔　　〕

⑤ ヒトもサルも**レイ**長類だ。〔　　〕

⑥ 部員を**ボ**集する。〔　　〕

⑦ 憧れの人に**ボ**情を打ち明ける。〔　　〕

⑧ **シン**判の判定に従う。〔　　〕

⑨ **シン**重な性格。〔　　〕

⑩ 敵の**シン**略を止める。〔　　〕

15回 同音異字②

組　番　名前

月　日

次の――線のカタカナを漢字に直しなさい。（2点×10問）

① 肩に水**テキ**が落ちる。〔　　〕

② 間違いを指**テキ**される。〔　　〕

③ 谷間に声が反**キョウ**する。〔　　〕

④ スポーツの実**キョウ**放送。〔　　〕

⑤ 海**キョウ**を船で渡る。〔　　〕

⑥ 礼**ギ**正しい青年だ。〔　　〕

⑦ 多くの**ギ**牲を払う。〔　　〕

⑧ **ホウ**仕活動をする。〔　　〕

⑨ 有名な作品を模**ホウ**する。〔　　〕

⑩ 人口が**ホウ**和状態になる。〔　　〕

16回 同訓異字①

組　　番　　名前

月　　日

／20 点アップ!

次の——線の**カタカナ**を**漢字**に直しなさい。（2点×10問）

① 家来が主人のかたきを**ウ**つ。〔　　〕

② いのししを銃で**ウ**つ。〔　　〕

③ 新しい帯を**シ**める。〔　　〕

④ 女性が多数を**シ**める。〔　　〕

⑤ 自分で自分の首を**シ**める。〔　　〕

⑥ 緊張で表情が**カタ**くなる。〔　　〕

⑦ 紙粘土が乾いて**カタ**まる。〔　　〕

⑧ 壁に時計を**カ**ける。〔　　〕

⑨ 川に橋を**カ**ける。〔　　〕

⑩ 野原で馬が**カ**ける。〔　　〕

17回 同訓異字②

組　番　名前

月　日

/20 点アップ!

次の――線の**カタカナ**を**漢字**に直しなさい。（2点×10問）

① 入会の手続きが**ス**む。〔　　〕

② 池の水が**ス**む。〔　　〕

③ 作家が筆を**ト**る。〔　　〕

④ 風景を写真に**ト**る。〔　　〕

⑤ わなを張って害獣を**ト**る。〔　　〕

⑥ 輪になって**オド**る。〔　　〕

⑦ 思わぬ贈り物に心が**オド**る。〔　　〕

⑧ 政敵の失脚を**ハカ**る。〔　　〕

⑨ 提案について会議に**ハカ**る。〔　　〕

⑩ 知人に便宜を**ハカ**る。〔　　〕

18回 力だめし①〈現代文〉

組　番　名前

月　日

/20 点アップ!

次の文章中の――線のカタカナを漢字に直しなさい。（2点×10問）

　ある日の暮れ方の事である。一人の下人が、羅生門の下で雨やみを待っていた。

　広い門の下には、この男のほかに①**ダレ**もいない。ただ、所々②**ニ**③**ヌ**りの④**ハ**げた、大きな円柱に、きりぎりすが一匹とまっている。羅生門が、朱雀《すざく》大路にある以上は、この男のほかにも、雨やみをする市女笠《いちめがさ》や揉烏帽子《もみえぼし》が、もう二、三人はありそうなものである。それが、この男のほかにはダレもいない。

　なぜかというと、この二、三年、京都には、⑤**ジシン**とか辻風《つじかぜ》とか火事とか飢饉《ききん》とか云う災《わざわい》が続いて起こった。そこで洛中《らくちゅう》のさびれ方はひととおりではない。旧記によると、仏像や仏具を打ち⑥**クダ**いて、その丹がついたり、金銀の箔《はく》がついたりした木を、⑦**ミチバタ**に積み重ねて、⑧**タキギ**の料《しろ》に売っていたということである。洛中がその始末であるから、羅生門の修理などは、もとよりダレも捨てて⑨**カエリ**みる者がなかった。するとその⑩**ア**れ果てたのをよいことにして、狐狸《こり》が棲《す》む。盗人《ぬすびと》が棲む。とうとうしまいには、引き取り手のない死人を、この門へ持ってきて、捨てて行くという習慣さえできた。そこで、日の目が見えなくなると、ダレでも気味を悪がって、この門の近所へは足踏みをしないことになってしまったのである。

（芥川龍之介《あくたがわりゅうのすけ》『羅生門』による）

① 〔　　　〕
② 〔　　　〕
③ 〔　　　り〕
④ 〔　　　げ〕
⑤ 〔　　　〕
⑥ 〔　　　い〕
⑦ 〔　　　〕
⑧ 〔　　　〕
⑨ 〔　　　みる〕
⑩ 〔　　　れ〕

19回 力だめし②〈評論文〉

組　番　名前

月　日

／20 点アップ!

次の——線のカタカナを漢字に直し、□に書きなさい。（2点×10問）

① チュウショウ
意味 多くの物事に共通する事実をぬき出して考えること。

② キョゾウ
意味 実際の姿とは異なる、作られた姿や形。

③ フヘン
意味 全ての物に共通して当てはまること。

④ ムジュン
意味 二つの理屈のつじつまが合わないこと。

⑤ ユウゴウ
意味 二つ以上の物が、一つに溶け合うこと。

⑥ カンゲン
意味 物事の形や性質を、元に戻すこと。

⑦ キノウ
意味 複数の事例から、一般的な法則や決まりを得ること。

⑧ ショウチョウ
意味 チュウショウ的なものを表すための具体的なもの。

⑨ サクイ
意味 自分の意志で行うこと。不自然さを指すこともある。

⑩ モサク
意味 はっきりとしない物事を探し求めること。

20回

力だめし③〈時事〉

組　番　名前

月　日

/20 点アップ!

次の——線のカタカナを漢字に直し、□に書きなさい。（2点×10問）

① 集団的ジエイ権

意味 攻撃を受けていない国が、攻撃された他国の防衛を行う権利。

② 経済レンケイ協定（EPA）

意味 関税などを撤廃し、貿易の拡大を目指す協定。

③ 歴史ニンシキ論争

意味 国や民族の間で歴史解釈の差から起こる論争。

④ 主要国シュノウ会議（G7）

意味 日本を含む主要七か国のリーダーが集まる国際的な会議。

⑤ 同性ケッコン

参考 法的に認められる国が増えている。

⑥ イリョウ費問題

参考 高齢化による増加を抑制する政策がとられている。

⑦ オウシュウ連合（EU）

参考 一九九三年に設立。超国家的なヨーロッパの地域統合体。

⑧ 金融カンワ政策

意味 日本銀行が通貨の供給量を増やす景気対策の政策。

⑨ 日本の調査ホゲイ

参考 この活動について、他国から批判や妨害を受けている。

⑩ コヨウ創出の取り組み

意味 仕事に就く機会を新たに作り出すこと。

分野別 苦手克服 漢字テスト 解答①

1回

① ぼうせん
② りゅうき
③ とうけつ
④ ふくし
⑤ しょうてん
⑥ うなが
⑦ ふんしゅつ
⑧ じゅだく
⑨ らんかん
⑩ いこ

2回

① ぼうしょ
② やばん
③ ぬ
④ おうしゅう
⑤ けいやく
⑥ じょうだん
⑦ さいせんたん
⑧ ぶよう
⑨ かべ
⑩ くわだ

3回

① 繰
② 廉価
③ 緯度
④ 修繕
⑤ 浅瀬
⑥ 遅刻
⑦ 繁茂
⑧ 石碑
⑨ 食卓
⑩ 涙

4回

① 窒素
② 洗剤
③ 廊下
④ 稲作
⑤ 誇張
⑥ 幻
⑦ 開催
⑧ 拍手
⑨ 帽子
⑩ 郊外

5回

① 襾 おおいかんむり
② 彳 ぎょうにんべん
③ 阝 おおざと
④ 皿 さら
⑤ 禾 のぎ
⑥ 匸 かくしがまえ
⑦ 殳 るまた・ほこづくり
⑧ 走 そうにょう
⑨ 疒 やまいだれ
⑩ 艹 くさかんむり

6回

① ア
② オ
③ ウ
④ エ
⑤ イ
⑥ エ
⑦ イ
⑧ ウ
⑨ オ
⑩ ア

7回

① 慢
② 惑
③ 粗
④ 穏
⑤ 乏
⑥ 戒
⑦ 堅
⑧ 虚
⑨ 債
⑩ 励

8回

① 凶
② 兼
③ 違
④ 撃
⑤ 薄
⑥ 妙
⑦ 倹
⑧ 柄
⑨ 概
⑩ 腕

9回

① 老婆心
② 破天荒
③ 間一髪
④ 無尽蔵
⑤ 守銭奴
⑥ 居(威)丈高
⑦ 登竜門
⑧ 桃源郷(境)
⑨ 金字塔
⑩ 下克(剋)上

10回

① 山紫水明
② 無味乾燥
③ 平穏無事
④ 意気揚揚(々)
⑤ 満場一致
⑥ 付和雷同
⑦ 神出鬼没
⑧ 一喜一憂
⑨ 自暴自棄
⑩ 温厚篤実

分野別 苦手克服 漢字テスト 解答②

11回

① 抱腹絶倒
② 粒粒（々）辛苦
③ 支離滅裂
④ 多岐亡羊
⑤ 取捨選択
⑥ 一網打尽
⑦ 人跡未踏
⑧ 栄枯盛衰
⑨ 千載一遇
⑩ 傍若無人

12回

① 甘い
② 超える
③ 扱う
④ 漏れる
⑤ 湿る
⑥ 汚す
⑦ 伴う
⑧ 壊れる
⑨ 妨げる
⑩ 狂う

13回

① 滞る
② 尋ねる
③ 伸びる
④ 傾く
⑤ 濁る
⑥ 励ます
⑦ 載せる
⑧ 賢い
⑨ 触る
⑩ 紛らわしい

14回

① 巨
② 距
③ 齢
④ 零
⑤ 霊
⑥ 募
⑦ 慕
⑧ 審
⑨ 慎
⑩ 侵

15回

① 滴
② 摘
③ 響
④ 況
⑤ 峡
⑥ 儀
⑦ 犠
⑧ 奉
⑨ 倣
⑩ 飽

16回

① 討
② 撃
③ 締
④ 占
⑤ 絞
⑥ 硬
⑦ 固
⑧ 掛
⑨ 架
⑩ 駆

17回

① 済
② 澄
③ 執
④ 撮
⑤ 捕
⑥ 踊
⑦ 躍
⑧ 謀
⑨ 諮
⑩ 図

18回

① 誰
② 丹
③ 塗
④ 剝（剥）
⑤ 地震
⑥ 砕
⑦ 道端
⑧ 薪
⑨ 顧
⑩ 荒

19回

① 抽象
② 虚像
③ 普遍
④ 矛盾
⑤ 融合
⑥ 還元
⑦ 帰納
⑧ 象徴
⑨ 作為
⑩ 模索

20回

① 自衛
② 連携
③ 認識
④ 首脳
⑤ 結婚
⑥ 医療
⑦ 欧州
⑧ 緩和
⑨ 捕鯨
⑩ 雇用

組　番　名前

月　日

月　日

組

番

名前